.... 本书为 ....

杭州师范大学与教育部基础教育课程教材发展中心合作项目

"教师行为与儿童发展"的成果之一

教师与学生行为发展丛书

丛书主编 林正范

IT环境下
教师与学生沟通行为的发展

IT
HUANJING
XIA JIAOSHI
YU
XUESHENG
GOUTONG
XINGWEI
DE
FAZHAN

茅育青 焦建英 著

教育科学出版社

·北京·

前　言

一

2001 年，我国开始了新一轮基础教育课程改革，这轮发生在基础教育领域的课程改革是一场较为深刻的教育变革。面对课程改革，不同的社会群体都在进行着各自的努力。如，中小学教师面对自己原来并不熟悉的话语体系，尽自己的能力进行理解和接受；教育理论工作者面对这次课程改革，则在运用自己的理论知识对课程改革进行解释和批判，在各不相同的学科领域作出自己的努力。

我们的努力正是这种努力的一个组成部分。

2005 年，我们完成了全国教育科学"十一五"规划国家级重点课题分课题"课程更新与教师行为的改变"。该课题站在国家和社会需要的高度，研究了中小学教师对基础教育课程改革从理解到自觉践行的内在机制和过程，对中小学教师在适应新课程过程中的行为改变进行了调查分析。尽管课题成果得到了国内一些专家的肯定，尽管课题成果也获得了浙江省哲学社会科学优秀成果一等奖，尽管课题成果的社会效益还较为明显，但作为教师行为研究的倡导者，我们还是从课题的成果中看到了自己应该进一步努力的方向。

该课题成果的理论部分，是针对课程改革与教师行为关系的理论上的认识，是基于学科知识对教师行为改变内在机制的解释。当时的解释，理论性强，但通俗性不够，一时还无法完全成为指导广大教师的精神力量；当时的实证性成果，对在课程改革背景下教师行为的改变进行了描述和估计，能够较真实地反映当时教师行为改变的状况，但由于样本容量不够大，也缺乏跨区域的统计，研究成果在其代表性方面仍存在着问题，在指导实践的有效性方面还存在不足；课题的案例成果能够体现基础教育课程改革中教师行为的某些变化，但案例成果在某种程度上只是一个故事，一种叙事方式，这些故事所传递的文化信息能否成为教师个体的精神力量，能否具有跨文化力量，能否超越教师个体对教师具有普遍的意义，我们一时还无法进行准确的判断。

人的认识来源于实践，又服务于实践，这是马克思主义的认识论。我们的课题非常重视实践，尤其是波澜壮阔的课程改革实践和中小学教师的日常工作实践，但当以实践的标尺来衡量我们所取得的成果时，我们已经站在了比原来更高的层面，在这个层面上，我们发现课题研究的实践性还有进一步增强的空间。

为了使课题研究成果更好地服务于基础教育课程改革，为了使中小学教师能够更好地适应课程改革，促进教师在参与课程改革中成长，我们在课题研究的实践性方面进行了更深入的思考。思考的成果得到了教育部基础教育司原副司长朱慕菊同志的支持和鼓励。经过多次磋商，2005 年 12 月 23 日，教育部基础教育课程教材发展中心决定与杭州师范学院（现杭州师范大学的前身）共同开展"教师行为与儿童发展"的项目研究，以推动新课程向纵深发展。

从此开始，坚持实践价值取向，我们走上了一条富有意义而又艰难的道路。对这条道路的意义，我们有充分的估计，但其艰难程度却远远超出我们的想象……

二

"教师行为与儿童发展"是一个很大的题目，如何能够使课题成果有利于推广，如何能够指导中小学教师更好地在日常工作中践行基础教育课程改革的理念，把课程改革的理念转化为教师的行为，是当时教育部基础教育司的有关领导和教育部基础教育课程教材发展中心寄予我们的期望。

为了达到这个目标，我们必须转变过去那种纯理论的研究方式，必须深入中小学，深入到课程改革的第一线，这种转变，对于我们大学教育理论工作者既是幸福的，也是较为痛苦的。其幸福之处在于，在当前师范教育改革相对滞后于基础教育改革的现实中，与中小学教育紧密接触，聆听来自于教学改革第一线的声音，我们能够更为深切地体验到发展知识的冲动。其痛苦之点在于现实的考核体制。在当下的大学科研考核体制下，许多的实践成果不能成为我们的工作量，深入实践，从纯功利的角度考察，我们可能会劳而无功……

在承担课题时，我国的基础教育课程改革已经进行了四年多，如何在课程改革中进一步引领教师更好地实现课程改革的目标，已成为进一步深化课程改革的瓶颈问题之一。作为教育理论工作者，我们总结了国际课程改革和我国这次基础教育课程改革的经验，得出了一个比较重要的认识，即课程改革的关键在于教师。从教师的角度来说，课程改革是教师理解和接受课程文化并进行合作的过程，这概括了课程改革中的教师行为。教师对课程文化的接受和开展相互合作是深化课程改革在教师行为方面的体现。在这个意义上，我们认为，课程改革的核心环节是教师行为的改变。

教师行为改变是向着"专业性教师行为"的方向来改变的。这意味着教师行为的改变是以学生发展为目标和依据的。在这个意义上，教师行为的改变促进学生的发展超越了教学本质的"认识说"，教师的行为改变是在促进学生行为的发生和发展、引导学生全面发展的过程中所产生的变化；教师的行为改变是随学生行为发展而产生的积极变化。在这个意义上，教师对学生行为的发现、评估和引导既是教师行为改变的内容，也反映了教师的专业发展程度。换句话说，从学生行为发展的角度来认识教师，促进教师行为的改变，既是课程改革实施方面的基本任务之一，也是课程改革进一步深化的重要方面。

在国际社会发生深刻变化的大背景下，在国家基础教育课程改革的推动下，中国的教育研究正在发生重要的转变。其中，对教师行为研究的关注正是这种转变的重要体现之一。近些年来，把教师行为看做一个研究对象已引起了国内一些学者的重视，但从总体上来看，教师行为的研究大多局限于对课堂教学行为的研究和教师行为分析模式的研究，研究力量和基础都还比较薄弱。尽管如此，在教师行为研究的学术积累和创新方面，我国学者毕竟已经迈出了重要的一步，目前已有的教师行为研究方面少量的出版物，应该是我们值得珍视的现有理论成果。

教师行为研究不仅得到了国内教育研究的支持，也获得了国外相关教育研究的支持。根据所掌握的资料，国外关于教师行为的研究最早可从克瑞兹（Kratz，H. E.）1896 年的研究中见到。早期的教师行为研究，偏重于对教师特征量表的研究，大致属于教师特质的研究。从那时开始，研究者们通过对各类人员关于优秀教师品质的调查，了解了有关教师的行为特征。20 世纪 60 年代开始，国外教师行为研究进入了一个新阶段，主要表现为两个层面：一是通过探讨课堂教学行为来寻找教师课堂教学行为与教学效果之间的关系；二是通过对影响教师课堂教学行为的因素分析，寻找并研究教学效能的相关变项，为改进教师教学效能提供参考。著名的研究有瑞安斯（Ryans，D. G.）、罗森珊和弗斯特（Rosenshine，B. & Furst，N.）对课堂教学行为的研究，盖特泽尔斯和塞伦（Getzels，J. W. & Thelen，H. A.）的社会模式，帕森斯（Parson，T.）的价值取向模式研究，利比特和怀特（Lippitt，R. & White，R. K.）基于教师领导方式的研究，[①] 弗兰德斯（Flanders，N. A.）的"弗兰德斯互动分析系统"（Flanders Interaction Analysis Categories，FIAC），[②] 朗克尔（Runkel，P. J.）的师生信息反馈模式[③]等。美国的豪恩斯坦（Hauenstein，A. D.）在 1998 年提出了一个新的教育目标分类体系，他把教育目标分成四个领域：认知领域、情感领域、动作技能领域和行为领域。与布卢姆（Bloom，B. S.）相比，豪恩斯坦把行为作为一个独立的目标领域。[④] 豪恩斯坦的教育目标分类学成为我们提出教师行为研究的依据之一。

国外的教师行为研究大致表现出以下特征：（1）以课堂教学为重要场域，对有效教学行为和无效教学行为的研究成为教师行为研究的一个重要传统领域；（2）注重对教师行为因素的分析，分析教师行为与教学效果之间的关系，提炼影响教学行为的因子，描述和分析教师行为的状态；（3）实证主义的研究范式在研究方法中占主导地位，现象学、人种学、生活史等质性研

---

① 张建琼. 国内外课堂教学行为研究之比较 [J]. 外国教育研究，2005（3）：40 - 41.

② 叶子，庞丽娟. 师生互动研究述评 [J]. 学前教育研究，2009（3）：45.

③ 吴康宁，等. 课堂教学社会学 [M]. 南京：南京师范大学出版社，2009：199 - 120.

④ 盛群力，等. 21 世纪教育目标新分类 [M]. 杭州：浙江教育出版社，2008：26 - 69.

究方法也逐渐得到了应用；（4）形成了教师行为的量表或专业标准，为教师评价提供理论依据和规范，形成了不同的教师行为分析途径；（5）教师行为的理论成果与现代技术整合表现得十分明显，产生了类似于 FIAC 的技术成果；（6）教师行为研究具有很强的学术继承性，如艾雪黎（Ashley, B. J.）等正是基于帕森斯的社会体系的观点来研究师生的互动行为。①

从国外的研究来看，根据行为分析的价值观，教师行为的研究形成了三个较明显的研究途径②，即效率主义教学行为分析途径、语言分析主义教学行为分析途径和行为主义教学行为分析途径。效率主义教学行为分析途径以效率作为基本的价值观，把时间视为分析的基本变量，从学习的结果来认识教学效率和研究教学行为的有效性。语言分析主义教学行为分析途径以沟通作为基本的价值观，把语言看做是言语行为，运用课堂教学语言类型、结构和功能进行分析，旨在促进课堂观察和对教学行为的理解，促进课堂的对话和沟通。行为主义教学行为分析途径在工具理性主义价值观的支配下，研究教学行为中可以观察的行为，高度重视可以观察的刺激、强化和榜样作用在行为产生、巩固、改变中的作用，并把其视为行为的变量，重视对自变量和因变量之间的分析，重视数学等技术的运用。③

这三类教学行为分析途径在国外，尤其是在美国，都得到了发展，形成了比较清晰的教学行为分析途径。其中，许多具体的分析，如弗兰德斯的互动分析、有效教学行为分析、程序教学分析等具有世界性的影响。国外教师行为分析的发展有力地促进了教师专业发展，行为分析的许多成果，被一些教育协会、教师协会或其他教育中介组织发展为教师的专业标准，成为指导教师专业发展的依据。

"教师行为与儿童发展"的研究还吸收了其他学科的理论，如韦伯（Weber, M.）、帕森斯等人的社会行为理论，格尔茨（Geertze, C.）的符号人类学理论，哈贝马斯（Habermas, J.）的交往行为理论等。

---

① 尤晓梅. 师生互动课堂行为类型理论比较研究 [J]. 比较教育研究, 2001 (4)：42 - 43.
② 贾群生. 专业性教师行为分析：教师研究的新视野 [J]. 教育研究, 2009 (12)：75 - 76.
③ 佐藤学. 课程与教师 [M]. 钟启泉, 译. 北京：教育科学出版社, 2003：307 - 358.

三

通过对文献的梳理，我们发现了传统研究的一些不足，即偏于学科的研究，研究的实践品格还有待提高。

在文献研究过程中，一项重要研究成果引起了我们的注意，这项研究成果就是庞丽娟教授的教育部人文社会科学研究"九五"规划项目和全国教育科学"九五"规划教育部重点课题成果《教师与儿童发展》（北京师范大学出版社，2001，2003），本书被认为是我国第一本专门阐述教师与儿童发展的著作。庞丽娟教授主编的这本著作主要运用心理学、教育学、社会学等多学科的知识，运用国内外在教师与儿童发展领域所形成的相关研究成果，研究教师与儿童发展关系，把教师视做儿童发展的重要他人，对教师在儿童发展中的作用、教师角色的内涵及其功能、教师与儿童的互动、教师素质与儿童指导之间的关系进行了研究，在教师的特征分析、师生互动等方向上对教师与儿童发展的关系进行了静态的和动态的分析，形成了许多重要研究成果。其中，对教育观念、教育行为、教师期望、教师教育监控能力和教师自我效能感与儿童发展的关系，对教师互动以及对儿童指导等方面的研究，对我们的课题研究具有重要的启发意义和参考价值。

不难发现，庞丽娟教授对"教师与儿童发展"的研究还具有某些整体性和宏观性的特点，她着重研究的是"教师，作为学生发展的重要他人，是如何通过自己的特质和相应素质与学生互动和对学生进行指导的"。我们与庞丽娟教授研究的切入点有所不同，也与其他研究的切入点不同，我们研究的"教师行为与儿童发展"这一课题，关注的是教师行为与学生发展的关系。

本课题存在着一个重要的假设，即教师是学生成长和发展的重要他人，教师的专业水平与学生的发展密切相关。在这个意义上，"教师行为与儿童发展"这项研究是建立在"教师个体的专业发展"的基础上的。20 世纪 90年代以来，尤其是基础教育课程改革以来，"教师专业化"和"教师专业发展"得到了国内众多学者的重视，"教师专业发展"成为教育研究领域的一个热点。"教师专业化"或"教师专业发展"研究为教师研究开辟了一个新领域。但与理论研究的热情相比，"教师专业发展"似乎并没有在实践中得到同等热情的回应。在"教师专业化"的学术研究领域，形成了教师职业的专业化，教师的职业特性，教师专业标准，新手教师与专家型教师，教师发展的第三条道路，自我导向性学习，教师成长说，培养说，补充说和转型说等一系列的话语，这些话语，用各自的言说方式在解释着教师的专业化，甚至还出现了工会主义与专业主义的对立的讨论、对专业主义的解构的讨论等。

反思"教师专业化"这一研究领域，我们并没有在其中发现一个关于教师发展的美妙的理论图景。各种言说方式，或是肯定或是否定教师专业的特性，或是重视教师的个体发展或是重视教师的整体发展，或是肯定教师发展的主体性和内在过程或是强调教师发展的外在条件，或是重视教师的权力地位或是重视教师工作的专业特性。这些理论性认识，在理解教师职业方面具有重要的意义，也取得了许多进展，但似乎其中一个根本的不足是没有把"教师个体的专业发展"放在始终重要的地位。这在实践领域表现得最为明显，"教师专业化"的讨论并没有在实践领域引起过多的重视，教师一如既往地工作，专业与否对于我国教师似乎没有太多的实际意义。对于中小学教师而言，专业化的讨论并没有形成支持性发展的力量，许多的讨论脱离我国教师的实际生存状态，充其量仅是一种知识层面的讨论。

对于中小学教师而言，促进他们的发展不仅仅体现为职称意义上所发生的社会变迁，而是一个连续不断的过程。我们承认教师具有专家和新手的区别，但二元对立状态的专家型教师和新手教师研究不过是对教师个体专业发展的静态揭示，不过是为教师发展提供了一个可以努力的愿景，还远不是对教师专业发展过程的描述。面对发展中的学生和变化的教学内容，依教师个体的理解方式所产生的教学行为是教师专业水平的直接体现。实践智慧也不仅仅在专家型教师那里产生，它也同样会产生于不同发展阶段的教师的教学生活中。在实践层面，我们所认识和理解的教师专业发展，是教师切实通过自己具有专业性的教学行为或教育行为促进了学生的发展，学生的发展是教师专业发展的归宿和目标，教师的专业发展体现在师生共同的生活过程中。在实践层面，我们所认识的教师专业发展是教师逐渐减少或摆脱非专业性的行为，向着专业性教师行为不断发展的过程。在这个意义上，教师偶尔的失误或非专业性行为不足以判断教师的专业水平，相反，一些非专业性行为的出现为教师提供了进一步专业发展的情境和空间，对教师个体的专业发展具有特殊的意义和价值。

在实践层面，不论是工会主义对教师专业的批判，还是所谓的国内外教师对专业化的抗拒，对于教师发展而言都是不够真实的。教师专业化包括专业知识和专业能力等一系列方面的专业化，教师自身的专业水平和群体的专业水平是教师获得社会承认的内在依据。在这方面，工会主义的批判是对教师权力和地位的片面强调。在实践层面，"教师对专业化的抗拒"的说法更是远离了教师专业发展的实践。教师具有专业发展的内在要求，但在现实生活中，教师在专业发展道路上饱受折腾，精英主义、学科主义和功利主义在强势的文化话语中往往让教师迷失了方向，他们对此颇有怨言甚至自觉抵制强加给他们的"劳神费力，于教无补"的所谓的"弥补"机会或"转型"机会，这往往被一些人或机构批评为"教师对专业化的抗拒"。我们认为，这种批评事出有因，但却对中小学教师而言是不公平的。教师对专业学习机会的珍视是建立在充分了解他们的现实需要、学习内容的有效性基础上的。教师抵制或抗拒的不是自身的专业发展，而是不符合自身专业发展要求的乱折腾或瞎指挥。

本课题与以往课题的不同在于以解决问题为出发点，通过促进教师行为改变来促进学生积极的发展。与一些研究相比，这样的研究更具有生命力，因为它基于实践，着眼于基础教育实践品质的改造和教师专业的发展，着眼于基础教育课程改革目标的真正落实，更着眼于学生积极的发展。把教师与课程结合，重在促使教师对学生行为品质的正确理解和引导。在这个意义上，教师对行为的理解是一个重要的交会点，也是课程实施有效性的重要领域。就目前国内外研究状态来看，此研究的提出有充分的理论基础和依据，但目前任何一种理论都只是提供部分的解释，而无法完整地解释教师如何促进学生行为的积极变化。在这方面，我们还有很长的路要走。

四

我们认为，随着新课程改革的不断推进和深化，在实践层面不断产生越来越多的需要进行理论研究和实践探索的问题，其中一些问题是深化基础教育课程改革必须面对和解决的重大课题。如何引导教师正确观察和分析学生的行为，引导学生主动学习、发展积极行为、矫正不良行为，是新课程改革推进中亟待研究和解决的重要问题，也是一个在教育领域中值得长期重视的课题。随着教育改革的不断深入，越来越多的人意识到，教育要更有效地促进学生的发展，就必须有赖于积极有效的教师行为。

要有效地促进学生的发展，必须重视教师的行为。积极有效的教师行为是促进学生发展的支持性条件，科学地观察学生行为又是积极有效的教师行为的基础。教师在准确地观察学生行为的基础上，获得学生发展的信息，作出专业的判断和有效的行为决策，并根据学生的变化调整和执行决策，是师生互动交往的过程，也是通过教师行为不断促进学生发展的过程。

当从行为的角度对教师的观察进行研究时，我们主张用"教师观察行为"，而不是用"教育观察"。在我国教育学的传统理解中，"教育观察"容易被理解为"教育性观察"，这样，观察的内涵就缩小了。"教育观察"更多是从能力角度提出的，强调的是教师的基本能力。在研究教师行为时，我们一般不从具有内隐性的能力角度出发，而主要揭示教师行为的过程和机制。从行为发展的链条看，"教师观察行为"是行为的一个阶段。从"教师个体专业发展"的角度直接研究教师行为，"教师观察行为"的研究是具有范式意义的尝试。"教师观察行为"作为核心概念，为在实践层面研究教师行为开辟了新思路。

教师观察行为是指教师在一个意义单元内收集有意义的信息的过程。意义单元是在教育活动中对某一教育目标的设定。在这个意义上，意义单元是由师生交往的目的性决定的。在意义单元中，教师的观察行为表现为为实现已有的目的或解决某一特定问题而收集信息的过程。在意义单元内，教师需创设一定的情境，在一定的关系中收集信息并完成自我设定的目标。在这里需要着重指出两点。一是意义单元和教育情境并非是一对一的关系。从时间维度看，一个意义单元可以有一个情境，也可以由一系列的情境构成。从意义单元的实现看，情境所体现出的各个因素是否有利于已有目标的实现或是否有利于相关问题的解决，并不由情境决定，也不由意义单元的意义来决定，而是由包括观察在内的一系列教师行为和学生行为来共同决定。二是意义单元不同于教学目标，教学目标是对学生学习结果的结构性设计，而意义单元则是对师生在活动中产生的影响活动进程的时空关系的把握，是在行动过程中动态地真实地生成的价值关系的反映。

教师观察行为研究并不研究感觉器官的感知过程，而主要研究教师在已设定的教学情境中发现并收集有意义信息的过程。这里的"有意义"是指教师所收集的信息对于后续行为和意义单元而言的价值。在收集信息的过程中，如果教师所收集的信息有利于促进教师专业行为的呈现，有利于意义单元目标的实现，我们则称教师所收集的信息是"有意义的"。在这个意义上，教师观察的质量是影响教师行为有效性和合理性的一个初始因素，教师所收集的信息对于后续行为和意义实现的价值是衡量教师观察专业水平的最终或最彻底的标准。因而，教师的行为观察能力是教师重要的专业素养之一，也是教师行为有效性的基础。无论从教师专业发展的角度，还是从学生发展的角度，教师行为观察的研究和教师行为观察能力的培养都具有极为重要的价值。教师对学生行为的观察是联结教师专业发展和学生发展的桥梁，教师观察行为的研究，对于教师专业标准的建立和基础教育质量的提高，都具有基础性价值。

教师观察行为不应是"照镜子"式的观察，而是教师运用自己的经验与教育情境相互作用的过程，是教师主体性向情境敞开的过程，体现为经验主体面临教育情境因素的一种能动的建构。教师观察行为是教师基于自己的"生活史"，以教育情境因素为线索而展开的意义探寻和文化阐释过程，是在行动过程中重建意义之网的过程。在这个过程中，教师的经历和人格等因素会使教师观察行为表现出个体性特征。面对真实的事件，教师或者根据经验中相关事件的想象来观察，或者根据自己的理性来观察，或者根据经验中的效用关系来观察，或者根据生命冲动的要求来观察。无论采用哪一种形式或几种形式的综合来观察，教师个体与当前的情境性因素都是能动的建构者。在这个意义上，观察对于师生而言具有相互生成的特征，教师和学生均在对方的发展中得到发展。在一般意义上，教师主体性发挥程度影响着某一时空范围内教师观察行为的专业品质，但不从整体上决定或改变教师观察行为的专业水平。教师观察行为水平的发展与教育观念、教育效能感、沟通等具有直接的关系,与教师行为的发展性因素和支持性因素等具有间接关系。教师观察行为发展途径和机制的研究在"教师专业发展是一个长期的发展过程"这一国际共识下,已超越了具体的技术范畴,而逐渐演变成系统的文化实践过程。在这个过程中,健康的行动研究是教师观察能力发展的重要机制之一,教师可以在行动性的行为观察研究中发展自己的专业能力。

教师观察行为对教师和学生具有双向意义。教师观察行为是教师收集学生信息、了解教与学行为、分析教学方法有效性的基本途径,是教师专业发展水平的重要体现,是教师基于专业发展的行为改变的基础和依据。教师观察行为的专业性同时也是学生发展的基础和依据,在学校教育中,基于学生观察的教师行为是学生发展的重要影响力量。教师观察行为存在着一个合理性的内在言说过程。在这个过程中形成的评价性认识,构成观察的意义、依据或支持性氛围。在本课题研究中,我们从教师观察的角度,认为教师观察行为具有单向性特征。教师观察行为的单向性指的是教师收集信息的决策过程是由教师作出的。教师观察行为可以直接在与观察对象的互动中产生,也可能以文本的形式或以其他形式产生。在教师观察过程中,教师无论是否亲自参与教育教学活动,教师的观察行为策略都是教师自己决定并选择的,在这一点上,体现出教师观察行为的单向性特征。

五

教师观察行为的研究及其成果对于课题顺利开展具有重要的价值。把观察视为行为,重视在行为过程中产生的意义单元并根据该意义单元收集相关信息,是我们在行为研究方法论上的一些突破。教师观察行为的研究解决了一直以来一些同志对课题的质疑。有同志质疑,你们是研究教师的观察还是学生的观察。这种问法,反映了一种二元对立式的对教学理论的传统的理解方式。我们认为,我们既研究学生的学,也研究教师的教;我们不孤立地研究教师行为,而是把教师行为放到与学生的相互关系之中去,在与学生的相互关系中理解教师行为的专业性。就本项目而言,我们研究教师行为是基于教师对学生行为的观察而言的,教师在对学生行为的观察过程中所形成的判断被自己所捕捉,其自身行为会随之发生变化,从而形成不断变化的链条。

在这个过程中，专业的观察和随之而产生的专业行为对于学生的发展具有重大价值。研究教师的观察力必须基于在教师影响下的学生行为表现，而教师形成专业的观察力成为促进学生发展的基本方面。

我们认为教师观察是一系列基于复杂情境的社会认知过程。对教师科学主义的分析在训练和科研方面的价值远远大于师生生活的现实价值。因此，我们没有对教师行为进行分解，也没有强调科学主义的课堂观察方式，而是强调教师在意义单元的统摄下对信息的收集过程。

儿童发展是一个相对独立的心理学领域。在 20 世纪，儿童心理学家对儿童的生物基础、身体发育、认知和语言的发展、个性和社会发展以及发展的条件等进行了大量的研究，形成了精神分析理论、行为主义理论、认知发展理论、信息加工理论、生态系统理论等许多理论，这些理论在解释儿童发展方面具有重要影响，但还不足以使我们在实践上理解儿童的发展。因此，我们的儿童发展概念不能局限于心理学领域，我们必须对儿童发展有一个操作性定义。为了研究的方便，我们缩小了儿童概念的范围，把研究对象锁定在小学和初中学生身上。为了使研究更具有操作性，在对二十多所中小学调查研究和大量文献研究的基础上，根据 21 世纪的时代特征，我们对该阶段的学生行为进行分解，逐渐把研究集中到学生的道德行为、交往行为、情感行为、学习行为和创新行为五个领域。在这个基础上，我们对学生发展的操作性定义就是学生在教师行为的影响下，在道德行为、交往行为、情感行为、学习行为、创新行为五个领域发展的过程。在这个意义上，教师行为促进儿童发展就可以认为是教师促进学生这五个领域的发展。

有些同志表示疑惑，你们研究教师还是学生？研究教师为什么只对学生行为进行分解，是不是教师也存在这五大行为？这种困惑，不仅存在于课题研究之初，在整个课题研究过程中，部分同志仍然存在着这方面的疑惑或不坚定。对这一问题的解答，在很大程度上影响着课题的健康发展。对于这一质疑，我们认为，从学生角度而不是从教师行为方面划分研究领域，对这种设计思路的坚持恰恰体现和坚持了该课题研究的实践品格。本项目不是学科意义上的儿童研究，而是教师行为研究，从教师与学生的相互关系中研究教师行为，从学生的行为来认识和理解教师的行为，这样的基本思路在当前的教育研究中恰恰具有研究范式转型的重要意义。

对于教师行为与学生发展而言，五个领域是学生发展领域的一个操作性划分。但对于实践来说，这五个领域还是显得过于宏观，比较缺乏操作性。如何从复杂的学生生活中抽取有意义的信息便成为了衡量课题实践性的另一重要方面。观察对象是复杂的整体，用来对观察对象进行定位、识别和分类，并假设或推测其含义的线索，我们称为观察维度。观察维度描述观察的方向，是从完整的观察对象身上抽取出来的具有辨别性的特征。观察维度不是随意的发现，而是观察主体对于对象特征性信息的结构性识别。在这个意义上观察维度是可以分级的，可以一级一级地分下去。

为了增加教师观察行为对于中小学教师实践的价值和可用性，我们在观察维度上只是设计了三级维度的观察框架。

一级维度把握观察对象的结构性，具有较大的概括性。根据马克思主义教育学观点和我国的教育学传统，我们尝试把学生发展划分为五个观察维度：道德行为、交往行为、情感行为、学习行为和创新行为。

二级维度是每个维度具体的行为。为了提高研究的可操作性，二级维度并不是包括一级维度的所有方面，而是指一级维度的一些正在受到密切关注的方面。根据研究，我们分别确定了五个领域的具体观察维度：（1）道德行为领域主要包括知关爱、敢负责和懂判断；（2）情感行为领域主要包括有自信、会表达和善体验；（3）交往行为领域主要包括乐交往、会沟通和善合作；（4）学习行为领域主要包括爱学习、善于学和学会学；（5）创新行为领域主要包括想创新、知创新和有成果。

三级维度是根据二级维度所提出的具体行为的发展阶段或行为发展程度的描述。如道德行为中"敢负责"包括一个"遵守规则、承担责任、尊重敬畏"的行为发展阶梯；情感行为中的"会表达"包括礼貌待人、情事一致、激情控制三个发展的水平；交往行为中"会沟通"维度包括一个从低到高的发展阶段：（1）能耐心、积极聆听对方发言，理解对方意图；（2）能运用语言、表情、体态语等清晰地表达自己的观点；（3）能适时、适地、适人综合运用合理交流和沟通的方法、方式，达到沟通目的。

为了在课题研究中增强操作性和实践性，我们没有制定一个评估性的量表或标准让实验学校套用。观察维度的形成在课题研究过程中是实践的产物，是大学教育理论工作者与中小学教师在实践中共同生成的成果。一级观察维度是这样，二级观察维度和三级观察维度更是如此。总体而言，观察维度对于课题人员具有开放性和发展性的特征。观察维度对于学生具体行为是开放的，教师可以根据自己的需要和习惯把学生某一行为放到某一维度中，也可以根据与大学教育理论工作者共同研讨的结果对行为进行描述和归类，具体行为的归类观察对于中小学教师而言是自由的。观察维度的发展性特征包括两个方面。一是指观察维度的可发展性，教师可以在第二级维度中收集学生行为的相应信息，把其总结为二级观察维度，并在第三级维度中基于观察作出自己的描述。这个结构不是现成的评估依据，而是根据需要对学生进行观察的结果；如果相应的行为学生已经形成，便可根据需要观察新的行为，在这个意义上观察维度具有可发展性。二是指随着教师专业水平的提高，人们对观察对象的认识也是发展的，观察维度为教师更深入地观察预留出了空间。

在课题中，我们倡导三级观察维度的生成，但教师可以在三级维度的基础上根据实际需要划分第四级维度。如有教师根据第三级维度"倾听"，制定以下分级观察标准。(1) 优秀专心倾听：与演讲者保持了目光接触，所回忆的信息准确；为了寻求理解而提问了相关的问题；讨论期间进行了相关的交流；依次接受了他人的思想和观点。(2) 良好专心倾听：有些时间与演讲者保持了目光接触；能回忆大多数信息；有提问，但是有些提问与问题无关，有时使用他人的观点，但不能总是让他们完成演讲。(3) 倾听差：注意力不集中，容易分心，烦躁不安；回忆的信息不多；所作的评论与主题无关；没有提问其他人，讲话时打断别人。(4) 没有倾听：不试图进行倾听。

"意义单元"的核心概念和"生成性的观察维度体系"为教师观察儿童、反思自己的行为提供了方法论支持。中小学教师对学生进行观察具有得天独厚的优势和条件，观察学生是教师获得实践性知识的重要来源，是促进教师专业发展的重要环节。观察可以帮助教师形成描述课堂情境的方法，使教师意识到自己的教学经验、生活经验都会影响教学决策，使教师能了解并使用对学生学习和发展有积极意义的方法；帮助教师正确运用相关的理论和概念，把研究成果与课堂教学方法结合起来，从而对课堂教学产生新的理解并改进自己的教学。

近年来，课堂观察问题在国外的相关研究和教师教育课程中越来越受重视，课堂观察的能力与技巧普遍视为教师必备的一种重要的专业素养和教师有效教学的一种不可或缺的影响因素。然而，我国在这方面的工作显得相对滞后，没有引起应有的重视。有相当多的教师在进入教学现场时，由于缺乏足够的课堂观察能力，从而影响教学效果，甚至导致教学失败，影响个人的工作成就感。目前，我国的教师教育缺乏针对观察对象的系统观察研究，以致在教师教育中出现了空白，教师无法得到有关观察行为水平提高方面的培训，观察水平的提高就成为教师在专业发展道路中自发的过程，这在一定程度上延缓了教师的专业发展，影响了教育教学水平的提高。因此，观察行为的研究及其内容建设成为一个影响教师专业发展的非常实际的问题。

教师观察行为作为教师专业能力的组成部分不仅为教育理论界所关注，而且是教师个体专业发展的途径。教师观察行为的研究可以以校本研究的形式出现，这对于教育理论人员和中小学教师都是极大的挑战。教师观察行为的研究将会成为推进中小学教师专业发展的一个充满希望的途径，对于中小学教师的专业发展和教师培养培训内容的完善都有重要的促进作用。总之，方法论的创新为教师开展校本研修、参与培训提供了重要的理论武器。重视中小学教师观察能力的提高，重视大学教育理论工作者与中小学合作，在教学中，在与学生深入接触的基础上观察学生并促进学生的发展，已成为新时代教育科研可以依赖的路径之一。

六

本课题的初步研究成果就是这个《教师与学生行为发展丛书》，它包括如下六个分册：

蔡亚平教授著的《教师与学生道德行为的发展》一书；

陈永华副教授等人著的《教师与学生交往行为的发展》一书；

徐云教授等人著的《教师与学生学习行为的发展》一书；

茅育青教授等人著的《IT 环境下教师与学生沟通行为的发展》一书；

徐丽华教授等人著的《教师与学生创新行为的发展》一书；

朱晓斌教授著的《教师与学生情感行为的发展》一书。

从总体上看，从立题到现在，我们对教师行为与学生行为发展的认识比当初深刻多了，也丰富多了。这个丛书的内容就是课题组成员在教师行为研究领域所取得的部分成果。这些成果具有明显的实践品格，是在实践层面对教师和学生的研究，在很大程度上，也是一种超越具体学科的具有整合意义的研究。在此，我们不愿说本成果是从多学科的角度对教师行为与学生发展的思考，而宁愿说是从实践层面为教师个体的专业发展和促进学生的发展所作的努力。在这个努力过程中，与其说是多种学科知识在解释教师行为与学生行为发展，毋宁说是多学科知识融入了实践中，表现出其鲜活的力量。在此意义上，我们认为，本课题所形成的这个丛书是实践的学问，是学问中的实践。课题成果无情地证明了盲目地开展实践、忽视理论建设在一般哲学方法论上的错误，也无情地证明了不顾实践而产生的理论在实践中的空疏。马克思主义认识论的认识路线在课题研究中得到了贯彻，从实践的层面来看，理论和实践是一个相互滋养的过程，只有从认识和实践的辩证关系中我们才能真正地发现和解决问题，才能发现真理和勘正谬误。用人类的知识武装自己，走到变革的实践中，形成有利于指导变革的理论，这是五年来我们的栖梦之所，是我们所走的路，也是自傅道春先生以来二十多年教师行为研究所循的路。这条路的基本精神就是切实以实践为价值取向，促进教师个体的专业发展。

我们发现，这条教育研究路线不仅符合中国基础教育课程改革的需要，而且还与汹涌的国际潮流相合。进入 21 世纪以来，重视教师发展和教育质量成为一种国际潮流。比如，2000 年联合国教科文组织（UNESCO）会员国与国际社会通过了《全民教育行动框架》，呼吁教师专业发展应逐渐成为国际社会教育研究、课堂教学和教育体制诸层面创新实践的焦点；又如，近年来联合国教科文组织与国际劳工组织（ILO）合作，联手发起了一项"教师与全民教育质量"旗舰计划，并在东亚、南亚及世界其他地区大力实施。① 在

---

① 华东师范大学国际教师教育中心. 第二届国际教师教育论坛第一轮会议通知［EB/OL］.（2006 – 03 – 27）［2009 – 08 – 01］. http://icte. ecnu. edu. cn/cfs/edit/UploadFile/2006327182722969. doc.

这种国际背景下，我们更有充分的信心，把教师与学生发展结合起来进行研究，把教师行为放到与学生的相互关系之中去，在与学生的相互关系中理解教师行为的专业性。

这是一条具有实践品格的艰难的道路，"路漫漫其修远兮，吾将上下而求索"。在这个过程中，我们也"嘤其鸣矣，求其友声"，希望更多志同道合的朋友参与到这项研究中来。这个丛书如能作为"引玉"之砖，我们几年的艰辛也就算有了回报，也就值了。

杭州师范大学教师发展研究中心

林正范　贾群生

目　录

第一章

IT 环境下沟通行为的基本理论

第一节　IT 环境下沟通行为概述

引　子

在去湘湖小学调研回来的路上，杭州师范大学的教育硕士小云老师讲述了这样一个故事。

莎是我们班的卫生委员。她工作认真负责，在她的管理下，我们班的卫生在级段里几乎一直名列前茅。但她似乎总有点不合群，无论是男生，还是女生，都有点不欢迎她。最近一两个星期陆续有学生向我反映，她与班级里的阿呆走得很近，他们早上一起来到教室，晚自修后相伴离开教室。阿呆是班级里的数学委员，他又聪明又帅，但不爱用功，在学习上常常帮助同学，所以在班级里虽然沉默寡言，但很受同学欢迎。莎与呆走在一起显得有些胖，有些丑，一般人不会联想到恋爱。但既然有学生反映，我就多了一个心眼。

一天课间，我们班的语文老师走进我的办公室，拿了一张纸条给我。这是他在我们班上课时从学生的传递中截获到的。

"呆，上课真没劲！你呢？"

这是一张很平常的纸条，但我联想到纸条背后的一些"背景"，包括就要来临的高考，我觉得我应该找莎谈谈。我认为根据我所观察、了解到的情况和我对这两个人的性格和处事分析，如果这两个人在谈恋爱的话，主动者会是莎。从哪一方面入手呢？我想了想，根据纸条内容，还是从了解莎的生活情绪入手。

"莎，上周我们班卫生又得了第一，你是我们班级卫生的大功臣。"

"老师，这是我的职责。"

"最近在学习上有没有需要老师帮助的？有没有什么不开心的事？你可以把老师当成朋友，说来听听。"

"老师，我学习反正就是这样，挺没劲的。"

"为什么会觉得没劲？大家有目共睹，你这学期进步很大，是不是生活中有什么不开心的事呢？"

随着谈话慢慢展开，我了解到莎这个周末回家时与妹妹吵了架，又没看见爸爸、妈妈。她说她已经一个月没有见过爸爸、妈妈了，他们整天忙于生意和麻将。她觉得自己无足轻重，在家里爸爸、妈妈不关心她；在学校里，同学也不找她讲话。她觉得自己很孤单，很想找一个人倾诉。明白了症结所在，我松了一口气，也感觉到我作为她的班主任对她的关心是不够的。在谈话过程中我尽量以平和的、朋友式的口吻跟她讲话，表示同学和老师其实都是喜欢她的，鼓励她主动找同学聊聊，与同学建立友谊。对于她与父母之间的问题，我表示愿意帮她与父母进行沟通。最后我拿出了纸条，给她看。

"老师，对不起！"莎说。

我笑了笑，说："以后有什么事情或不开心的情绪，不妨课后找同学、老师聊聊。老师也很喜欢跟你聊一些事情。但在课堂上影响可不好，你周边的同学和呆都要听课的。"

"老师，我知道了。下次我知道怎么做了。"

从莎的言语到神态，我认为我第一次与莎这么谈话是成功的，气氛是友好的，我也已经达到了我的目的，我的谈话只想让莎知道有很多人在关心她，在爱她，她不是孤单的。这可为下一次谈话留下师生情感沟通上的伏笔。

接下来的一个星期，我继续不动声色地观察莎和呆以及我们班其他学生情绪上有无波动。呆的父母离异，呆跟父亲，但他的父亲常年在外做生意，呆实际上是一个人生活。呆的脸上总挂着他这个年龄少有的冷漠和无所谓，在这个星期中，呆还是与以前一样。莎倒是有了一些变化，课堂上经常很开心地笑着，像在回味什么。从学生的反映中，我还了解到他们在教室里比较亲密。课间，莎总是跑到呆的座位去。

一天晚自修后，我把莎单独留在我的办公室。我认为我应该与她谈谈了。恋爱对这些正处在青春期的孩子有着很大的影响和诱惑，这好比树上的绿苹果，当阳光偶尔透过树叶的间隙漏进来时，显得那么青碧可爱、晶莹灿烂，让人忍不住想伸手去摘。有上次谈话作为基础，我认为应该可以奔主题了。但从哪里入手呢？我选择了学习和同学交往这个角度进行分析，逐步谈到我要谈的话题。

莎说："老师，你所说的我都懂。我作为班干部，在校园和教室里与呆成对进进出出，对班级影响不好，我以后一定改正。"

后来我找呆谈了谈，呆很直率，说："老师，我会以学习为重的。"其他的话便不再多说。

后来又与他们谈了几次，尽管我的态度非常平和，语气很亲切，每次都是从不同的角度去分析，而且他们也很配合，在班级里行为有所收敛，但我发觉他们只是从公开转为地下了。反省与他们的对话，我觉得还是浮于表面，我的言语并未进入他们的心灵；他们的态度也是真诚的，但他们对我有所保留，而我也发现自己在谈话中不知不觉地在扮演教师和长者的角色。这种沟通表面上是成功的，但实际上我觉得离那种心与心之间平等的、真诚的、能影响彼此的沟通还很远，能否找到一个渠道让学生畅所欲言呢？

时间很快过去了，离高考只有一个月时间了，在忙碌中，我很快把这个问题抛在脑后，但总觉得心里有点阴影，他们的眼睛告诉我，我还能帮他们做点什么。正在这时，呆的爸爸出现在我的办公室。在这之前我不知给他打过多少次电话，我向他讲呆的学习和近况、呆的性格和处世态度，并指出呆的学习在退步，像他这样的状态想考上好的学校可能会比较难。最后我比较委婉地说了呆在与一个女生交往，女生比较主动。

高考终于过去了，我也有了闲暇时间。在假期里，我申请了一个QQ，并通过学生加入了班级的QQ群。

一天晚上，我与往常一样上网，进入班级QQ群。一个叫落叶的学生向我发出邀请，进行私聊。

"老师，我是莎。"

"很高兴碰上你，你还好吗？"

"老师，你知道吗？呆辍学了。"

我愣了一下，说："为什么？大学时光多美好呀！"

"老师，可以问你一个问题吗？你当时与呆的爸爸讲了些什么？"

"……"我一下子想不起来我说过什么。

"当时呆与他家里不和，高三的最后几个月他一直说不读，我一直在劝他……"

"老师，当时我心里挺恨你的。现在不恨了。实际上当时我挺想跟你讲的，但一旦面对你，就什么也讲不出来了。如果当时你有个QQ，我们能像现在这样在网上聊多好呀，对着电脑我们之间交流好像变得顺畅了。"

"呆为什么不读书了？"

"他不喜欢那个学校，同时他想报复他爸爸。他爸爸平时并不关心他，但是高考前给他很大的压力。老师，呆其实很喜欢你，但他习惯了沉默，不敢与人面对面交谈。当时我曾经想告诉你这一切，一方面想让你帮助呆，另一方面我想告诉你，我们只是觉得彼此在一起聊天很开心。当时我们在学校里确实做得过了点，给班级带来不好的影响，但我们并没有因此影响我们的学习。我们的厌学来自家庭，你当时帮我与我的爸爸、妈妈交流，我心里很感激你，我当时也想让你这样帮呆，但他不习惯向别人开口，而我也是一样，害怕别人说我，面对你也总有点压力。呵呵，当时你如果有QQ，加入我们班级群，我想有些情形会有所改变。"

……

为此，小云老师至今还常常自责：当初自己为什么没有想到通过网络与阿呆沟通呢？

无独有偶，有一名学生，因为自己的学习成绩不是很理想，而家里人对他的期望又很高，所以一直觉得自己愧对于父母和老师。有一次，他不告而别，老师和家人到处都找不到他。后来，他的班主任老师从一个同学那里找来了他的 QQ 号，在网络上寻找他的足迹，终于在晚上的时候，等到了他的出现。在老师诚恳的话语之下，他慢慢开了口。随后，他似乎找到了感情倾泻的出口，把自己的苦恼全都抖了出来。最后，老师问他："为何以前一起聊天的时候，你的那些想法不能透露出来呢？"他说："当我面对你时，我总是有着一种负罪感，害怕看到你注视我的目光。"

这位老师不无感慨。后来，这位老师慢慢习惯了通过 QQ 或者 QQ 群跟学生进行交流。在这样的平台上，学生也更能放得开，更容易说出藏在自己最心底的话。

一、IT 环境下沟通的意义

（一）沟通是走向成功的关键

沟通无时不在，"除去睡眠，我们有 80% 以上的时间都用在传递或接受信息上"①，我们清醒时大约 70% 的时间，都花在沟通过程中②。沟通无处不在，我们谈话、读书看报、上课、听广播、看电视、上网……都是在进行沟通。

马克思曾经指出："人的本质并不是单个人所固有的抽象物。在其现实性上，它是一切社会关系的总和。"③ 在人类社会中作为现实存在的人是具体的、实在的、社会的人，而不是抽象的人，是处于各种社会关系中的人。人

---

① 罗巴克. 有效沟通［M］. 任光艳，译. 北京：中国社会科学出版社，2001：9.

② 金盛华，杨志芳，赵凯. 沟通人生——心理交往学［M］. 济南：山东教育出版社，1992：27.

③ 马克思. 关于费尔巴哈的提纲［G］//王松. 马克思主义著作选读. 北京：高等教育出版社，1993：33.

的本质是"在一定的社会关系中从事实践活动，即社会性的实践"①。社会是人与人相互作用的产物，个人的发展取决于和他直接或间接进行交往的一切人的发展。社会关系是指社会中人与人之间关系的总称。人是社会的存在物，人的存在，不能脱离其所处的社会关系，任何个人都不能脱离与之发生社会关系的他人而存在。

导致社会关系发生的是人与人之间的社会交往。社会交往是人存在的根本方式，而在社会交往的过程中，沟通是决定人的发展、帮助人走向成功的关键。"社会关系"往往蕴涵在各种交往活动中。人们在交往过程中，获得相互理解，达成既定目标，则是沟通产生的效果。沟通行为发生在交往过程中，沟通能力是人生存和发展的必备能力，是决定人成功与否的关键。因此，人们把沟通能力喻为走向成功的"通行证"。

成功学研究把人的能力划分为业务能力和沟通能力两大类，业务能力是人们立足于社会的能力，而沟通能力则是人们可持续发展的能力。相比较而言，沟通能力比业务能力更能称之为成功的关键。影响个体能否在学习、生活、工作中获得成功的一个最重要的因素就是沟通的质量，信息技术（IT）环境下的沟通能力不仅能决定学习的成功与否，更决定性地影响着人的可持续发展。

（二）IT 环境是现代人生存发展不可回避的现实空间

信息技术是人类文化物质基础的重要组成部分。"在文化的基座下，蕴藏着生产与再现文化的物质工具：科技。"② 20 世纪后半叶以来，以计算机技术为核心的信息技术革新导致了文化物质基础的改变。未来学家奈斯比特（Naisbitt，J.）指出，技术成为新的财富，信息成为最重要的资源，是从工

---

① 陈志尚. 人学原理 [M]. 北京：北京出版社，2005：99.
② 斯威伍德. 大众文化的神话 [M]. 冯建三，译. 北京：生活·读书·新知三联书店，2003：38.

业社会迈向信息社会的一个重要变化。① 信息是信息社会最重要的产品，知识产业是信息社会最主要的产业。在信息社会中，人们所从事的工作，就是使知识生产系统化。

1985 年，美国当代著名传播学家梅罗维茨（Meyrowitz，J.）在其专著《消失的地域：电子媒介对社会行为的影响》② 中，结合麦克卢汉（McLuhan，M.）的媒体理论和美国社会学家戈夫曼（Goffman，I.）的情境理论提出，社会行为发生时的情境不只是一个物理时空，而且是一个信息系统。他认为由电子媒体造成的信息环境与行为者所处的自然环境同样重要，他甚至指出："对人们交往的性质起决定作用的并不是物质场地本身，而是信息流动的模式。"③ 他主张把社会场景看成是"信息系统"，是人们接触社会信息、与他人交往的模式，这种把场景看做信息系统的观点，打破了面对面交往与媒体交往的随机区分。④ 信息不仅在自然（物质）环境（场所）中流通，而且通过媒体流通，因此媒体信息环境和物理场所一样能促成一定的信息流通模式，如电子媒体交流。"信息系统"的概念表明，物理场所和媒体"场所"是同一系统的两个有机组成部分，而非互不相容的两类事物。物理场所与媒体系统共同建构了人们的交往模式和信息传播模式。物理场所创造的是现场交往的信息系统，而其他传播渠道（如电子媒体）则创造出其他类型的交往场景，在探讨情境时，应该以人们接触信息的机会为焦点。

信息技术营造了人类生活的文化环境。奈斯比特指出："我们所处理的只是与电子有关的概念空间，而不是与汽车有关的物质空间。"⑤ 从生态学的

---

① 奈斯比特．大趋势：改变我们生活的十个新方向 ［M］．梅艳，译．北京：中国社会科学出版社，1984：10.

② 原书英文名为"No Sense of Place：The Impact of Electronic Media on Social Behavior"，也有人将该书译做"空间感的失落：电子媒介对社会行为的影响"，本书采用清华大学出版社 2002 年版的译法，即"消失的地域：电子媒介对社会行为的影响"。对该书作者 J. Meyrowitz 的译法也不统一，有人译做乔舒亚·梅洛维茨，有人译做约书亚·梅罗维茨，本书采用后者。

③ 梅罗维茨．消失的地域：电子媒介对社会行为的影响 ［M］．肖志军，译．北京：清华大学出版社，2002：33.

④ 梅罗维茨．消失的地域：电子媒介对社会行为的影响 ［M］．肖志军，译．北京：清华大学出版社，2002：34.

⑤ 奈斯比特．大趋势：改变我们生活的十个新方向 ［M］．梅艳，译．北京：中国社会科学出版社，1984：37.

角度看，人类同时生活在两个世界：现实世界与虚拟世界。现实世界是我们直接与其他人、地点、事件接触的自然物理世界，虚拟世界则是我们借助信息技术间接与其他人、地点和事件接触的世界。我们不断进入虚拟世界获取我们从现实生活中不能获取的经验与信息，一旦找到，我们就会把它们带回我们的现实生活中。我们总是不断地在现实世界和虚拟世界之间跨越。① 很多时候，虚拟世界与现实世界的边界并不那么清晰。"当我们事实上没有亲身经历，却自以为我们所看到的是现实世界发生的客观事件时，我们就模糊了两个世界之间的界限。"②

信息技术"入侵"人类的生活世界，人类被媒体"网罗"。著名未来学家托夫勒（Toffler，A.）曾预见到，造成"未来的震荡"的一个重要原因是"信息超载"引发的"过度选择"。他指出："具有讽刺意味的是，未来的人们不但不会因缺乏选择而受罪，反而会在过度的选择面前不知所措。他们可能最终成为超工业时代所特有的一种困境的牺牲者，这种困境就是：过度选择。"③ 信息技术正在"入侵"现实世界，而人们越来越难以意识和察觉到这一点。"当我们在现实世界中散步时，我们路过的报摊、广告牌、车辆、服装……都在每时每刻地向我们渗透着媒体信息。"④ 随着信息的渗透，人类陷入了各种各样的信息技术所提供的信息洪流中。

总之，信息技术模糊了现实和虚拟的界限，为我们提供了一个相对于自然物理环境的信息环境，使得现代人的生活空间由客观物理世界转向信息技术支持下的虚拟现实世界，信息技术环境已是我们不可回避的现实。事实上，在日常生活、社会活动、沟通行为中，我们越来越难以分清客观物理世界与虚拟现实世界的界限了。

---

① POTTER W J. Media Literacy［M］. Thousand Oaks：Sage Publication，2001：7.
② POTTER W J. Media Literacy［M］. Thousand Oaks：Sage Publication，2001：8.
③ 阿尔温·托夫勒. 未来的震荡［M］. 孙小明，译. 成都：四川人民出版社，1985：292.
④ POTTER W J. Media Literacy［M］. Thousand Oaks：Sage Publication，2001：9.

（三）IT 环境对学生沟通行为的影响

1. 信息技术对学生沟通行为的正面影响

与传统的沟通相比，利用信息技术进行沟通有许多优越性。

第一，沟通者身份隐蔽。IT 环境有利于营造平等自由的氛围，便于沟通行为的开展。有些在面对面交流中不容易说出口的事，在这里可以自由倾吐，减少沟通的心理障碍。

第二，沟通行为超越时空限制。IT 环境下的沟通打破了时间和空间的限制，使得沟通行为可以随时随地进行。在互联网、移动电话、手机短信、掌上电脑等 IT 环境下，学生可以不受时空限制，自由自在地进行沟通。

第三，沟通技术简便快捷。现代信息技术具有智能化的特点，学生可以轻而易举地掌握并使用，可以随意获得以满足自己的需求，浏览信息、认识世界，了解世界最新的新闻信息、科技动态。这不但极大地开阔了他们的视野，而且给学习、生活带来了巨大的便利和乐趣。

第四，沟通内容形象生动。利用信息技术进行沟通更能获得或提供形象、生动的内容，从而使对信息的理解、接受更容易。例如，有些用语言难以叙述清楚的信息，我们可以通过图表、动画等多媒体形式予以表达，使信息获取者一目了然。

第五，沟通方式多样化、立体化。从沟通对象来看，IT 环境下，沟通行为可以根据需要灵活地采取一对一、一对多和多对多等不同的方式进行。一对一的沟通，即人与人之间的个别化沟通，像 QQ、MSN、电话、短信、电子邮件（E-mail）等都可以实现。有些当面不方便交流的或当时没有想到的，再或是更深入的学习，都可以借助这些工具进行。网络交流的"虚拟"性，避免了人们直接交流时的摩擦与伤害，从而为人们情感需求的满足和信息的获取提供了崭新的交流空间。一对多的沟通，即个体与群体之间的沟通，QQ群、电子公告板（BBS）、论坛、博客、专题网站等都可以实现。多对多的沟通，即群体与群体之间的沟通，BBS、MOODLE 平台、维客（WIKI）等都可以实现。此外，根据需要，IT 环境下的沟通还可以把多种方式结合起来，几种形式的交流同时进行。

基于以上这些优越性，利用信息技术进行沟通可以对教育产生如下积极的影响。

第一，有助于更新学生的观念，解放学生。IT 环境下的沟通使学生的观念得到了更新，如学习观念、效率观念、全球意识等。它使学生不断接触新事物、新技术，接受新观念的挑战。信息技术可以给学生"授权"，使得学生了解书本以外的世界。实际上，学生比起他们的父母和老师更容易掌握信息技术，并乐于在 IT 环境下学习和玩乐。他们懂得如何使用电脑软件来娱乐、休闲和接受更多的信息。

第二，有助于瓦解权威和等级，塑造主体。从技术文化的角度来看，电子信息技术具有破除权威、促进平等的潜力。美国当代批判理论家波斯特（Poster，M.）根据他对信息方式的研究指出，电子媒体颠覆了口语和印刷媒体时期的作者与读者的关系。[①] 口语和印刷媒体时代，作者与读者处于固定的等级地位，而电子媒体瓦解了这种等级关系。印刷媒体把作者造就成权威，把读者造就成批评家。电子媒体时代，首先，作者和读者的位置是可逆的，这从根本上瓦解了作者对读者权威型的关系；其次，电子媒体鼓励批判地分析和解读；最后，电子媒体塑造主体。作为一种代表进步力量的工具，一方面，电子媒体建构了平等自由的主体；另一方面，电子媒体通过隐藏信息发送者与接收者的意图来塑造主体。

第三，有助于消除对立和界线，重构关系。听、说、读、写和观看、思考、行动是相互促进、相互依赖和相互影响的过程。在 IT 环境下，信息的制作者、销售者和消费者之间的界线不再分明，这是对人类交往和传播关系的重构，也是对教学中师生关系的重构。与传统教育中教师的权威地位和角色不同，在 IT 环境下，教师的角色是"在组织课堂讨论、情境化的活动以及阐

---

① 波斯特. 第二媒介时代［M］. 范静哗，译. 南京：南京大学出版社，2000：17 – 19.

明信息的价值时，作为学生的协作学习者和促进者"①。传统的学校知识体系是一个封闭系统，IT 环境下的沟通，将课堂教学与学生所接触的校外信息环境相联系，可以打破这种封闭性。"学校是意识形态国家机器"②，IT 环境下的沟通向保守的学校知识体系和课堂权威关系提出了挑战。

第四，有助于形成民主自由的文化，张扬个性。美国著名的数字未来学家泰普斯科特（Tapscott，D.）研究指出，网络信息技术的进展将形成一种"网络世代文化"。这种新文化表现出"独立自主性、情绪及智力的开放性、包容性、自由的表达和强烈的主张、创新、早熟、深入探究的精神、即时性、敏感的集体利益意识、验证及依赖"等十大特征③，其中的独立自主性、创新性和集体意识正是新课程的目标范畴。IT 环境下的沟通具有匿名性，有助于营造一种开放、自由、包容的文化氛围，在此环境下的沟通行为支持学生发现自我、张扬个性，展现自我的风采。

第五，有助于丰富角色体验，学会理解。以网络信息技术为基础的沟通发生在虚拟现实环境中，沟通行为者具有角色的不确定性，学生在沟通过程中可以扮演多重角色，从而获得不同的角色体验。虚拟世界中角色的丰富性，是客观世界所无法比拟的，不同角色的体验不但可以丰富学生的角色认知，还可以教会学生理解他人。

2. 信息技术对学生沟通行为的负面影响

信息技术也对学生的沟通行为造成了许多负面的影响。

第一，利用信息技术进行交流时，由于是以非面对面的形式进行，若不增加其他的辅助手段（事实上，我们可以进行多元化沟通，通过增加摄像头、措辞修饰等手段增加人性化因素），容易缺少情感的交流，不易拉近心

---

① SEMALI L. Implementing Critical Media Literacy in School Curriculum ［G］//PAILLIOTET A W，MOSENTHAL P B. Reconceptualizing Literacy in the Media Age. Stamford：JAI Press，INC.，2000：287.

② COLLINS R. Media Studies：Alternative or Oppositional Practice? ［G］//ALVARADO M，BOYD-BARRETT O. Media Education：An Introduction. London：British Film Institute，1992：57.

③ 泰普斯科特. 数字化成长：网络世代的崛起［M］. 陈晓开，袁世佩，译. 大连：东北财经大学出版社，1993：95－106.

理上的距离，因而可能无法达到真正的沟通目的，有时还会造成误沟通现象。所以，人们往往会认为，通过信息技术交流缺乏情感交流。

第二，网络信息的丰富性对学生造成"信息污染"。互联网既是信息的宝库又是信息的垃圾场，网上的各种信息良莠不齐、真假难辨，由于缺乏有效的监管，网上的色情、反动等负面信息屡见不鲜。同时，网络的互动性与平等性，又使得人们可以在一个相对自由的环境下接收和传播信息。这些不良信息对于身体、心理都正处于发育期，是非辨别能力、自我控制能力和选择能力都比较弱的学生来说，可能产生很大的负面影响。

第三，网络信息传播的任意性容易弱化学生的道德意识。丰富多彩的互联网信息极大地丰富了学生的精神世界，但是由于信息传播的任意性，形形色色的思潮、观念也充斥其间，对于自我监控能力不强、极富好奇心的学生来说具有极大的诱惑力，容易导致他们丧失道德规范。同时，互联网上信息接收和传播的隐蔽性，使他们在网络上极易放纵自己的行为，忘却了社会责任。部分人并不认为网上聊天时说谎是不道德的，认为在网上做什么都可以毫无顾忌，使得他们对自我行为的约束力大大减弱，网上的不良行为逐渐增多。

第四，网络的诱惑性造成学生"网络上瘾"、"网络孤独"等症状。网络中到处都是新鲜的事物，而且在不断地增加。因此，网络对易于接受新鲜事物的学生有着无限的吸引力，这种吸引往往会导致他们对网络的极度迷恋。他们将网络世界当做现实生活，脱离真实生活，与别人没有共同语言，从而表现出孤独不安、情绪低落、思维迟钝、自我评价降低等症状，严重者甚至有自杀意念和行为。医学上把这种症状叫做"互联网成瘾综合征"，简称IAD。因而，如何正确、健康地引导学生上网显得尤为重要。

第五，网络技术的不平衡造成"数字鸿沟"。根据泰普斯科特的观点，网络信息时代的学生所处的社会时代与其父母、老师成长时所处的时代是那么的不同，老师将不能再用过去传统的方式教育他们，而更需要从全新的视角来认识、理解学生。其实，敏锐的父母也会发现，他们和喜欢玩电脑的孩子们之间有越来越大的鸿沟，这个鸿沟表现在思考方式、学习方式、工作方式、沟通方式、娱乐方式等不同的方面。

二、IT 环境下沟通的概念

（一）沟通的基本概念

据统计，有关沟通的定义达 100 多种。[①]《大英百科全书》将沟通定义为：沟通是用任何方法，彼此交换信息，即指一个人与另一个人之间用视觉、符号、电话、电报、收音机、电视或其他工具为媒介，所从事交换信息的方法。《韦氏大字典》指出，沟通是文字、文句或消息之交流，思想或意见之交换。著名传播学家拉斯韦尔（Lasswell，H. D.）认为，沟通是什么人说什么，由什么路线传至什么人，达到什么结果。[②] 从汉字的意义上讲，"沟"是指渠道，"通"是指交往。"沟通"本身有两个基本要求：第一，沟通者必须创造、保护和开发各种交往的"渠道"；第二，沟通者必须以平等、积极的精神利用这些"渠道"来进行交往。缺乏前者，沟通便缺少了必要的基础；缺乏后者，沟通活动就会不畅通或受阻塞。通常，一个人除去睡觉之外，必须花费 70% 的时间在人际沟通事务上。而一般沟通时间中，书写方式占 9%，阅读方式占 16%，口头方式占 30%，其余 45% 必须花费在倾听别人的反应上。[③]

从一般意义上讲，沟通就是发送者凭借一定渠道（亦称媒介或通道），将信息发送给既定对象（接收者），并寻求反馈以达到相互理解的过程。[④] 这个定义说明沟通具有以下含义。

第一，沟通是传递信息的过程。沟通过程中一定要有传递信息的活动，如果信息没有传递到目标对象，就没有构成沟通行为。沟通过程中，人们不仅要传递信息，还要表达情绪情感。因此，沟通的信息包括语言信息和非语

[①] 甘华鸣，李湘华 . 沟通［M］. 北京：中国国际广播出版社，2001：4.

[②] 转引自：甘华鸣，李湘华 . 沟通［M］. 北京：中国国际广播出版社，2001：5.

[③] 王伟 . 沟通原理与应用［M］. 北京：中国旅游出版社，1993：1.

[④] 甘华鸣，李湘华 . 沟通［M］. 北京：中国国际广播出版社，2001：5.

言信息。其中语言信息又包括书面语言和口头语言；非语言信息主要指沟通者所表达的情感，比如通过肢体语言表达某种情绪情感。

第二，沟通是理解信息的过程。在沟通活动中，信息发送者不但把信息传递到接收者，而且要确保信息被接收者充分理解，这就需要发送者和接收者对信息所表达的意义达成共识。然而，信息往往是通过一些符号来表示的，信息发送者要把信息编码成符号，并借助一定的媒体或通道传达给信息接收者，接收者则要对收到的符号进行解码，将其翻译成信息。在这个过程中，接收者解码后的信息要尽量与传送者的本意一致，这样才能达到良好的沟通。

第三，沟通是一个双向、互动的过程。沟通行为是双向的，发送者与接收者要反复对信息的含义进行反馈，促使沟通双方对信息达成一致的理解。如果没有对信息的含义达成一致理解，或没有得到信息接收者的反馈，那也就没有实现完整的沟通过程。

第四，沟通的有效性取决于沟通双方能否准确理解信息的含义以及双方价值观和利益的协调。有效的沟通不仅要致力于使双方都能够准确地理解信息的真实含义，而且要让对方接受自己的观点或意见。有时候，沟通时对方能够理解信息的含义，但是为了维护个人利益，可能不会同意或接受传送者的意见。

（二）IT 环境下沟通的概念

所谓 IT 环境下的沟通是指，行为者与信息源之间，通过有效的信息技术手段、运用合理的策略达到理解或共识的行为。① 由此可见，IT 环境下的沟通与一般意义上的沟通最重要的区别在于，是否强调"通过有效的信息技术手段"。把 IT 环境下的沟通行为作为一个重要问题提出，对其进行系统和深入研究，是对信息时代这一背景的回应。

显然，在信息时代，人类所有的社会活动都离不开"信息环境"这一客

---

① 茅育青. 学生利用信息技术进行有效沟通行为的线索探析［J］. 杭州师范学院学报：自然科学版，2007（4）：313－316.

观现实背景，作为人类重要行为的"沟通行为"也已经发生了相应的变革。

三、IT 环境下沟通的要素

（一）沟通的要素

人们基本上都认同沟通有三个基本要素：说者—信息—听者。第一是说者，即意见、信息、情报的发送者；第二是信息，即传送的信息内容；第三是听者，即信息的接收者。

从信息传播的角度看，沟通是一个双向互动的过程，在此过程中至少包含以下七个基本要素：信息发送者、信息接收者、信息、渠道（或媒体）、信息环境（或文化背景）、反馈和噪音。在沟通过程中，各大要素之间的关系如图 1.1.1 所示。

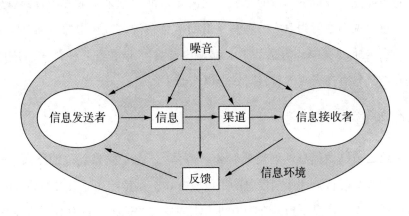

图 1.1.1　沟通的基本要素及其关系

1. 信息发送者

信息发送者，也被称为传信者或发信者，在传播学中被称为信源，即沟通行为的最初发动方。他是沟通活动中信息的源头，是整个沟通过程的最重要构成因素之一。发信者可以是个人，也可以是组织。发信者的主要任务是收集、加工、传递信息，并对接收者的反馈作出回应。

2. 信息接收者

信息接收者是相对于信息发送者而存在的，接收者是发信者的信息传递对象，是信息传播的目的地，他要对信息发送者传来的信息进行解码并理解信息含义。在沟通过程中，信息接收者与发信者相互制约。在大多数情景中，发信者与接收者在同一时间既发送又接收。发信者与接收者可以面对面地进行交流，接收者在交流中，可以及时地把自己的意见和情感反馈给发信者一方。

3. 信息

信息就是信息发送者所传递的内容，是发信者和接收者之间的沟通客体。接收者不能直接理解发信者的意图，而需要借助信息来了解发信者的思想或意见，可以说沟通行为双方的理解是借助信息在沟通过程中的不断互动而实现的。在沟通过程中，信息基本上都是由语言和非语言两种符号组成的①，思想和情感只有在表现为符号时才得以沟通。

4. 渠道

渠道也被称做信息的通道或媒介（媒体），它是信息经过的路线，也是发信者和接收者传播和反馈信息的手段或方式，是影响沟通效果的关键因素。在沟通活动中，信息渠道的选择取决于沟通方式的选择。在面对面的沟通中，信息的渠道主要是声音和视像，有时也利用握手（接触）、着装（视像）、语气（声音）等非语言符号来进行沟通。在非面对面的沟通中，收音机、电视机、报纸、杂志等大众媒体是人们常用的沟通渠道。在沟通过程中，渠道的主要任务是确保沟通双方信息传递的线路畅通。

---

① 李谦. 现代沟通学［M］. 北京：经济科学出版社，2002：189－190.

5. 信息环境

信息环境是指沟通行为发生的场景，包括地点、时间以及沟通双方的文化背景。信息环境往往能对沟通效果产生重大影响。正式的环境适合于正式的沟通。例如礼堂是演讲和表演的好地方，但对于个人之间的交谈就不合适。如要进行非正式的交谈，就要在空间较小、环境安静、光线柔和的屋子里，面对面地交谈。

6. 反馈

反馈是指信息接收者收到信息后，通过消化吸收，将产生的反应传达给发信者的活动。例如，发信者讲一个笑话，接收者付之一笑，这就是一种反馈。又比如，教师上课时，可以根据学生的面部表情和眼神来判断学生是否理解了。从学生的坐立不安和注意力分散也可以推断其上课效果的好坏。在沟通过程中，反馈是非常重要的一环，因为它能使沟通双方保持信息的持续互动。

7. 噪音

噪音是指沟通过程中的干扰因素，它是理解和准确解释信息的障碍。噪音发生在发信者和接收者之间，它包括三种形式：外部噪音、内部噪音和语义噪音。[①] 噪音往往对沟通过程中的其他各要素都会产生影响。受噪音的干扰，沟通双方会对信息和反馈的理解产生偏差，进而影响沟通的效果。

（二）IT 环境下沟通的要素

早在 1993 年，中国信息产业商会曾在一本介绍信息技术的小册子《漫话信息技术》中指出，信息技术是指与获取、传递、再生和使用信息有关的技

---

① 李谦. 现代沟通学［M］. 北京：经济科学出版社，2002：191.

术。① 因此，广义地讲，信息技术指完成信息获取、传递、加工、再生、交换和使用等功能的所有形式的技术。微电子技术、集成电路技术、通信技术、计算机技术、光盘技术、机器人技术、高清电视技术等都是目前最重要的信息技术。狭义的信息技术就是指以计算机为核心，获取、传递、再生、储存、检索、转换各种形式信息的技术。②

感测技术、通信技术、计算机智能技术、控制技术是信息技术的四个基本元素。感测技术帮助人们获取外部世界的有用信息，通信技术对获取的信息进行传递、交换、分配，计算机智能技术帮助人们对信息进行有效的加工和再生产，控制技术根据人们的指令对外部世界实施干预，即施用信息。信息技术的四个基本要素分别承担获取、传递、加工、使用信息的使命，相互关系如图 1.1.2 所示。在整个信息技术工作过程中，计算机智能技术和通信技术起着核心作用。

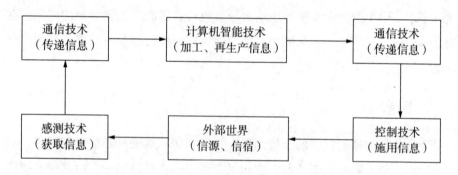

图 1.1.2　信息技术四要素的工作流程

IT 环境下的沟通行为应该包含以下基本要素：沟通者（信息发送者、信息接收者）、沟通内容（信息）、沟通环境（信息环境）和沟通技术（信息技术）。IT 环境下沟通行为基本要素的结构如图 1.1.3 所示。

（1）沟通者

IT 环境下的沟通行为是由沟通者发出的，因此，沟通者是其构成的首要

---

① 中国信息产业商会. 漫话信息技术［M］. 北京：世界知识出版社，1993：16.

② 王琦. 信息技术环境下的外语教学研究［M］. 北京：中国社会科学出版社，2006：2.

要素。通常情况下，沟通行为应该是双向的，一个完整的沟通过程，至少要包含两个沟通者，即沟通者甲（信息发送者）和沟通者乙（信息接收者）。在沟通行为发生的过程中，信息在沟通者之间传递和反馈，沟通者双方互为主体。

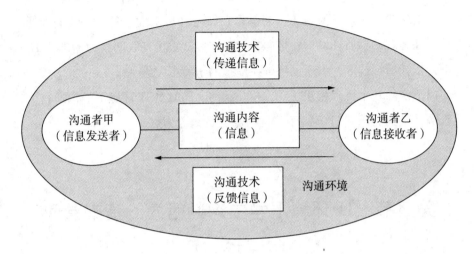

图 1.1.3　IT 环境下沟通的基本要素

（2）沟通内容

IT 环境下的沟通行为总是围绕某个或某些话题展开的，这些话题就是沟通的内容。沟通的内容应该是可以用某种符号加以编码、方便传递的，也是对方可以在解码后理解含义的一些信息。由于沟通内容要承担传递或反馈传播双方的愿望、意图、思想或情绪情感的任务，所以沟通内容的表达应该尽量采用双方都能理解和接受的符号系统，包括语言符号、文字符号、声音符号、图像符号等。

（3）沟通技术

沟通技术是实现沟通内容传递或反馈的一系列技术、方法，它既包括沟通的渠道，又包括沟通的策略。沟通渠道，是沟通者为了传递信息而使用的技术手段或工具，一般表现为某种媒体方式，IT 环境下的沟通行为常用的有电视、电话、广播、网络等电子媒体。沟通策略，主要是沟通者在传递和反馈信息时采用的方法、措施，包括心理情感策略、信息载体使用策略和沟通工具使用策略。

（4）沟通环境

沟通环境主要是指，沟通行为发生的客观背景或情景，一般体现为时间、地点、文化背景等。任何沟通行为都是在特定环境下发生的。传统的沟通行为总是在客观的物质环境下发生的，然而在以计算机互联网络为基础的 IT 环境下，依托虚拟技术，沟通也可以在虚拟的情境下发生。

以上四种基本要素相互联系，相互制约，同时对 IT 环境下的沟通行为产生影响，是我们研究 IT 环境下沟通行为的关键着力点。

第二节　IT 环境下学生沟通行为的基本原理

一、IT 环境下沟通行为的分类

（一）沟通行为的基本类型

从不同的角度研究，沟通可被划分为不同的类型。如从传播学的角度，常见的沟通行为分类有"二分法"和"四分法"。"二分法"把沟通行为分为人际沟通与大众传播。"四分法"把沟通行为分为自我沟通、人际沟通、组织（群体）沟通与大众传播。

一般来说，沟通包括信息沟通、人际沟通和组织沟通。信息沟通是依据科学方法对信息加以把握、分析的过程。它力求在发信和收信的过程中，将信息干扰和失误减至最低。人际沟通是从行为学的角度强调人与人之间的沟通行为，认为沟通能够改善人的行为。影响人际沟通的重要因素不仅包括沟通双方的个性特征、人际关系，还包括沟通者个人的认知、学习、动机及言语能力等内在因素。组织沟通，则按照沟通的组织系统分为正式沟通和非正式沟通。①

　　根据沟通的符号系统分，沟通可以分为语言沟通和非语言沟通，如图 1.2.1 所示。语言沟通就是使用语言符号系统进行的沟通，包括口头语言沟通和书面语言沟通。使用非语言符号系统进行的沟通就是非语言沟通，从沟通时所使用的非语言符号来看，它又包括距离方向沟通、肢体语言沟通和身体接触沟通三种类型。

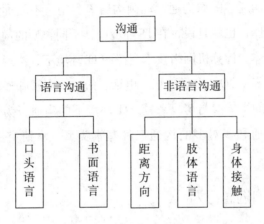

图 1.2.1　沟通的类型（按照沟通的符号系统分）

　　沟通也是有方向性的，从方向上划分，有单向沟通与双向沟通。研究发现，双向和单向沟通在速度、正确性等方面表现出不同的特点：单向沟通的速度要比双向沟通快。双向沟通在内容正确性上比单向沟通更准确；单向沟通安静而有序，双向沟通则混乱而无序。双向沟通中，接收信息者对自己所作的判断比较有信心，对自己的行为有把握。双向沟通中，发送信息者的心理压力较大，因为随时可能受到对方的批评、挑剔。双向沟通易受干扰，缺乏条理性。双向沟通的最大优点是能够真实地沟通，而且可以通过多方面反应来重新估计事情的状态，从不同角度观察问题所在；通过双向沟通，还能增进彼此之间的理解，建立起良好的人际关系。在单向沟通中，由于信息传达者得不到接收者的反馈信息，无法确认对方收到与否，同时，接收者也无

_____

　　① 王伟. 沟通原理与应用［M］. 北京：中国旅游出版社，1993：2.

法核实信息的正确性和信息的含义，沟通行为双方都会有一种不安的感觉，甚至是挫折感，故此，容易产生抗拒心理、埋怨情绪。①

（二）IT 环境下沟通行为的基本类型

从沟通的信息载体，即媒体的角度，又可以把沟通行为分为文字沟通、音频沟通、视频沟通、图像沟通、动画沟通等类型。不同类型的沟通行为有各自的媒体偏向性，也就是说，在 IT 环境下，不同类型的沟通会倾向于选择和使用不同的媒体。计算机网络技术支持的 IT 环境下，沟通行为发生所使用的媒体包括：博客、QQ、电子论坛、电话、短信、电子邮件、视频会议等。

从沟通行为的主体参与情况来看，IT 环境下的沟通行为包括一对一的沟通、一对多的沟通和多对多的沟通三种基本类型。本研究主要采用这种分类法。

1. 一对一的沟通行为

这种类型既包括自我沟通行为又包括"你—我"沟通行为，其主要特点是沟通活动是发生在单个主体之间的一对一的行为。自我沟通行为发生在沟通者内部，表现在沟通者对自己的思想、情感、行为、意念等方面的一种自我反思或自我体认。自我沟通行为是以自我为中心的，行为者既是沟通信息的发送者，又是信息的接收人，在沟通过程中，他既传送信息，又反馈信息。

一对一的"你—我"沟通行为，是两个沟通者之间围绕某项议题进行的意见交流和思想对话，沟通行为者互为主体，在沟通过程中互相发送和反馈信息，表达意见和观点，并期望就某项议题达成一致的理解。IT 环境下的"你—我"沟通行为的最典型的方式包括：电话沟通、短信沟通、电子邮件沟通、一对一的 QQ 和 MSN 沟通。

---

① 王伟. 沟通原理与应用［M］. 北京：中国旅游出版社，1993：5.

2. 一对多的沟通行为

在一对多的沟通行为中，有两个以上的沟通参与者。虽然存在多个主体，但其中有一个是主要发言人，即信息发布者，他面向多个沟通对象同时传递信息，提出某项议题，期待多个对方的反馈。IT 环境下一对多的沟通行为的典型方式是群发短信沟通、群发邮件沟通、个人博客沟通、视频会议沟通、播客沟通等。在这种沟通行为中，"主题发言人"把同样的信息以同一种方式或渠道同时发送给不同的对象，不同沟通对象接收到同样的信息后对同一个发信人进行信息反馈。

3. 多对多的沟通行为

多对多的沟通行为主要指群体沟通行为。群体讨论发生在多个人员聚到一起讨论、解决某一个问题时。当然，群体人数可多可少，少则三五人，多则几十人、上百人甚至更多。群体沟通行为中，每个成员都有机会与其他成员相互影响。由于群体往往是为了某个共同目标聚在一起的，所以沟通内容的结构性更强。沟通者群体同时由几个发信者与接收者组成，沟通过程更为复杂。多个沟通者同时发送信息，对不同收信人造成困惑的可能性也就更大。此外，群体沟通利用了与一对一沟通相同的渠道，有大量的反馈机会，为了确保信息的真实性和沟通的有效性，就应该选择比较正式的沟通环境。IT 环境下多对多的沟通的典型方式包括虚拟社区沟通、博客群沟通、QQ 群沟通、电子论坛沟通等。

二、IT 环境下有效沟通的原则

沟通对于我们如此重要，因此提高沟通的效果，实现有效沟通就是我们所追求的共同目标。然而，要达成有效的沟通；必须遵守一定的原则。如果从沟通行为的基本要素来考虑，IT 环境下有效沟通的原则涉及沟通行为者、沟通信息内容、沟通渠道、沟通干扰和沟通环境几方面。从沟通行为者看，沟通行为要具有目的性、持续性、互动性，沟通行为者双方对信息的理解要有一致性；从沟通内容看，信息要具有真实性、完整性，沟通信息的代码要具有一致性；从沟通渠道看，有效的沟通要具有适用性、便捷性和通畅性；从沟通干扰和环境看，沟通的干扰要最小化，沟通的环境要具有可适应性。

（一）沟通行为具有明确的目的性和连续性

从沟通行为上讲，一方面，有效沟通的行为要有较强的目的性，即在沟通过程中，沟通双方所传递和反馈的信息应该朝着共同的目的，只有双方目的一致，效果才会明显。如果沟通目的不明确，信息接收者就会凭借自己的经验和沟通环境来揣摩对方的用意，这就容易导致对信息理解的偏差，进而导致沟通失效。目的明确的沟通行为会减少沟通中不必要的误会，减少重复性的解释，提高沟通的有效性。

另一方面，要达成有效的沟通，沟通双方的沟通行为应该保持连续性，这主要是在沟通时间、内容与方式上的连续性。在沟通过程中，信息接收者一般会根据自己的经验、喜好和意愿对信息作出反馈。来自不同文化背景的沟通双方，如果不了解文化差异，就很难理解沟通对象在当下的沟通行为。沟通者对沟通对象的了解越多越深，就越容易找到有效沟通的切入点和恰当方式，而长时间保持联系有助于加深对沟通对象的了解。这就需要沟通者持续不断地向沟通对象发送信息，获取对方的反馈信息，从反馈信息里读取对方的经验、喜好、意愿等背景资料，进而调整自己的沟通策略以达到有效沟通的目的。首先，从时间上讲，沟通行为在时间上要保持连续，尽量避免长时间间断沟通行为。比如，一次 QQ 沟通没有见到沟通对象，只好给对方留言，如果对方半个多月才上一次 QQ，就会使得沟通信息的反馈时间过长，沟通的目的和内容就会被冲淡，沟通效果就会降低。其次，从沟通内容上讲，对于沟通双方都熟悉的沟通内容应该保持一定的连续性，这有利于沟通对象快速准确地理解要沟通的信息内容。最后，在沟通的方式上，对于沟通者双方来说都已经习惯的沟通方式也要保持连续性。比如双方都习惯用电子邮件来沟通，那么讨论某项议题时就应该持续使用电子邮件，如果一方突然不用电子邮件而改用 QQ 留言，则会导致另一方苦苦等候电子邮件的回复，却错过了 QQ 上的留言，从而使沟通行为中断，影响沟通效果。

（二）沟通信息具有真实性、内容完整性、代码一致性

沟通中信息的真实性，也会影响沟通的有效性。有效沟通要求沟通行为必须围绕真实的、有意义的信息展开。在沟通过程中，尽管双方投入了大量的时间、精力，使用了价格昂贵的渠道，却只是在对没有真正意义的信息或者虚假信息进行传递和反馈，那么沟通的价值和意义也会荡然无存，同时也会造成沟通资源的浪费。因此，有效的沟通，一方面应该确保沟通信息的真实性，另一方面还要确保沟通信息对沟通双方有意义、有价值，能够引起双方的共同兴趣。

有效沟通在沟通信息上除了要确保信息的真实性，还要保证信息内容的完整性。发信者通过沟通渠道传送信息，应该尽量保证信息完整无缺地到达目的地——接收者，使接收者收到的信息内容与发信者发出的信息内容一致，这样就可以避免沟通过程中的信息流失，使接收者可以解读完整的信息。

最后，沟通信息所使用的代码应该具有一致性。也就是说，发信者和接收者在发送和反馈信息时，必须使用相同的代码系统，从而减少编码和解码环节中不必要的失误，使沟通双方都能方便地使用和解读信息。

（三）沟通策略的选择具有适切性

有效沟通还必须考虑到沟通策略选择的适切性，即沟通行为的始发者要选择对于沟通对象而言有效的策略，才能使沟通行为畅通无阻。

（四）沟通渠道具有适用性

有效沟通必须使真实的、有意义的信息，通过适当的、可用的渠道从沟通者一方传递至另一方。信息不同、目的不同、对象不同等因素要求选择适

合的沟通渠道。

（五）沟通反馈具有及时性

沟通的过程必须在沟通发生的有效期内完成，否则会失去沟通的意义，这就要求沟通反馈要及时。如新闻报道就是典型的案例。再如在战争中，特务或间谍的信息传递以及有效沟通的及时性显得尤其重要，在有限和紧迫的时间内，能否及时沟通传递信息可能会影响战局的成败。

（六）沟通双方对信息的理解具有一致性

沟通双方是相互独立的个体，由于各自知识、兴趣、个性、经历的不同，接收者对信息的解读与信息发送者的理解可能会有偏差。而双方对同一信息内容的理解一旦出现偏差，沟通的有效性就会降低。所以，有效沟通应该努力确保信息接收者与信息发送者对信息的理解具有一致性。

（七）沟通干扰最小化

沟通干扰是客观存在于沟通过程中的因素。要实现有效沟通，就需要尽量减少沟通过程中的信息干扰，这就是沟通干扰最小化原则。

三、IT 环境下有效沟通的过程

IT 环境下有效沟通的过程涉及信源、沟通者、沟通目的、沟通策略、沟通情境、沟通关系和沟通干扰等方面的因素，包括信息的编码、传递、解码、反馈等环节，具体流程如图 1.2.2 所示。

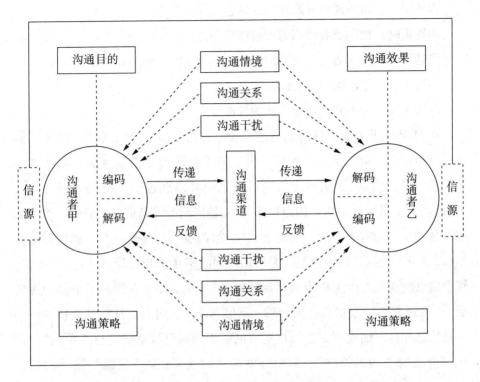

图 1.2.2 IT 环境下有效沟通的过程

注：此图借鉴了董天策《传播学导论》（四川大学出版社，1995）第 93 页的传播过程图示。

信源：在传播学中，信源既指信息的来源，也指发出信息的人。

编码：发信者将这些信息译成接收者能够理解的一系列符号，如语言、文字、图表、照片、手势等，即信息。

传递：通过某种通道（媒介物）将信息传递给接收者。

解码：接收者将通道中加载的信息翻译成自己能够理解的形式。解码的过程包括了接收、译码和理解三个环节。

反馈：接收者将其理解的信息再返送回发信者，发信者对反馈信息加以核实并作出必要的修正。反馈的过程是信息沟通的逆过程。

沟通目的：指沟通行为者所要达到的预期目标，往往是沟通者甲的目的。

沟通效果：指沟通活动在沟通对象身上所产生的效果，也反映了沟通目的达成的程度。

沟通渠道：指沟通双方所选用的信息方式或媒体。

沟通策略：指沟通者使用的沟通技巧和方法。

沟通情境：指沟通行为发生的环境，包括时间、地点和文化背景等。

沟通关系：指沟通双方之间的关系。

沟通干扰：指不利于沟通开展的各种因素。

在 IT 环境下有效沟通的基本过程如下：第一步，"沟通者甲"从"信源"获取信息。第二步，"沟通者甲"依据自己的"沟通目的"对从"信源"获取的"信息"，选择合适的符号系统对信息进行"编码"。第三步，"沟通者甲"采取恰当的"沟通策略"，将编码后的信息借由便捷的"沟通渠道"传递给沟通对象——"沟通者乙"。第四步，"沟通者乙"接收到来自"沟通者甲"的编码后的信息，并使用相同的符号系统对信息进行"解码"，读取信息的意义，产生初步的"沟通效果"。第五步，在理解了信息的意义后，"沟通者乙"根据自己的情感、意愿和观点，对自己从信源获得的另外一些信息和自己的态度、意见用对方能够识别的符号系统进行"编码"，并采用恰当的"沟通策略"，借由方便的"沟通渠道""反馈"给"沟通者甲"。在整个过程中，沟通行为都会受到"沟通情境"、"沟通关系"和"沟通干扰"的影响。这样，一个双向、互动的沟通过程就完成了。但是我们知道，沟通是一个循环过程，当"沟通目的"没有达成时，如果条件许可，"沟通者甲"还可以转换"沟通策略"，再次发起沟通行为，与"沟通者乙"进行第二轮的"协商"或"谈判"，直到达成沟通目的。

这个沟通过程，从信息论的角度，也可以解释为信息获取、信息加工、信息传递、信息反馈和信息干扰几个关键环节。其中信息加工包括编码和解码，是有效沟通过程的关键环节。在信息加工环节，有意义的沟通信息必须转化成符号系统才能表达出来，沟通双方之间交换信息必须借助于某种符号系统。从这个意义上讲，IT 环境下的沟通过程就是沟通信息的符号化过程。

第三节　IT 环境下学生沟通行为的理论基础

一、传播理论基础

（一）传播的基本含义

据考证，"传"和"播"两个字早在中国周代的金文中就已经出现了。按照《说文解字》的解释，"传"字与人、六寸薄、牵马等意义有关。按周礼，"行夫"掌管国家的信息传递，他们"以车驾马"，手持六寸长的竹简。"播"有"播种"的意思，表示人手将种子撒到田里。[①] 在汉语中，与"传播"意义相近的有"传"、"播"、"布"、"流"、"宣"、"扬"等词。通常，"传"表示纵横地传播，"播"表示广泛地传播，"布"表示伸展地传播，"流"表示连续地传播，"宣"表示庄重地传播，"扬"表示宏大地传播。中国古代文献记载的"传播"一词，最早见于《北史·突厥传》一书："宣传播天下，咸使知闻。"意思是指长久而广泛地宣布和传扬。[②]

在印欧语系的文字中，传播是"communication"或"kommunikation"，有"共享"、"交流"和"沟通"的含义。[③] "共享"含义表明传播是双向、互动的行为，是信息在时空中的流动和变化。"沟通"含义表明传播是一种有目的的交换经验的行为。实际上，英文中的"communication"一词，包含有"传播"、"传达"、"传递"、"沟通"、"通信"、"交流"、"交际"、"交换"、"交通"等多种意思。[④] 有研究者对"传播"与"communication"两词的内涵与外延作了比较，发现传播的概念应该比"communication"一词要小得多。

---

① 王本朝. 传播学教程 [M]. 重庆：重庆大学出版社，2007：33.
② 邵培仁. 传播学 [M]. 北京：高等教育出版社，2000：27.
③ 陈力丹，闫一默. 传播学纲要 [M]. 北京：中国人民大学出版社，2007：2.
④ 申凡，戚海龙. 当代传播学 [M]. 武汉：华中科技大学出版社，2000：7.

表 1.3.1 传播与 communication 的比较①

	传达、传递	传布、传染	交流	通信	共有	信息	通讯设备	散播、传扬
传播	√	√	×	×	×	×	×	√
communication	√	√	√	√	√	√	√	√

从传播的内容来看，传播需要符号和意义系统的支持。传播过程中，首先要做的就是对符号进行加工处理和对意义进行解读。从传播的渠道和方式来看，传播过程离不开信息媒体。实际上，人类传播的历史同时也伴随着媒体的变革史。

从本质上，传播这一概念表达了四个方面的含义：第一，传播是一种活动、行为、过程；第二，传播是与信息相关的行为；第三，传播是一种交流、交换和沟通；第四，传播研究的是人类的行为。传播是人们通过符号、信号，传递、接收与反馈信息的活动；是人们彼此交换意见、思想、感情，以达到互相了解和影响的过程。世界处处充满传播现象，生命每时每刻都在进行传播活动，生命不息，传播不止。

（二）几种代表性的传播理论

从某种意义上讲，传播是人类生活的中心。② 也可以说，传播是人类社会生活中最普遍、最重要和最复杂的活动。关于传播的研究古已有之，但系统的传播理论——把传播作为一个重要的课题来研究则始于 20 世纪。传播理论的产生和迅速发展，很大程度上是受了广播、电视、电话、卫星和电脑网络等 20 世纪以来的新型电子传播技术，以及工业化、国际商业集团和全球政治的共同影响。

传播是由传播者（发信者，社会控制下的媒体组织）、传播内容（信息，媒体文本）和受信者（接收者）这几个最基本的要素构成的过程。关于传播的理论研究就分为对传播者的研究、对传播内容的研究以及对接收者和传播

---

① 张国良．大众传播学［M］．上海：复旦大学出版社，1995：3.
② 李特约翰．人类传播理论［M］．史安斌，译．北京：清华大学出版社，2004：3.

效果的研究。具体地，对传播者的研究，包括社会批判理论、结构—功能理论、传播规范理论；对传播内容的研究，主要集中在对传播的文本分析理论；对接收者的研究，主要是传播效果理论。在这里，我们从三个方面介绍与沟通行为关系密切的传播学代表理论。

1. 结构—功能理论 （从传播者的角度）

站在结构—功能主义的立场上，传播理论首先要剖析传播活动的结构和过程要素，然后研究信息在各个结构要素及过程要素间的流动规律。

关于传播结构的研究最早可以追溯到亚里士多德（Aristotle，前384—前322）。他在《修辞学》中提出的"演讲三要素理论"是传播结构论的雏形。① 他从修辞学的角度提出演讲的三要素：说者、演讲和听者。依据亚里士多德的研究，传播活动的结构至少要涉及说者、听者、演讲、效果和场合这五个方面，如图1.3.1所示。"说者"，也称讲者，是在某种场合下进行宣讲活动的人，是传播行为的发起者；"演讲"，是指说者讲话的内容，也即传播的内容；"听者"，或称听众，是传播行为的接受者，也是说话的对象或传播的对象；"效果"就是说者演讲所产生的效果，主要体现在"听者"的反应上；"场合"是指说话的时间、地点、背景等环境因素。其中，说者、演讲和听者是传播活动最基本的构成要素。虽然亚里士多德已经注意到了传播活动的基本结构要素，但是对各要素的关系并没有进行详细深入的说明。

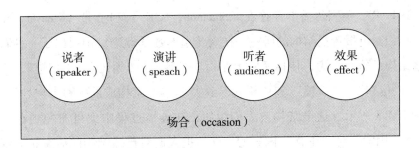

图1.3.1 亚里士多德的传播结构图

---

① 陈力丹，闫一默. 传播学纲要［M］. 北京：中国人民大学出版社，2007：4.

对传播结构的系统研究，最初是 1948 年由美国传播学家拉斯韦尔在《传播的结构和功能》一文中提出的。他认为，传播行为的构成一般涉及五个基本问题：（1）谁传播；（2）传播什么；（3）通过什么渠道传播；（4）向谁传播；（5）传播的效果怎样。即：

（1）Who Says（谁）；

（2）What（说了什么）；

（3）In Which Channel（通过什么渠道）；

（4）To Whom（向谁说）；

（5）With What Effects（有什么效果）。

这五个问题既是传播的五个基本要素，又是传播过程的基本结构。麦奎尔（McQuail, D.）在《大众传播模式论》一书中，把它转变成图解模式。①

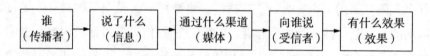

图 1.3.2　拉斯韦尔的传播结构图

拉斯韦尔对传播活动的基本结构进行了清晰的把握，把传播活动解释为五个要素和环节构成的一个完成过程，为现代传播学的研究奠定了基础。然而，他的理论忽视了对传播环境和传播性质的研究。

1949 年，美国传播学者香农（Shannon, C. E.）和韦弗（Weaver, W.）结合他们对电报传播结构的研究，在《传播的数学理论》中提出了一种新的传播结构。他们认为，传播实际上是由"信源"、"编码"、"信道"、"解码"、"信宿"、"反馈"和"干扰"这些基本要素构成的一种方向性活动，如图 1.3.3 所示。这个结构向人们说明，在传播过程中无可避免地存在着"干扰"因素。对"干扰"因素的关注，把人们对传播结构的研究扩大到了社会学领域。

---

① 沙莲香. 传播学——以人为主体的图像世界之谜［M］. 北京：中国人民大学出版社，1990：45.

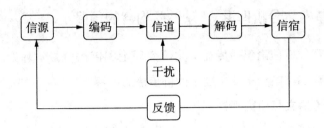

图 1.3.3 香农和韦弗的传播结构图

不论是亚里士多德最早的论述，还是拉斯韦尔、香农和韦弗的研究，都把传播活动视为一种直线型的结构，这样的研究结论显然过于简单化。事实上，传播是一个非常复杂的过程，它的结构也远远不是一种直线型模式所能表达的。

为了超越"直线结构"的局限，1954 年，美国学者施拉姆（Schramm，W.）受心理学家奥斯古德（Osgood，C. E.）研究的启发，提出了传播的双向循环结构，把传播解释为一个传受双方围绕信息进行一系列编码和解码的双向循环过程。

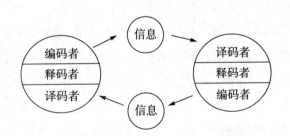

图 1.3.4 施拉姆和奥斯古德的双向循环传播结构图

施拉姆认为，传播是一个双向的活动、循环的过程，在这种循环中，传播者和接收者并没有主体和客体之分，双方在不同情况下，分别进行着编码和解码等信息处理活动。这种理论反映了传播的互动性，但是忽略了传受双方的社会性。

2. 传播内容分析理论 （从传播内容的角度）

传播内容分析理论包括传播文化研究理论和传播符号学理论。这种理论站在文化批判或文本分析的角度来分析传播的内容。

其一，传播文化研究理论。

传播文化研究理论于 20 世纪 50 年代末 60 年代初发源于英国，80 年代风靡英语世界，代表人物是威廉斯（Williams，R.）。传播文化研究理论认为：

第一，大众传媒文化代表一种生活方式。威廉斯认为大众传媒作为一种重要的社会文化现象，不但与先进的传播技术有关，而且也与科技发明产生和应用的社会历史紧密相关，即同社会制度、文化习俗、政治经济以及人们使用科技发明的意向密切相关。由于传播媒体的作用日益突出，人们开始认识到，除了权力、财产和生产关系，传播关系也是非常重要的社会实践："人们生活和社会的事务，不能局限于权力、生产和贸易；学习、描述、理解和教育的斗争是我们人性的中心和必不可少的部分……我们称做社会的，不仅是政治和经济的网络，而且也是学习和传播的过程。"①

第二，文化制品与社会制度相联系。在《传播学》一书中，威廉斯进一步论述了文化产品与社会制度的关系。他指出传播与社会制度和习俗密切相关，社会传播的过程就是意义和定义在社会上建立和演变的过程。比如，文化产品中"高雅"、"通俗"之类的标签实际上已经渗透进大众传播活动的社会机制和惯例中，影响着媒体传播方式。因此，在相关的教育中，应该重视对媒体机构和媒体产品制作过程的研究。在《传播学》中，威廉斯倡议通过教育来培养个人对媒体内容作出独立反应和选择的能力。在言语教学、写作教学、艺术教学、文化评论教学等教学实践中，都应该增添与现代大众传媒产品有关的内容。② 在《电视：科技与文化形式》一书中，威廉斯考察了科技的产生、发展和应用与社会历史的关系。通过对电视技术产生与应用的社会历史条件、广播电视制度、电视所表现的文化形式、电视效果等问题的研

---

① WILLIAMS R. Communication ［M］. London：Penguin，1970：11 – 12.
② 张咏华. 媒介分析：传播技术神话的解读 ［M］. 上海：复旦大学出版社，2002：88.

究，威廉斯提出了他的社会历史媒介观。他坚持认为，应该把媒体的产生、应用与发展放在具体的社会历史背景中考察。

其二，传播符号学理论。

符号学与传播学的最初结合，建立在瑞士语言学家索绪尔（Saussure，F.）的语言学理论基础上。符号学设定了两种意义水平：指示（denotation）与内涵（connotation）。一方面，当使用实际信息的指涉性语言时，指示是功能性的传播行为，它用符号表示语言之外的某些事物、过程或事态。另一方面，内涵相应地获得了一种主观性，使我们能够用文化和意识形态符码来解释媒体信息。因此，传播符号学理论认为，符号本身没有内涵，它的全部意义存在于使用它的文化背景和它所承载的意识形态中。符号学方法总体上都不考虑传播主体和受众，传播符号学理论也忽略了作为媒体消费者的受众，而将注意力放在文本分析之上，对媒体信息进行的解码与媒体信息的娱乐和道德背景互不相关。列维－斯特劳斯（Levi-Strauss，C.）、巴特（Barthes，R.）从符号学的角度对作为文本世界的传媒内容进行了批判阐释。

传播符号学对媒体的阐释主要包括以下方面：首先，它从符号的角度切入，为媒体批判提供了一个独特的研究视角和分析工具。它认为意识形态是一种符号建构，其基本论点是：意识形态是由日常符号表现出来的，符号的意义是在与受众发生互动的过程中产生的，由于不同受众有不同的文化经验和社会背景，因此，受众会对媒体文本进行多元解读、与媒体文本隐含的意识形态进行抗争是有可能实现的。其次，它的研究取材于语言和艺术等领域，它将传播媒体看做是某些作者的作品，将文学领域的"细读式"批评方法应用到传播媒体领域，从语言学的角度，探讨媒体文本中符号意义的生产与阅读、作者与读者双方的互动作用，探讨传媒客体即媒体作品的生命结构问题。最后，它重视文本的整体性和互文性，走出了作者个人意图的狭小天地，从复杂的文化网络中把握文本的意义。

符号学对传播理论的贡献在于，它强调对传媒进行文本分析，强调受众对传播内容进行解读的重要性。但是，符号学也存在一些明显的局限：一方面，它对媒体的符号学阐释具有任意性和唯心主义的倾向。另一方面，它对媒体文本的分析脱离了符号产生的社会环境，局限于将符号学的理论框架生搬硬套地用来阐释媒体文本，因此，符号学研究者在阐释媒体文本时难免有"越俎代庖"之嫌。

3. 传播效果分析理论（从传播效果的角度）

关于传播效果的研究，最具有代表性的是传播效果魔弹论和传播效果有限论。

其一，传播效果魔弹论。

20世纪30年代的世界经济萧条和社会的动荡不安，引起了社会心理学家对领导、舆论、谣言、价值冲突等问题的重视。社会学家对社会成员的分析研究表明，组成城市工业社会的个人与其他人的社会联系日渐薄弱，人们不是以家庭成员或是其他群体成员的身份而是以个人的身份来行动，这些缺乏强大社会联系的个体特别容易接受大众传播的信息。

两次世界大战期间，传播学研究的重点集中于宣传。由于战时宣传的成功，在人们心中产生了传播效果异常强大的信念。这种传播"强效果论"后来被称为"魔弹论"。"魔弹论"流行于20世纪二三十年代的西方新闻界，也被叫做"皮下注射论"或"刺激—反应论"，其心理学依据为当时流行的行为主义的"刺激—反应"模式，即效果是对特定刺激的特定反应，媒体指向接受者，由此产生与媒体信息相一致的结果。[①]

传播效果"魔弹论"有两条关于媒体和受众的基本假设：其一，它认为媒体信息是直接和同质性的刺激，受众是"原子化"的读者、听众和观众，受众对媒体信息的反应是不加选择和甄别的；其二，它认为每一条媒体信息都是直接和强大的刺激，会引起即时的反应。[②]

"魔弹论"认为大众媒体有类似于"魔弹"的强大影响力，相对于强大的媒体，大众特别是学生，是完全消极和被动的接受者；只要传播的信息"注入"受众的头脑中，就会产生传播者预期的效果，受众无法抵抗这种能

---

① 卜卫. 大众媒介对学生的影响［M］. 北京：新华出版社，2002：14–15.

② PIETTE J，GIROUX L. The Theoretical Foundations of Media Education Programs［G］//KUBEY R. Media Literacy in the Information Age. Piscataway：Transaction Publishers，2001：98.

够魔弹化的威力；不同受众对同样的刺激会产生一致的反应，而且是相当直接的反应。

其二，传播效果有限论。

20 世纪 50 年代，美国社会政治、经济情况逐渐恢复正常，传媒的宣传功能不再像战争年代那么突出。从 1956 年到 1960 年是传播效果研究的"苦闷焦虑期"，研究者发现传媒很难改变一般人的态度或行为，因而陷入苦闷焦虑的精神状态，怀疑研究传播的价值和意义。[①] 在这种状况下，传播效果研究发展出"有限效果论"，认为传播的效果并不具有"魔弹"一样的潜力，传播的影响也是因人而异的。在受众观上，传播效果有限论认为，受众并非是先前"魔弹论"所假设的消极、被动和相互隔离的原子化的个体，而是存在于社会团体、社会关系和社会规范中的"社会人"。传播效果有限论对媒体和传播的研究着眼于劝服、创新扩散、态度变迁等方面的主题。

"传播效果有限论"的代表人物主要有卡茨（Katz，E.）、罗杰斯（Rogers，E. M.）、拉扎斯菲尔德（Lazarsfeld，P. F.）和施拉姆等人。拉扎斯菲尔德是当代著名社会学家、传播学科的奠基人之一。他开创性地提出了"两极传播"理论（也称"二级传播理论"），有力地破除了"魔弹论"的观点，使深入探讨传播效果成为可能；另一方面，他倡导实地调查法，将其确立为传播学的基本研究方法之一，这对传播学的科学化具有重大而深远的意义。"两极传播"理论强调人际关系是传播的渠道。1957 年，卡茨进一步论证了人际关系对传播过程与效果的影响。他指出，人际关系除了起到传播网络的作用之外，还迫使人们遵守群体思维方式和行为方式，并提供相应的社会支持，人际关系是信息的渠道、社会压力的来源和社会支持的来源，这三个方面又以不同方式将人际关系与决策者联系起来。[②]

"传播效果有限论"的主要观点有：第一，大众传播媒体的影响是有限的、间接的和有选择的。第二，传播效果要受媒体特性、个体差异、社会类

---

① 邵培仁. 传播学［M］. 北京：高等教育出版社，2000：249 - 250.
② 卡茨. 二级传播：对一种假设的最新报告［G］//奥格尔斯，等. 大众传播学：影响研究范式. 北京：中国社会科学出版社，2000：43.

别和社会关系等诸多因素的制约，远非"魔弹论"所认为的"威力无比，不可抗拒"。第三，在传播和个人行为之间不存在"魔弹论"认为的那种直接的、普遍的、即时的和因果的关系。第四，受众不是传媒所瞄准的消极被动的"靶子"，而是积极主动的参与者。①

二、媒体理论基础

（一）媒体的基本含义

汉语中的"媒体"也称媒介，是指使双方发生关系的人或事物，最早见于《旧唐书·张行成传》："观古今用人，必因媒介。""媒"，在先秦时期是指媒人，后引申为事物发生的诱因，如《诗·卫风·氓》所记载："匪我短期，子无良媒。"《文中子·魏相》："见誉而育者，侯之媒也。""介"，指居于两者之间的中介体或工具。② 英语中的"媒体"即 Medium 一词，是指某种传播手段。

广义的"媒体"包括三方面的含义：其一，它是承载信息的物理实体，包括电视、电影、广播、计算机网络等所有现代传播媒体；其二，它是表达信息的符号系统，如口语符号系统、文字符号系统、图像、动画、声音、文本等。其三，它是通过这些物理实体有目的地传播信息的机构，如报社、无线电台、电视系统等。大多数时候，"媒体"一词总称报纸、广播、电视等大众传播机构。

"媒体"最基本的含义是"一种中介手段、工具或代理"，因此狭义的"媒体"是指一种承载、传递信息的物质或渠道，是人与人、人与自然和人与社会进行间接而非亲自或直接交往的中介。从这个意义上看，媒体并不是

---

① 邵培仁. 传播学 ［M］. 北京：高等教育出版社，2000：255.
② 邵培仁. 传播学 ［M］. 北京：高等教育出版社，2000：145.

反映客观世界的透明之窗，而是一种间接传播关于客观世界的信息的渠道。①

　　由广义媒体的定义可知，任何媒体都由三个构成要素，即物质、符号与信息。物质实体是媒体得以存在的首要因素。上古"结绳记事"，人们在绳子上打结，或在木片上刻记号，而后各执以相考。文字发明以后，龟甲、木竹、布帛、纸张等物质实体先后成为用于书写的媒体。没有这些实物，符号无处载录，信息无所依托、无法传播。符号是媒体与其他物质实体相区别的一个重要标志，也是构成传播媒介的重要因素。物质实体上若没有刻画、负载特定的文字、图像、声音等人类能够识别、解读的符号，就不能算做媒体。② 信息也是构成媒体的重要因素。任何有序的、完整的符号都蕴涵特定的信息，信息也是传者与受者发生关系、形成互动的原因。物质、符号和信息是构成媒体的核心要素，它们相辅相成，缺一不可。狭义上讲，媒体就是通过语言、文字或其他符号传达信息的途径。

（二）媒体发展史略

　　作为信息的物质载体，媒体是一种科学技术，即媒体技术。纵观人类科技发展史，每个时代都有自己特有的典型媒体技术，媒体技术在不同时代产生了不同的影响。在以报纸、广播和电视为代表的第一媒体时代，报纸在 16 世纪至 19 世纪都扮演了重要的角色，广播则在 20 世纪初期就发挥了重要作用，电视更是自 20 世纪 70 年代起便开始风靡世界。20 世纪末，随着互联网这种新媒体技术的迅猛发展，人类迈入了第二媒体时代。以互联网为基础催生的电子报刊、网络互动电视、个人博客和播客等新媒体，从根本上改变了媒体技术与受众的关系，也改变了人们生活、工作、思维和学习的方式。在教育领域，依托互联网技术发展出来的一系列新媒体带来了一场翻天覆地的革命。而这一点对于 IT 环境下学生沟通行为的发展与研究有特殊的意义。

---

　　① BUCKINGHAM D. Media Education: Literacy, Learning and Contemporary Culture ［M］. Cambridge: Polity Press, 2003: 3-4.

　　② 苏钥机，李月莲. 媒体理论［G］//鲁曙明，洪俊浩. 传播学. 北京: 中国人民大学出版社，2007: 31.

在第一媒体时代，人类的媒体技术主要是一些传统的媒体，它们共同的特点是传播信息的单向性，信息内容的制作权与发布权由媒体机构掌控。第二媒体时代，媒体的主要特点是传播信息的互动性或双向性，参与媒体过程的公众掌握信息的制作权和发布权。诸如电子论坛、网络报刊、博客等新媒体颠覆了传统社会的秩序，赋予受众信息制作与发布权，形成了新的社会关系网络。

研究者对第一和第二媒体时代的几种典型媒体作了比较研究，发现这些媒体在信息模式、环境显示、重复性、对想象力的要求、所传信息的特点、个人化程度、时空偏向性、信息量等方面表现出不同的特征。具体表现如下表所示：

表 1.3.2　不同媒体的特征比较①

特征／媒体	报　纸	电　台	电　视	互联网
信息模式	视觉	听觉	视觉及听觉	视觉为主，兼用听觉
环境脉络的显示	弱	中	强	中至强
重复程度	低	高	中	中至低
对想象力的要求	中	高	低	中至低
信息特点	描述/象征/抽象	有点抽象/娱乐化/具体	戏剧化/娱乐化/具体	描述/象征/具体
个人化程度	低	中	高	中至低
时空偏向性	强调空间	强调时间	强调时间	强调时间及空间
即时性	低	高	中	高
信息量	高	低	中	高
信息的恒久性	永久记录	短暂/瞬息	短暂/瞬息	短暂/瞬息/永久记录
信息的结构	线性/列序	镶嵌式/插曲式	镶嵌式/插曲式	镶嵌插曲/线性列序

① 苏钥机，李月莲．媒体理论［G］//鲁曙明，洪俊浩．传播学．北京：中国人民大学出版社，2007：32.

特征 媒体	报 纸	电 台	电 视	互联网
信息的流动性	静态	动态/连续	动态/连续	动态/连续/静态
处理信息的主动权	由受众自定	由传信者决定	由传信者决定	由受众自定
活动的性质	个人/基本	社会性为主/次级	较社会性/次级	个人/社会性/基本

在上表中，报纸、电台和电视代表第一媒体时代的典型媒体，互联网则是第二媒体时代的典型媒体。通过比较可以看出，作为第二媒体时代的典型媒体，互联网在整合第一媒体时代各种媒体的优势的同时也弥补了它们的缺陷。互联网把处理信息的主动权赋予了受众，从某种意义上说，这是人类媒体发展史上的一次革命。

（三）四种代表性的媒体理论

1. 英尼斯的媒体偏倚论

英尼斯（Innis，H. A.）是加拿大著名经济史学家与政治经济学家，多伦多学派的鼻祖，也是麦克卢汉的老师。英尼斯把传播看做人类历史运转的轴心，致力于各种传播形式与传播发展史研究，在此基础上形成了他的媒体理论。他关于媒体技术的基本论点是：任何文明都可以通过它的主要传播媒体来理解。

第一，媒体具有时空偏向性。英尼斯注意到，任何传播媒体都具有时间偏向或空间偏向的特性，要了解各种传播媒体传播思想、控制知识、垄断文化的实质，必须认识媒体的时间偏倚（Time Bias）和空间偏倚（Space Bias）的特性。[①] 传播媒体或具有易于长久保存却难以运输的倾向性，或具有远距

---

① 邵培仁. 传播学［M］. 北京：高等教育出版社，2000：159.

离运送但不易长期保存的倾向性。媒体的演进是由质地较重向质地较轻、由偏向时间向偏向空间发展的历史。传播媒体的演进与人类文明进程相一致。

第二，媒体影响知识和权力。英尼斯指出媒体的时空偏向性与知识的垄断紧密相关，而知识的垄断又与权威、权力相联系。他把对新媒体的争夺看做社会权力竞争的一条主线："新的传播媒体的出现会改变社会体制的形态，它不但开创了人们交往的新形式，发展出新的知识结构，而且常常会导致权力中心的转移；社会权力竞争离不开对新的传播媒体的争夺。"① 英尼斯认为，控制媒体也是行使社会和政治权力的一种手段，中世纪僧侣阶层控制一种复杂的文字系统就是教会行使权力的一种手段。他还认为，每种媒体都有可能造成对知识的垄断，而新媒体的出现往往可以打破旧的知识垄断。

第三，媒体影响社会文化。英尼斯在考察不同媒体形式与社会的文化惯例、文化习俗的关系之后，指出："一个社会特定的传播媒体时空倾向性不仅影响它的制度，也影响它的文化。"② 在以口语传统为基础的文化中，占支配地位的媒体是偏向时间的，其文化以过去为中心，注重传统；在以书面传统为基础的文化中，占支配地位的媒体是偏向空间的，其文化以现在和将来为中心。"偏向时间的媒体"与传统社会联系在一起，强调习俗、延续性、社区，注重历史的、神圣的、道德的事物，具有社会秩序稳定、等级森严的特征，这些特征往往抑制作为社会变革之动力的个人独特性，但却允许个人独特性在富于表达力的语言和丰富的感情中得到反映。"偏向空间的媒体"与现代社会相联系，强调科技知识的发展，注重政治权威，其特征是建立能高效地传播远距离信息的媒体系统，等级性不明显。③

第四，媒体决定社会变迁。英尼斯提出，在个体教化中占支配地位的媒体具有决定文明涨落与文化变革的功能。建立在强调时间偏向的传播手段或强调空间偏向的传播手段基础上的两种不同的权威和知识垄断——宗教的或国家政府的和道德的或科技的，是帝国兴衰、文明兴衰的主要动力。人类社

---

① 张咏华. 媒介分析：传播技术神话的解读 [M]. 上海：复旦大学出版社，2002：52.
② 崴庞德. 传媒的历史与分析：大众媒介在加拿大 [M]. 郭镇之，译. 北京：北京广播学院出版社，2003：139.
③ 张咏华. 媒介分析：传播技术神话的解读 [M]. 上海：复旦大学出版社，2002：53-54.

会发展的每个时期以占支配地位的记录信息、将信息转变为知识系统的媒体来确定，它与该社会的制度权力结构一致。

英尼斯将传播媒体技术视为决定整个西方文明社会变化的中心力量，鼓舞了后人对大众传播理论的研究。他的媒体分析理论之所以影响深远，主要原因在于，"它将技术决定主义与经济、政治和文化的帝国主义联系起来"①。但是，英尼斯的有些观点显得比较消极和悲观，他对"帝国"从纸张、印刷垄断到知识、文化、信息垄断的情况分析，有点夸大和过分恐惧。他认为，人类传播中的所有革新都意味着是对偏向时间媒介的挑战，进而造成对时间偏向的破坏，妨碍人们对事物的系统理解，特别是对西方文明的永恒问题的理解，使得现代大学和现代文明都面对着共同的问题：如何"建立道德的力量去与物质科学释放的力量抗衡？"② 这种看法不仅悲观，而且简单、武断，具有科技决定论的倾向。

2. 麦克卢汉的媒体哲学理论

加拿大著名传播学家麦克卢汉将媒体技术与人类文明发展史联系起来研究。他被称为"电子时代的先知"，被认为是继牛顿、达尔文、弗洛伊德、爱因斯坦以来最主要的思想家之一。③ 麦克卢汉认为，占支配地位的媒体的变革影响我们使用它们时的感觉，并进而改变我们的世界观。每种媒体都会创造一种适用于该媒体信息的环境。但是，就像生长和生活在水里的鱼看不见水一样，对于人类来说，媒体环境也是不可见的。

第一，媒体是人体的延伸。麦克卢汉把媒体比作人体或人类感官的延伸，并提出了"感官平衡"的概念。他把电子媒体看做是人的中枢神经的延伸，而其余一切媒体都是人体个别器官的延伸。在机械时代，机械媒体尤其是印刷媒体使人专精一门、偏重视觉；在电子时代，电子媒体正如中枢神经系统一样，能把人整合成一个统一的有机体。④ 人的所有自我延伸都是为维持感

---

① 崴庞德. 传媒的历史与分析：大众媒介在加拿大 [M]. 郭镇之，译. 北京：北京广播学院出版社，2003：140.

②③ 邵培仁. 传播学 [M]. 北京：高等教育出版社，2000：160.

④ 麦克卢汉. 理解媒介：论人的延伸 [M]. 何道宽，译. 北京：商务印书馆，2003：3.

官平衡而做的努力。任何发明或技术都是人类身体的延伸，而这样的延伸也要求身体的其他器官与延伸部分建立新的比例或新的平衡。

第二，媒体即信息。传统观念往往把媒体当做信息的载体，麦克卢汉对这一观点提出了挑战，他从功能和效果两方面阐述了"媒体即信息"的论点，认为媒体的形式会改变环境、形成社会和建构思想。首先，一种媒体的"内容"往往是另一种媒体，文字的内容是言语，正如文字是印刷的内容，印刷又是电报的内容。① 媒体与信息如影相随，媒体传递的是媒体本身，与具体内容无关。② 其次，一种新媒体一旦出现，无论它传播什么样的信息内容，这种媒体本身就会引起社会的某种变化，这就是它的内容，就是它带给人类社会的信息。最后，媒体是重要的，信息是次要的。媒体的影响之所以非常强烈，就是因为另一种媒体变成了它的"内容"。媒体对人的知觉、对各种感觉比例的影响，也是它带给人的重要信息。③

第三，冷媒体与热媒体。受英尼斯的影响，麦克卢汉前瞻性地提出，每种媒体都有其独特的效果和它自身的语法。印刷媒体是一种线性的、量的和逻辑的传播模式，它创造了一种"视觉空间"；相比之下，电子媒体特别是电视，是一种整体的和质的传播模式，它创造了一种"声音空间"。麦克卢汉根据媒体提供的信息的清晰度和受众在信息接收过程中的参与程度，把媒体分成"冷媒体"和"热媒体"两大类。热媒体具有高清晰度，只延伸一种感觉，且具有排斥性，要求的参与程度比较低，比如照片、拼音文字、印刷品、电影、收音机等。冷媒体清晰度低，提供的信息比较匮乏，留下大量空白让接收者去填补，因而具有包容性，要求较高的参与程度，比如卡通画、象形文字、手稿、电话和电视等。

麦克卢汉对媒体理论作出了引人瞩目的贡献，他对现代传播媒体的分析深刻地改变了人们对生活的观念。④

---

① 麦克卢汉. 理解媒介：论人的延伸 ［M］. 何道宽，译. 北京：商务印书馆，2003：161.
② 邵培仁. 传播学 ［M］. 北京：高等教育出版社，2000：160.
③ 张咏华. 媒介分析：传播技术神话的解读 ［M］. 上海：复旦大学出版社，2002：62.
④ 邵培仁. 传播学 ［M］. 北京：高等教育出版社，2000：164.

3. 波茨曼的媒体技术分析理论

波茨曼（Postman，N.）是美国当代著名评论家，他在《童年的消逝》（1982）、《娱乐至死》（1985）和《技术垄断：文化向技术的屈服》（1992）等著作中发表了他对于媒体技术的独到见解。

第一，媒体是我们生活的环境。首先，传播媒体与文化存在共生关系，因为传播是人类社会互动的过程，而文化则是这一互动的产物。从这个角度来看，媒体在人类文化中便扮演着一个关键角色，因为媒体的变迁促进了传播在本质上和过程上的变化，而传播的变化又促进了文化上的变化。其次，媒体和文化是复杂的社会现象，媒体和文化之间不存在简单、直接的因果关系，二者之间的共生关系复杂且常常不可预知。最后，他建议把"媒体生态学"作为媒体教育的教育学，即一种教授年轻人如何理解自己的文化以及如何帮助保持文化平衡状态的方法。

第二，媒体导致童年的变迁。波茨曼分析了媒体技术变迁对人类社会的影响，指出"童年"正在消逝，媒体对此负主要责任：一是印刷媒体有效地隔离了学生与成人的世界，"童年"由此而生；二是电子媒体对家庭生活的"入侵"消除了学生与成人世界的界限，导致"童年的消逝"。[①]"童年"的消逝主要表现为：学生文化与成人文化的界限模糊，出现了像成人的学生和像学生的成人；电子媒体导致个性的消失，个体变成了与他人无明显差别的"大众"；电子媒体削弱了人们的批判性思考能力，使政治、文化和道德退化到娱乐性表演的地步；电子媒体改变了学生的行为方式和阅读习惯，学生的室外活动明显减少，书面阅读也减少，而屏幕阅读增多。[②]

第三，电子媒体使人"娱乐至死"。波茨曼指出，当前的政治、宗教、新闻、体育和商业都心甘情愿地成为娱乐的附庸，毫无怨言，甚至无声无息，其结果是我们成了一个娱乐至死的物种。[③] 随着电子媒体的兴起，人类进入

---

① 卜卫. 大众媒介对学生的影响 [M]. 北京：新华出版社，2002：38.

② BUCKINGHAM D. Media Education：Literacy，Learning and Contemporary Culture [M]. Cambridge：Polity Press，2003：18.

③ 波兹曼. 娱乐至死 [M]. 章艳，译. 桂林：广西师范大学出版社，2004：121.

了"娱乐时代"。电视把生活的方方面面都转变成了娱乐的形式。经过长时间学习才能获得的读写能力，在新媒体盛行的世界显得苍白无力，一切都成为一种娱乐，无论是学生还是成人，都迷醉在这场没有禁忌的狂欢中。电视是一种"毫无保留的媒体"，通过电视，学生越来越多地了解到成人世界的秘密，他们的行为也变得越来越成人化，并开始寻求通向成人特权的通道。[①]波茨曼认为，政治、宗教、新闻、体育、教育和商业都被转变为电视里播放的"娱乐节目"，电视的催眠作用使人的理智和情感变得迟钝，逐渐失去判断能力。

第四，电子媒体时代的学校教育目的观。了解一种文化教育的最佳途径就是检验其对话工具。波茨曼认为，写作冻结了演说，反而造就了以后的书法学者、逻辑学者、修辞学者、历史学家和科学家，他们必须在大多数人之先掌握语言，才能看到语言代表何种意义，哪里有错误以及什么占主导地位。波茨曼认为学校应该有下列目的：协助学生了解我们只是地球的管理者，人人需互助，以保护这个地球；明白绝对知识和确定性的不可求；鼓励批判性思考以及质疑和争论的能力；鼓励学生发展差异性思维，但并不否定有某些统一的标准；发展并使用语言，因为语言是我们之所以为人的基础，使我们得以改造世界，进而改造自己。[②] 波茨曼并不支持学校的"广播式的教育模式"，认为这种模式不利于产生掌握多国语言的批评家、巧辩家、合作者或管理者。[③]

4. 梅罗维茨的媒体情境理论

美国传播学者梅罗维茨在其专著《消失的地域：电子媒介对社会行为的

---

① 波兹曼. 娱乐至死 [M]. 章艳，译. 桂林：广西师范大学出版社，2004：103.

② 泰普斯科特. 数字化成长：网络世代的崛起 [M]. 陈晓开，袁世佩，译. 大连：东北财经大学出版社，1999：188.

③ "广播式的教育模式"，也称"单向传播式教育"或"单向传播式学习"，是指长期以来教育中存在的以单向传播为主的教育模式。在这种模式中，教师作为"专家"将其所知晓的知识传送或"广播"给学生，学生将自己调整到"正确的频率"，以被动的方式接收信息，再将这些信息转化为短期记忆。详见：泰普斯科特. 数字化成长：网络世代的崛起 [M]. 陈晓开，袁世佩，译. 大连：东北财经大学出版社，1999：182.

影响》中提出，电视使人们"没有了空间感"，它打破了公共空间和私人空间的平衡，模糊了学生与成人的区别，降低了权威，使社会化的范围相互交叠，进而模糊了年龄、性别和权威的差别。随着电子媒体的普及，情境的形式正在发生变化。一方面，电子媒体的广泛应用正在打破一系列旧的情境界线，促成一些不同情境的合并；另一方面，电子媒体的普及正在使一些已有情境结合或消失，产生新的分离。①

首先，电子媒体正在打破旧的情境界线，原因在于电子媒体本身的两个特殊性：一是媒体的符号系统。印刷媒体的符号需要通过阶段化的系统学习来掌握，电子媒体符号简单、形象的特征，消除了不同受众群体的界限，使信息得以共享。二是媒体的物质特征与媒体信息内容的关系。印刷媒体的物质特征是信息传播需要借助有形的实物，媒体与信息内容之间有天然的联系。比如书籍，不仅是一种媒体，而且每本图书与其内容还构成一个有形的实体。作为实体，书籍连同其内容一并由人们购买、阅读或被占为己有，寻找和选择实体的印刷媒体也是个人化的费时费钱的行为，这导致了印刷传播活动中，受众对信息的接收高度选择化、习惯化。电子媒体的物理特征则是无形的符号系统，其内容也稍纵即逝，电子媒体与其内容之间不存在自然的联结，人们可以通过同一个电子媒体接收不同的信息，比如同一台收音机可以接收各种不同的信息。② 因此，电子媒体与信息内容的这种不固定的关系打破了不同受众群的界限。

其次，他提出电子媒体正在打破物质（自然）场所和社会场所之间的旧有联结，产生新的分离。他指出，以往媒体的变化都没有改变地点场所和社会情境之间的紧密联系，电子媒体却导致了物质场所与社会场所之间的完全分离。旧有的联结被打破之后，产生了信息情境。

最后，梅罗维茨指出，电子媒体引起的地点场所与社会场所的分离，使原来以自然场所为界线的情境也被打破，当人们通过电子媒体从事传播和交

---

① 梅洛维茨．空间感的失落：电子媒介对社会行为的影响［G］//张国良．20 世纪传播学经典文本．上海：复旦大学出版社，2003：522－524.

② 张咏华．媒介分析：传播技术神话的解读［M］．上海：复旦大学出版社，2002：131－133.

往活动时，他们所处的地点再也无法决定其社会地位，这导致相应的不同社会角色分界线被混淆了。他从男性与女性（群体身份）观念的变化、成人与学生（社会化）观念的变化以及领导与下属（等级制度）角色行为变化这三个维度具体分析了社会角色分界线的模糊。他认为，电子媒体造成了信息环境的变化，进而又引发了人们社会角色关系的变化。他通过案例研究指出，当代社会交往情境的变化——电子媒体交往的出现，促使男性气质与女性气质融合、成年与童年模糊、政治英雄降为普通百姓。①

梅罗维茨对媒体技术的分析主要关注的是，电视对人们的知觉与行为施加影响的内在特征，他的主张具有技术决定论的倾向。

（四）媒体理论对 IT 环境下沟通行为研究的意义

IT 环境下的沟通行为主要发生在第二媒体时代，最典型的是在互联网背景下的沟通行为。媒体理论关于第一、第二媒体时代各种媒体的研究成果为我们研究"IT 环境下的沟通行为"，特别为沟通中"信息技术手段"的分析和研究提供了重要的理论依据。

1. 媒体与人类的关系

（1）媒体是人类赖以生存的物质基础

首先，媒体是人类文化物质基础的重要组成部分。20 世纪后半叶以来，以计算机技术为核心的信息传播媒体和传播技术的革新导致了文化的物质基础的改变。技术知识成为新的财富，信息成为最重要的资源，这是从工业社会迈向信息社会的一个重要变化。②

其次，媒体是人类社会变革的"助推器"。媒体技术一经出现，就参与

---

① 梅罗维茨. 消失的地域：电子媒介对社会行为的影响 [M]. 肖志军，译. 北京：清华大学出版社，2002：176－296.

② 奈斯比特. 大趋势：改变我们生活的十个新方向 [M]. 梅艳，译. 北京：中国社会科学出版社，1984：10.

了一切意义重大的社会变革，它促进社会新风尚、新型社会关系的形成，并引起人们的信仰、价值观以及行为规范的根本变化。美国著名传播学家施拉姆曾指出，"在为国家服务时，大众传播媒体是社会变革的代言者。它们所能帮助完成的是这一类社会变革：即向新的风俗行为、有时是向新的社会关系的过渡。这一类行为变革的背后，必定存在着观念、信仰、技术及社会规范的实质性变化"①。

再次，媒体是人类生活的文化环境。从生态学的角度看，媒体已经成为人类生活的文化环境。人类同时生活在两个世界：现实世界与媒体世界。现实世界是我们直接与其他人物、地点、事件接触的世界，媒体世界则是我们间接与其他人物、地点和事件接触的世界。媒体世界与现实世界的边界并不那么清晰，"当我们事实上没有亲身经历，却自以为我们所看到的是现实世界发生的客观事件时，我们就模糊了两个世界之间的界限"②。

最后，媒体"渗透"在人类生活世界。媒体正在入侵现实世界，而人们越来越难以意识和察觉到这一点。"当我们在现实世界中散步时，我们路过的报摊、广告牌、车辆、服装……都无时无刻不在向我们渗透着媒体信息。"③ 随着媒体的渗透，人类陷入了各种各样的媒体所提供的信息洪流中。然而，信息不等同于知识，信息是事实、资料和印象，知识是由信息建构起来的有意义的结构。为了建构有用的知识结构，必须浏览、搜集、加工有用的信息，识别出虚假信息。除非有良好的知识结构，否则泛滥的信息对于我们无异于噪音。然而传统的知识观和课程观并没有为我们提供这样一个能够从容应对信息泛滥的知识结构，这成为媒体素养教育的重要使命之一。

（2）媒体影响人类对世界的感知

媒体从根本上框定了人的视界，规定了人对世界的感知。如果用蜘蛛和网的关系来比喻人类与媒体的关系，那么人类就如同"蜘蛛"，媒体就是人与世界相关联、人类赖以生存和发展的"网"。一句话，媒体已成为人与世

---

① 施拉姆. 大众传播媒体与社会发展［M］. 金燕宁，等，译. 北京：华夏出版社，1990：132.
② POTTER W J. Media Literacy［M］. Thousand Oaks：Sage Publication，2001：8.
③ POTTER W J. Media Literacy［M］. Thousand Oaks：Sage Publication，2001：9.

界交互的重要方式。

首先，媒体是人类认识世界的重要渠道。随着传播技术的发展，人对媒体的依赖有增无减。作为人类认识世界的中介、工具和方式，媒体直接影响人对客观世界的认知。人类就像柏拉图"洞穴比喻"中的囚犯一样，只能看见媒体所反映的现实，而这些反映便是构成人类头脑中对现实图像认识的基础。对于我们生活在其中的环境，我们的认识是何等的间接，"我们总是把我们自己认为是真实的情况当做现实环境本身"①。

其次，媒体建构人类自身及其生活于其中的世界。媒体是我们所处时代的叙事者，媒体通过讲述关于客观世界的"故事"告诉我们：我们是谁，我们应该相信什么，我们想要成为什么样的人。现实生活中，媒体无处不在，媒体构成人们日常生活中的大多数社会信息，深刻影响人们的娱乐休闲，影响人们对客观世界的理解和判断。媒体把外部世界的信息带进日常生活，人们依靠媒体了解自己、社会、政治和经济状况，几乎一切所知而不能亲历的人物、地点和事件都来自媒体。

再次，新媒体重构人的日常生活。麦克卢汉提出"媒体即信息"，说明媒体本身代表一种文化、一种变革，而新的媒体方式或媒体语言的出现会导致人们生活的重构。在文化传播过程中，新的媒体方式或媒体语言既能保持文化的连续性，也可能造成文化的断裂和转型。文化在人的交往活动中产生、传播和发展，人们在交往过程中决定着文化的发展方向。当新的媒体方式出现并替代旧的媒体方式时，文化就会发生变革。今天多样化的媒体和媒体方式正在消除传统意义上的空间，这既使人惊喜，也令人恐惧。为了不迷失于媒体文化，为了消除恐惧，人们应该对媒体文化进行批判的读解。媒体文化的运作相当复杂，它已经不仅是所谓的文化，也不仅仅是新的媒介手段，它与当代社会生活紧密融合，在各种社会构成要素的互动中生长。媒体正在填平文化中高雅与通俗、精英与大众、传统与流行之间的沟壑，重构文化的格局。20 世纪 80 年代中期以来涌现的大量新媒体技术，已经并将继续改变人

① 李普曼. 舆论学［G］//张国良. 20 世纪传播学经典文本. 上海：复旦大学出版社，2003：131.

们日常生活的格局，重构人们的工作与休闲。在某种意义上，媒体文化已成为当今消费社会的主流文化，它代替了诸种传统文化和精英文化，成为人们社会化的主导力量。

最后，媒体本身是被有目的地建构的，媒体并不是现实的直接反映，很多时候，媒体对现实的再现是被歪曲和失真的。在信息社会，媒体更多的是对现实片段的非线性拼凑。我们的世界通过电影、电视、录像带等传播媒体的再现之后，所有事情都被"解体、并置、胡乱混杂在一起"①。我们通过媒体认识世界，当媒体本身不能反映客观真实时，我们对世界的认识必然会大打"折扣"。

（3）人类对媒体过度依赖

首先，媒体与人的关系越来越紧密，人们对媒体的依赖越来越强。随着社会信息化程度的提高，信息成为真正意义上的财富，人们出于生存与发展的需要，必须不断寻找大量的信息，媒体作为传播信息的工具日益为人们所依赖。一方面，工作和生活节奏的加快给人们带来了比以往更大的压力，媒体作为消遣娱乐的有效手段能使人们疲惫的身心得以放松。另一方面，媒体介入人与自然、人与人、人与社会的交往，使交往行为缺乏亲身性，个人在心理上与他人、社会逐渐疏离。媒体的适时插入，在使人的缺失心理得以补偿的同时，加剧了人对媒体的依赖。

其次，媒体无微不至地服务令人上瘾。麦克卢汉曾提出一个重要但常常被人忽略的命题："媒体即按摩。"他指出："任何发明或技术都是人体的延伸或自我截除。"② 媒体作为"人的延伸"的同时也意味着人的"自我截肢"，人在通过电视、电话、汽车等媒体延伸了自己的局部机能的同时，也在削弱自己的能力。借助于日益发达的技术，人类一方面变得聪明、灵巧，对大自然的了解越来越多，另一方面也变得越来越愚蠢、笨拙、迟钝。媒体本应是人用以传播、接受信息的中介，应当成为人的延伸，但是随着人对媒

---

① 王治河. 扑朔迷离的游戏：后现代哲学思潮研究［M］. 北京：社会科学文献出版社，1998：19.

② 麦克卢汉. 理解媒介：论人的延伸［M］. 何道宽，译. 北京：商务印书馆，2003：78.

体的依赖的增强，媒体反过来成为统治和奴役人的工具，人反而成了媒体的延伸。

奈斯比特审视了高科技对人们生活的影响，批判地考察了六种"科技上瘾"现象：第一，从宗教到营养，人们都宁取简易方案，速战速决。当今社会到处弥漫着快餐文化，人们借助信息媒体对各种基本生活问题采取速决方案。第二，人们对科技怀有一种既恐惧又崇拜的矛盾心理：既对科技强大而难以控制的力量以及可能带来的毁灭性危害深感恐惧，又对科技解救人类摆脱困境的无穷潜力深表崇拜。第三，虚拟技术的发展产生了亦真亦幻的"现实"，人们越来越难以分清何者为真、何者为假。第四，影视节目和电子游戏中充斥着暴力内容，长期接触会造成人们漠不关心的态度，久而久之人们便对暴力习以为常。第五，文化被消费科技主宰，人们对科技玩具着迷，对电子玩具上瘾。第六，人们的生活疏离冷淡。电子通讯技术和网络技术的发展，使人能足不出户而"联络全世界"，与此相应的负作用就是使人与人的面对面接触、人与自然接触的必要性削弱，科技使人疏离人、疏离自然、疏离自我。①

对媒体依赖的加强，使人面临被异化的危险。这种异化包括两个方面：一是信息需要的异化。信息是减少事物的不确定性，帮助主体认识事物以便作出正确判断的依据，过度依赖媒体会使人自身受信息支配，缺乏对自我需要的清醒认识和对信息的批判审视，从而消解自身主体性，使人沦为"信息动物"。二是媒体的异化。信息需要的异化和媒体的异化，最终都将导致人的异化。电视造就了跟着电视节目转的"沙发土豆"，计算机网络又发展出"鼠标土豆"，无论是"沙发土豆"还是"鼠标土豆"，都是由于对媒体依赖过度而使人"异化"的一种表征。

最后，根据马克思主义政治经济学原理，价值表示物所具有的对人有用或使人愉快等属性，在价值中反映着主客关系，价值是客体对主体需要的满足。媒体本来是人类为满足生存与发展的需要而发明的技术，如今人类对自

---

① 奈斯比特，等. 高科技·高思维：科技与人性意义的追寻 [M]. 尹萍，译. 北京：新华出版社，2000：5-28.

己的创造物——媒体——的"按摩"已经上瘾，作为主体的人对作为客体的媒体过度依赖，人和媒体的主客关系就随之颠倒了。人面临着自我截肢或异化的危险，对媒体与人的关系进行价值考量和审美判断，重新审思人性的意义和人的尊严，是信息时代人类不可回避的现实挑战，这是从价值论考虑本研究的理论意义。

2. 媒体理论的教育学意义

媒体是人们生活的第二空间、第二学堂。现在这个空间和学堂正变得越来越重要，并向学校教育、家庭教育和社会教育提出了全方位的挑战。

首先，媒体向学校教育提出了挑战。媒体文化对学校文化的渗透，向既有的学校教育观念、内容、方法、体制提出了挑战。现在学生每天都会把他们接触到的大众媒体文化带进学校，学生对大众媒体文化特别是流行文化的喜爱，远远超过对学校正统的学科文化。

其次，媒体对家庭教育提出了挑战。正如中国社会科学院的卜卫教授在2004年首届中国媒介素养国际研讨会上指出的，"媒体在国人的家庭中扮演一个重要角色，它是社会价值观的传播者、主要的校外信息和知识资源、社会教育的教师和休闲娱乐的工具"[1]。大众媒体渗透进家庭，也改变了家庭内部传播与教育的模式，更易于获取的免费信息和知识能促进家庭民主和幼儿的"媒体授权"。与此相对的是冲突与代沟的突显，"只有那些有媒体素养的家长才能处理与幼儿的变化中的关系"[2]。

最后，媒体向社会教育提出了挑战。台湾政治大学广电系副教授吴翠珍提出："从社会理论的角度观之，大众媒体是人们建构社会真实（social reality）的重要元素之一，媒体在人类社会所扮演的角色除了'第四权'的社会公平、环境守望外，对个人更是提供了一套形塑价值、建构社会形貌的参照真实。媒体素养的养成需要教育的过程，媒体素养教育的重要性与迫切性在

---

①②　佚名．Media Literacy Crucial in 21st Century［EB/OL］．（2004 - 10 - 30）［2011 - 05 - 04］．http：//www. chinadaily. com. cn/english/doc/2004 - 10/30/content_387017. htm.

这近十年来，藉由研讨辩证与论述形成，世界上诸多国家皆有共识。"① 因此，媒体是社会民主文化进步的助推器，是人们建构社会现实的重要途径，是维护社会公正、营造良好社会文化环境的重要手段。媒体是个人建构世界观、价值观的重要参照体系。

媒体有了比以往更显著的地位和作用，媒体是今天生活中的重要组成部分，明天的世界也会越来越取决于大众媒体传播技术，所以人们应该了解大众媒体是怎样影响社会的，人们需要有关媒体的知识和能力，即媒体素养。具有媒体素养的人将会懂得媒体是被建构来传播某些人的观点、思想、信息和新闻的；具有媒体素养的人将会懂得专门的媒体技术是用来影响人的情绪情感的，他们能认识那些技术及其目的和实际效果，他们能够意识到媒体对一些人有利而对另一些人不利，他们能够质疑谁受益、谁不受益以及为什么会这样；具有媒体素养的人会主动寻找媒体信息和娱乐资源，懂得从媒体中获得享受和益处，知道自己该怎样做而不听命于他人。从这些方面看，有媒体素养的人是更优秀的公民。而专门的媒体素养教育是培养这种更优秀的公民的有效途径，实施媒体素养教育迫在眉睫。

三、学习理论基础

（一）四种代表性的学习理论

20 世纪先后出现了许多学习理论，其中对 IT 环境下沟通行为影响较大、较直接的是行为主义学习理论、认知主义学习理论、人本主义学习理论与建构主义学习理论。它们分别代表了四种与教学活动相关的"学习观"，即：作为反应、习得的学习；作为认知结构组织与信息加工的学习；作为自我实现的学习；以及作为知识建构的学习。

---

① 吴翠珍. 台湾媒体教育的实验与反思 [EB/OL]. (2003 - 08 - 21) [2011 - 05 - 04]. http://www.feja.org.tw/modules/news003/article.php?storyid=97.

1. 行为主义学习理论

20 世纪前半叶，桑代克（Thorndike，E.）、巴甫洛夫（Pavlov，I.）和斯金纳（Skinner，B.）等心理学家通过对动物的实验研究发现，学习过程就是在"刺激"与"反应"之间建立联结的过程。学习是对外界刺激作出反应，教师通过强化刺激与反应之间的这种"联结"促使学习者习得知识经验。这种行为主义或联想主义的学习观把学习看做一个机械的活动过程，在这一过程中，成功的反应得到强化，失败的反应被削弱。在教学过程中，学习者是被动的，其行为或"反应"由学习者得到的奖惩来决定，学习者的任务是接受刺激，吸取教训。对教师来说，教学工作的重点是要创造能引起学习者反应的情境"刺激"，并对学习者的反应提供相应的强化，即奖惩。教学方法主要是操练，学习方法则是重复性的作业和练习。

2. 认知主义学习理论

20 世纪五六十年代，心理学家对学习的研究从动物的学习实验转向了人的学习实验，引起了心理学的"认知革命"，柯勒（Koller，C.）、托尔曼（Tolman，E.）、布鲁纳（Bruner，J.）、奥苏伯尔（AuSubel，D.）、加涅（Gagné，R.）等人是认知心理学的主要代表。格式塔心理学家柯勒提出，学习是知觉的重新组织，是一种产生"顿悟"的过程；托尔曼提出，学习的实质是脑内形成了认知结构；布鲁纳和奥苏伯尔根据课堂情境中的学习研究，认为学习是认知结构的组织和再组织，他强调学习者原有认知结构的作用和学习材料本身的内在联系，重视学习的内在动机和内在强化。加涅用学习与记忆的"信息加工模式"来解释学习的内部过程，认为学习者是信息加工者，教师是信息发送者，教学过程以知识为中心，以课程为重心。总体来看，认知主义学习论者认为：学习是认知结构的形成和改组；学习过程是信息加工的过程；学习要靠智力与理解，而非盲目地尝试；认识事物首先要认识其整体。依据认知心理学的学习观，教学活动的关键是创造获知情境，教学目标是增加学习者的知识量，学习结果要通过测量学习者获得的知识数量来评价。

3. 人市主义学习理论

20 世纪 60 年代，心理学领域兴起了一个新学派，即人本主义心理学，其主要代表人物有马斯洛（Maslow，A. H.）、罗杰斯（Rogers，C. R.）和库姆斯（Comes，A.），由于其观点同近代以来的两大传统学派——弗洛伊德的精神分析学与斯金纳的行为主义心理学有分歧，因而被称做心理学的"第三思潮"。① 人本主义学习理论强调人的情感因素在学习中的作用和地位，认为：学习是人的自我实现，是丰满人性的形成；学习者是学习的主体，必须受到尊重；任何学习者都能自己教育自己、发展自己的潜能，并最终达到"自我实现"；必须重视学习者的意愿、情感、需要和价值观；建立良好的师生交往关系是有效学习的重要条件，它在教和学的活动中创造了情感融洽、气氛和谐的学习情境。在人本主义学习论者看来，学习就是"学习者获得知识、技能，发展智力，探究自己的情感，学会与教师和班集体成员交往，阐明自己的价值观与态度，实现自己的潜能，达到最佳的境界"②。基于这种学习观，在学习过程中，教师是学习的促进者、鼓励者或学习者的帮手，教师要让学生觉得自己是一位真诚、可信赖、有感情的指导者。人本主义学习论者坚持认为，不管怎样教、不管怎样学，应该始终牢记：是具有独特品质的"人"在学习。

4. 建构主义学习理论

20 世纪七八十年代，认知理论渐趋成熟，心理学界关于学习的研究从考察模拟环境中抽象的材料学习转向了研究更为现实的情境中的学科学习，认为学习是"对知识的建构"，学习就是学习者选择相关信息、以自己现有的知识来解释信息的过程，学习不再只是对信息的加工和对知识的"记忆"，而更多的是对信息的"解释"。③ 如此一来，学习者就从知识的被动接受者转变为知识的主动建构者，具有主动控制自己的认知过程的元认知技能。师生

---

① 邵瑞珍. 教育心理学［M］. 上海：上海教育出版社，1988：53.
② 邵瑞珍. 教育心理学［M］. 上海：上海教育出版社，1988：54.
③ 徐继存. 教学论导论［M］. 兰州：甘肃教育出版社，2001：144.

是共同认知过程的参与者，是特定情境中意义建构的参与者。教学的重点从课程转向了学习者的认知，学习者成为教学的出发点、中心和最终归宿，学习者的发展与成长就是教学的理想。对学习结果的评价从强调学习者掌握知识的"量"的多少，转变为强调学习者获得知识的"质"的高低，从测量学习者获得了多少知识，转向确定学习者如何建构、加工知识。

维果茨基（Vygotsky, L.）提出的社会—历史建构主义学习理论超越了"进步主义"和"传统"方法的二元对立，对媒体素养教育的教学提供了启发性的洞见。

第一，维果茨基提出了一种关于意识和学习的社会理论。他认为，"高级思维能力"的发展依赖于协调社会与心理过程的语言工具和符号，即媒体。在这种意义上，学习是一种获取符号代码的方式，是受社会和历史限定的。学习不只是学习者发现知识或经验自发生长的过程，也不是对教师所传授思想的被动接受，学习是对知识的社会历史建构。维果茨基区分了学习者在没有和只有别人帮助下才能理解事物的两种学习活动，提出教学不是教师等到学习者"准备"好了才开始传授知识，或应用固定的"年龄与认知发展阶段"模式来施教，而应该在学习者的认知"最近发展区"和"平台"内工作，直到学习者在不需帮助的情况下能够理解事物。

第二，维果茨基区分了"自发概念"与"科学概念"，有助于我们理解学习者已有的媒体知识与在课堂学习中获得的新知识的关系。他指出，"自发概念"是学生通过自己的脑力劳动而发展的，"科学概念"必须受成人的影响，在教学过程中得到发展。"科学概念"与"自发概念"的主要区别在于：第一，"科学概念"在一定程度上脱离即时经验，它们需要一种系统的概括能力。第二，"科学概念"需要自我反思或"元认知"能力，它们不仅关注概念所指的事物，也关注思考过程本身。学习者已有的对媒体的理解是一种自发概念，当这些概念成熟时就会系统化和概括化为"科学概念"，媒体素养教育有助于学习者有意识地思考和使用语言（包括媒体语言）的"科学概念"。①

---

① BUCKINGHAM D. Media Education：Literacy, Learning and Contemporary Culture [M]. Cambridge：Polity Press, 2003：141.

第三，维果茨基的学习理论关注概念建构的过程，不仅包括概念所指的对象，而且包括学习过程本身。媒体素养教育要使学习者读懂媒体文本，或表达自己的思想情感，而且要使他们学会系统地反映读写过程，理解和分析自己作为读者或作者的经验。学习者从日常生活中积累的媒体经验与其在课堂教学中获得的媒体经验相结合，有助于发展他们的"批判反思"能力，使其得以更自主地理解和分析自己的媒体经验。

（二）四种学习理论对 IT 环境下沟通行为研究的意义

总体上看，这四种代表性的学习理论对 IT 环境下的沟通行为具有不同的意义。行为主义学习理论有助于理解学习者如何获得制作信息所需的技术与传播能力，但不适于解释 IT 环境下沟通行为中的概念学习，也不适于处理媒体文本的意义和媒体文化的认同问题；认知发展理论说明学生对沟通行为的理解与其在各个年龄阶段的认知发展水平相一致，但是认知主义学习理论指导下的学习观具有比较明显的理性主义倾向，不适于解释学生在沟通行为中的情感体验，而且往往忽视了学习者先前的经验；人本主义学习理论强调学习者自身的价值与潜能，重视学习的情感因素，有助于说明学习者从沟通行为中获得的愉悦，有助于建立沟通行为中师生间的良性互动，但是忽视了沟通行为的社会历史建构特征、忽视了沟通行为的情境性。尽管这三种理论都有其自身的局限性，但它们都能从不同角度对 IT 环境下学生沟通行为中的学习活动进行比较全面的解释，为 IT 环境下沟通行为研究提供了相应的学习理论基础，灵活应用它们有助于我们理解 IT 环境下学生的沟通行为。

与这三种学习理论相比，建构主义学习理论对 IT 环境下沟通行为的研究有更重要的意义。首先，建构主义强调学习者获得"科学"元语言的重要性，认为获得科学元语言能使学习者学会描述和分析媒体语言的功能。其次，它强调教师结合学习者已有的"自发"理解的重要性。反思和自我评价是 IT 环境下沟通行为中至关重要的因素，正是通过反思，学习者才得以"默会"其原先有关媒体的"自发"理解，然后在教师和同伴的帮助下，用更广泛的"科学概念"来重塑"自发"理解。最后，建构主义反对直接向学习者传授概念，认为那样做会导致"教学成为空洞的说教，学习成为学生对教师话语的鹦鹉学舌般的重复"①。但它也强调要给学习者介绍科学概念的术语，认为让学习者了解各门学科的学术话语，可以为学习者逐渐学会自己使用这些术语打下基础。

建构主义的学习理论也存在一些局限性。首先，建构主义对"自发概念"和"科学概念"的区分存在一些问题：在什么范围内，自发概念和科学概念只是程度上的不同，而不是类别的不同？自发概念是否总是没有科学概念那么系统，或者它们是否分别以不同方式发展？更重要的问题是，它们的区别是否只是与产生它们的社会情境或表达它们的语言传统有关，而不是与概念自身所固有的东西有关？"自发"和"科学"这两个词可以相应地被转换为"日常的"和"学术的"，这也反映了两种概念的不同来源，说明科学概念语言以及它们作为科学而被合法化的过程是服从于特殊社会传统的，个人对这些传统的熟悉程度有所不同。其次，建构主义对学习的分析没有考虑知识生产与知识流通的社会利益，未充分了解语言与社会权力的关系，忽视了语言在日常情境包括在课堂内使用的社会功能。建构主义的理论未能清楚地考虑一些仪式化的"语言游戏"或"批评"的局限性，以及社会科学方面的一些问题。最后，建构主义对"高级思维能力"，亦即逻辑和智力因素的强调也存在问题。建构主义试图发展有关思维的社会理论，进行广泛的跨文化研究，比较不同地区人民的语言和思维能力。但是，它关于"原始人缺乏高级思维能力"的结论体现了它的研究中的文化偏见。建构主义的理论也加剧了"认知"与"情感"过程的分离，相对忽视后者，具有认知心理学特征。在 IT 环境下的沟通行为中，它可能会导致一种有限的、理性主义的关于学习过程的理论，忽视学习者在沟通行为中投入情感的根本意义。

---

① BUCKINGHAM D. Media Education：Literacy，Learning and Contemporary Culture ［M］. Cambridge：Polity Press，2003：142.

第二章

IT 环境下常用的沟通工具

在当今社会这个信息爆炸的年代，手机、QQ、MSN……几乎每个人每天都被各种各样的沟通工具包围着。种类繁多的沟通工具，不但拉近了人与人之间的空间距离，拓宽了人们的视野，而且提高了人们的时间利用率。我们常常在手机屏幕里寒暄，在网络页面上聊天，在网上购物，沟通方便快捷。

第一节　沟通工具的种类和原理

一、沟通工具的种类

日常生活中，我们交流信息经常以语言、书信、公告栏、内部刊物、电子媒体、声像设备、互联网等沟通工具为载体进行沟通。

随着社会经济的发展和科技的不断进步，我们用来进行信息沟通的工具也在发生着"日新月异、天翻地覆"的变化。

20 世纪 70 年代，书信往来是异地之间最常见的交流方式。遇到急事得发电报，手续麻烦；如果说的内容较多，就得打长途电话。那时的电话机，都是带摇把的老式电话机，只有县城或乡镇的邮电部门才有。[①]

随着社会经济的发展，到了 20 世纪 80 年代末 90 年代初，电话开始进入普通人家，由于当时安装一部电话的价格还是比较贵，所以安装电话的家庭比较少。90 年代中期，移动电话开始出现在大中城市，当时的移动电话功能简单又笨重，俗称"大哥大"。

进入 21 世纪后，小巧玲珑、品种繁多的手机大量上市，价格也越来越低。无论是在城市，还是在农村，手机已成为现代人们不可或缺的生活工具。最近几年，电脑网络也从城市延伸到了农村，一些农民学会了上网，发电子邮件、上 QQ、进行视频等，这些给人们的生活、交往带来了更大的便利。

在这里，我们可以将沟通工具归类为以下几种：

1. 传统手段，诸如口头交谈、书面文件、开会、信件等传统方式。

2. 现代沟通工具，指现代的信息网络、闭路电视系统、电子媒体。大致可分为以下四类，移动通信类：小灵通、手机；固定通信类：固定电话、传真机；非即时网络通信类：电子邮件、BBS、博客；即时网络通信类：腾讯 QQ、微软 MSN、雅虎通、新浪 UC、网易泡泡、聊天室、家校通等。

二、常用沟通工具的原理

（一）电话机工作原理

电话机是通过电信号双向传输话音的设备。电话机将声音信号转换成按照声音强弱变化的电信号，通过电话线将电信号传送到远方，远方的电话机将传送来的电信号还原为语音信号，我们人耳就可以听见了。电话机由送话器、受话器、拨号按钮、铃声发生器以及电话线路等组成。送话机内装满碳粉，碳粉会根据讲话声音的强弱而产生排列的松紧，从而引起碳粉的电阻变化，形成按语音强弱变化的电流。受话器接受对方的变化语音电流后，在线

---

① 张义成. 通信工具进步让沟通无距离［N］. 南充日报，2008－12－20（1）.

圈上生成变化的磁力，从而带动铁振动板，发出声音。图 2.1.1 是目前最为常用的电话机。

图 2.1.1　电话机

（二）手机工作原理

移动电话、手提电话、无线电话、行动电话，简称手提、手机，英文为 mobile phone 或 cellphone，是一种在较广范围内使用的便携式电话终端。[①] 早期（20 世纪 90 年代初期及以前）因为价格昂贵，只有少部分人才买得起，又有大哥大的俗称。20 世纪 90 年代后期，手机大幅降价，如今已成为人类不可或缺的日常电子用品之一。

手机外观上一般都包括至少一个液晶显示屏和一套按键（部分采用触摸屏的手机减少了按键）。现代的手机除了典型的通话功能外，还包含了 PDA（掌上电脑）、游戏机、MP3（音乐播放器）、照相机、录音、GPS（全球定位系统）等更多的功能。手机朝多功能、智能化趋势发展，成为了现代人的移动信息终端。

第一代手机（1G）是指模拟的移动电话，也就是 20 世纪八九十年代的

①　佚名. 移动电话［EB/OL］.（2009－09－30）［2011－04－30］. http：//zh. wikipedia. org/wiki/% E6% 89% 8B% E6% 8F% 90% E9% 9B% BB% E8% A9% B1.

"大哥大"。最先研制出大哥大的是美国摩托罗拉公司的 Cooper 博士，由于当时的电池容量限制和模拟调制技术需要硕大的天线和集成电路的发展状况等制约，这种手机外表四四方方，只能称为可移动算不上便携。很多人称呼这种手机为"砖头"或是黑金刚等。①

第二代手机（2G）也是最常见的手机。通常这些手机使用 PHS、GSM 或者 CDMA 这些十分成熟的标准，具有稳定的通话质量和合适的待机时间。在第二代中为了适应数据通讯的需求，一些中间标准也在手机上得到支持，例如支持彩信业务的 GPRS 和上网业务的 WAP 服务，以及各式各样的 Java 程序等。如图 2.1.2 所示。

图 2.1.2　手机

3G，是英文 3rd Generation 的缩写，指第三代移动通信技术。相对第一代模拟制式手机（1G）和第二代 GSM、CDMA 等数字手机（2G）而言，第三代手机一般是指将无线通信与国际互联网等多媒体通信结合的新一代移动通信系统。它能够处理图像、音乐、视频流等多种媒体形式，提供包括网页浏览、电话会议、电子商务等多种信息服务。为了提供这种服务，无线网络必须能够支持不同的数据传输速度，也就是说在室内、室外和行车的环境中无

---

① 朱海松. 手机媒介化的商业应用思维与原理［M］. 广州：广东经济出版社，2008：131.

线网络能够分别支持至少 2Mbps、384kbps 以及 144kbps 的传输速度。①

（三）电子邮件工作原理

电子邮件（Electronic mail，简称 E-mail，标志为@，也被大家昵称为"伊妹儿"），是一种用电子手段传送信件、表格、资料等信息的通信方法。电子邮件综合了电话通信和邮政信件的特点，它传送信息的速度和电话一样快，又能像信件一样使收信者在接收端收到文字记录。电子邮件系统又称基于计算机的邮件报文系统，它承担从邮件进入系统到邮件到达目的地为止的全部处理过程。②

电子邮件与普通邮件有类似的地方，发信者注明收件人的姓名与地址（即邮件地址），发送方服务器把邮件传到收件方服务器，收件方服务器再把邮件发到收件人的邮箱中。如下图 2.1.3 所示。

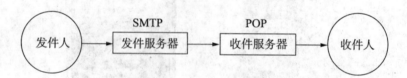

图 2.1.3　电子邮件工作原理

更进一步的解释涉及以下几个概念：

MUA：Mail User Agent，指邮件用户代理，帮助用户读写邮件；

MTA：Mail Transport Agent，指邮件传输代理，负责把邮件由一个服务器传到另一个服务器或邮件投递代理；

MDA：Mail Delivery Agent，指邮件投递代理，把邮件放到用户的邮箱里。

整个邮件传输过程如下：

目前使用的 SMTP（Simple Mail Transfer Protocol）协议是简单邮件传输协

---

① 佚名.3g[EB/OL].（2009 – 09 – 30）[2011 – 04 – 30]. http://baike. baidu. com/view/11232. htm.

② 里德. 因特网技术［M］. 龚波，译. 北京：电子工业出版社，2004：98.

议，属于存储转发协议，它意味着允许邮件通过一系列的服务器发送到最终目的地。服务器在一个队列中存储到达的邮件，等待发送到下一个目的地。下一个目的地可以是本地用户，或者是另一个邮件服务器；如果下一级的服务器暂时不可用，MTA 就暂时在队列中保存信件，并在以后尝试发送。如图 2.1.4 所示。

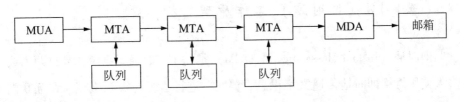

图 2.1.4 邮件发送过程

（四）博客（Blog）工作原理

WEBLOG 是 WEB LOG 的缩写，中文意思是"网络文章"，简称"网志"；后来 WEBLOG 缩写为 BLOG，即博客。博客就是一个以网络为载体，并能按照自己的爱好特长，以丰富多彩的形式简易迅速便捷地表达、发布自己的所思所想，及时有效地与他人进行沟通交流的综合性平台。[①]

不同的博客可能使用不同的编码，所以相互之间也不一定兼容。例如，"百度空间"使用的是 GB2312 编码，新浪博客使用的是 UTF-8 编码。而且，目前很多博客都提供丰富多彩的模板等功能，这使得不同的博客各具特色。如中国博客网中用户可以自行编辑相关代码，实现许多独特的效果。

博客（Blog）是继 E-mail、BBS、ICQ 之后出现的又一种网络交流方式，是网络时代的个人"网络日志"，基于 WEB 2.0 技术，代表着新的生活方式和新的工作方式，更代表着新的学习方式。有时我们也称在网络上出版、发表和张贴个人文章的人为博客（Blogger）。

博客（Blog）网页主体内容由不断更新的、个人性的众多"帖子"组

---

① 东箭工作室. QQ/ICQ 完全手册［M］. 北京：清华大学出版社，2001：45.

成。它们基于时间轴以倒序方式排列，也就是最新的列在最前面；内容可以是各种主题、各种外观布局和写作风格，按照自定义的目录进行分类管理。多数博客是个人心中所想之事情的发表，另外也有若干人群基于某个特定主题或共同利益领域进行的头脑风暴的作品。

（五）IM（即时通）工作原理

即时通（Instant Messaging，简称 IM）是一个实时通讯系统，允许两人或多人使用网络即时地传递文字讯息、档案，进行语音与视频交流。在互联网上受欢迎的即时通讯服务包含了 QQ、Windows Live Messenger（MSN）、AOL Instant Messenger、skype、Yahoo! Messenger 与 ICQ 等。我们以 QQ 为例来讲述 IM 的工作原理。①

• 登录服务器

QQ 软件属于客户端/服务器模式，需要在电脑上安装 QQ 客户端程序，运行客户端程序登录服务器是我们使用 QQ 的第一步，如图 2.1.5。登录 QQ 时，QQ 既可以通过 UDP 方式登录服务器，也可以通过 TCP 方式登录，当然，优先选择前者。它首先会向本地端口 4000 发送 DNS 请求，解析 sz.tencent.com ~ sz7.tencent.com 7 台服务器的 IP，然后用 UDP 8000 目的端口登录。

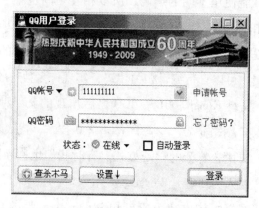

图 2.1.5 QQ 登录

① 东箭工作室. QQ/ICQ 完全手册 ［M］. 北京：清华大学出版社，2001：6.

● **验证身份**

在登录过程中，QQ 客户端仅仅是建立了本地与腾讯 QQ 服务器之间的连接，连接后需要做的是"验明正身"，即验证用户账号和用户密码。QQ 对用户名和密码的验证机制相对比较复杂，此处不再详述。

● **读取好友列表**

验证通过后，QQ 会读取存放在服务器上的好友列表和分组信息。在此过程中，服务器端会给你生成一个临时文件，其中保存有你的连接信息（包括 IP 地址、端口等）和所有的好友列表信息。接下来，QQ 会检查你的好友列表中是否有在线好友；如果有，则将其标识出来。

● **发送信息及传送文件**

当我们与好友聊天时，如果对方在线（隐身、离开状态也算"在线"），那么两者的对话不会经过 QQ 服务器，而是直接基于 IP 的点对点信息传送，这跟局域网内的"messenger 信使服务"的原理差不多。当好友不在线，我们留言给对方时，这些留言信息就会暂时保存在服务器的数据库中，当对方登录时，再将这些信息反馈给他的客户端。

而传送文件是一个点对点的服务，它的实现包括创建连接、切割文件、数据包封装等步骤。不过它采用的是 UDP 协议，MSN Messenger 等 IM 则采用的是 TCP 协议，这也是为什么多数情况下用 QQ 传文件比 MSN Messenger 快、但却比 MSN Messenger 容易出现"传输错误"的原因：UDP 协议不需要验证文件的准确性，在速度上得到最大保证，但它的可靠性不高，在网络状态不好时经常出现发送失败或者对方看不到你发送文件的信息；而 TCP 发送后需要

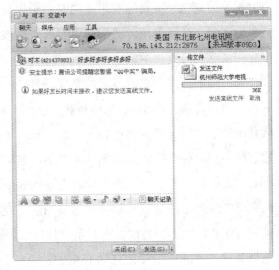

图 2.1.6　QQ 传送文件

对方回复一个确认信息，收到确认信息后再发送下一组数据包，所以相对 UDP 会牺牲一些速度（如图 2.1.6）。

● **语音及视频聊天**

实际上语音、视频聊天和文件传输一样，都是点对点服务，只不过具体的操作方案不一样而已，这里我们就不再详述了。

三、常用沟通工具的应用场合

现代通信技术给人们带来了方便快捷的沟通，它从根本上改变了现代人的情感体验方式甚至生存方式。

在如今科技发达的世界里，人与人之间的交流有很多现代化设备，如电话、手机、E-mail、QQ 等，书信的交流方式已经不流行了。但书信这一古老的通信方式在很多场合却有着不可替代的作用和功劳。现在的孩子们大多都是独生子女，从小受宠爱，自尊心很强，不希望在公共场合被谁批评，所以老师在教育孩子时就尽量少在众人面前批评孩子，用书信和纸条的方式沟通有时候会起到意想不到的效果。同时孩子们有什么想法，也可以以书信的形式告诉老师。利用书信形式沟通可以有效地改善师生间的紧张关系，使得师生之间情感交流更加融洽。

家校沟通合作是培养孩子的必要条件，在家校联系中，经常用到面对面家访、电话沟通、E-mail、班级博客、QQ 等方式。其中，家访或电话联系是教师了解学生情况的重要途径——能够及时了解学生的心理现状，有的放矢地解决心理问题，排除"问题学生"的心理障碍，淡化"问题学生"的烦躁不安、孤僻离群等心理，做到及时发现问题解决问题。电子邮件是因特网的最广泛的应用之一。电子邮件有很多用途，老师、学生和家长可以用电子邮件发送作业、课程信息以及进行信息沟通。班级博客是学生课堂讨论的延伸，也是家长了解孩子相关信息的好地方；不仅如此，家长还可以在此与学校、老师进行互动，突破时空的限制。

即时通讯不同于 E-mail 之处在于它的交谈是即时的。大部分的即时通讯服务提供了状态信息的特性——显示联络人名单，联络人是否在线上以及能否与联络人交谈。当你需要和远方的朋友实时地交流时（家校沟通也用得较多），可以采用即时通通讯工具，比如 QQ、MSN 等，同时还可以进行语音和视频交流，现在它们也提供传输文件和远程协助等功能。

具体工具适应场合及其特点请见下表。

表 2.1.1　工具适应场合及其特点

工　具		交流形式	即时性	信息载体	方便程度	信息量	成　本	传统交流
1. 网络即时交流工具	QQ	点对点	即时	文本、视频、图像、声音等	方便	小	小	谈话
	MSN	点对点	即时	文本、视频、图像、声音等	方便	小	小	谈话
	网络猪	点对点	即时	文本、视频、图像、声音等	方便	小	小	谈话
2. Web交流工具	BBS	点对面、面对面	不即时	文本、视频、图像、声音等	较方便	较大	小	座谈、沙龙、会议等
	博客	点对面	不即时	文本、视频、图像、声音等	较方便	较大	小	日记、沙龙等
	专题网站	点对面	不即时	文本、视频、图像、声音等	不方便	大	小	会议
	MOODLE	面对面	不即时	文本、视频、图像、声音等	不方便	大	小	沙龙、座谈
	维客（WIKI）	面对面	不即时	文本、视频、图像、声音等	不方便	很大	小	沙龙、座谈
3. 电信交流工具	电话	点对点	即时	声音	方便	小	较大	谈话
	短信	点对点	不即时	文本	方便	很小	小	口信
4. 邮件交流工具	E-mail	点对点	不即时	文本、图像、声音等	不方便	较大	小	传统书信

第二节　常用沟通工具的选择和使用

一、常用沟通工具的优、缺点

沟通方式有很多，传统的沟通方式有书面沟通和当面沟通。随着社会的发展和科技的进步，电话、传真、电子邮件等各种新的沟通方式也越来越多地应用到我们的工作和生活中。面对众多的沟通方式，到底选择哪一种才能使人们的沟通更有效呢？

（一）书面沟通的利弊

书面沟通有文字记录，所以方便存档、查询。一些重要的文件最好用书面形式来传达。有的信息比较复杂或者比较专业，用书面的形式可以多次查阅，以便全面理解。

由于沟通信息需要通过文字，而且需要一定的载体，主要是纸张，形成文字必须要通过书写或打印过程，并且在形成文字时需要仔细斟酌，花去的时间要相对多一些，反馈的时间也要相对长一些，而且沟通时的情感也不易用文字来表达，这自然会使双方的沟通缺少感情色彩。

（二）当面沟通的利弊

当面沟通可以利用语言和眼神、动作、表情等肢体语言来共同表达信息，有利于更大地激发双方沟通的积极性。① 而且在当面沟通中，个人能获得最

---

① 李润生，杨艳萍. 论网络对大学生人际沟通的影响及对策 [J]. 华东交通大学学报，2003（3）：86－89.

丰富、最具有说服力的第一手资料，对作决定或者评价非常重要。

当面沟通获取的信息量很大，但是如果没有及时记录，很多东西事后都无法考证。对一些比较专业或者复杂的问题，单纯的面谈不可能全部理解。而且对一些不太确定的问题，由于时间或者时机不合适也无法当面确认。

（三）　电话沟通的利弊

电话的作用非同小可，且它不受时间、地点、国家的限制。无论是在国内还是国外，平原还是山区，只要有一部电话，就能随时和外界沟通。所以如果事情比较紧急，或者是平常事务性的联系，采用电话沟通会比较方便，而且成本也相对较低。

由于电话沟通很普遍，每个人每天可能接听数十个甚至上百个电话，而且电话沟通的信息不能被及时有效地记录下来，所以相对而言，电话沟通与其他沟通方式相比，信息容易被人遗忘。如果有比较重要的事情最好不要采用电话沟通，以免耽误要事。

（四）　电子邮件沟通的利弊

随着网络技术的飞快发展，电子邮件像电话一样成了我们日常工作的主要沟通渠道。网络传输速度的加快使沟通的速度也大大地加快，电子邮件和电话相比，更加不受时间、地点和国家限制。[①] 不仅文字可以传输，声音、图片等都可以传输，电子邮件把我们带到了一个全新的沟通境界。可以选择固定在一个时间处理 E-mail，这样 E-mail 不会频繁地打扰个人的工作和生活。

（五）IM（即时通）的利弊

即时通，通常被称为 IM，是一种类似电子邮件的联机通信方式。IM 具

---

① 郑秋莹，秦颖. 沟通工具，你会用吗？[J]. 市场研究，2006（3）：110－116.

有即时性，它需要特殊的软件程序（如 QQ、MSN、AOL Instant Messenger、Yahoo！Messenger 等）。使用这些程序，在对话框中输入要说的话，你的朋友几乎可立即看到你输入的内容，你也可以立即看到朋友输入的内容。

IM 可以不受时空限制进行即时交流，可以传递文字、图像、视频、文件，并可以进行语音和视频实时交流。但是 IM 需要双方都同时在线，当一个人和另一个人用 IM 联系的话，他必须停下手头的工作或者中断自己的思维，处理 IM 消息。

二、常用沟通工具的使用及注意事项

要进行电话沟通时，我们必须知道对方的电话号码，所以要事先建立通讯录，以便我们可以快速找到自己要联络的人的电话，这样打电话时就不必花费许多时间找寻电话号码，造成无谓的时间浪费。因此，如果自己平时就养成建立完整通讯录的习惯，也可以让我们大幅节省时间。① 除此之外，在打电话前，事先想好要沟通的重点也很重要。这样不但可以节省通话时间，更能让双方迅速进入事情的沟通，效率也能更高。

电话沟通由于能传递说话时的语气和语调，所以学生和老师在进行电话沟通时，通常会想象对方的形象和态度。因此在进行电话沟通时，我们应该注意两点：第一，注意语气变化，态度真诚。第二，言语要富有条理性，不可语无伦次前后反复，让对方觉得啰唆产生反感。可在打电话前采用思维导图的方法先设计好，具体请见本章第三节的第三大点。

如果要说电子邮件有什么弊端的话，一是垃圾邮件日益泛滥，二是因其即时性，而使我们再也很难体验鸿雁传书时代种种复杂的情绪，如等待时的焦灼、收信时的激动、信发出去后的期盼，等等。

在使用 IM 时，我们需要注意以下几个方面。

---

① 李润生，杨艳萍. 论网络对大学生人际沟通的影响及对策［J］. 华东交通大学学报，2003（3）：69 - 75.

- 不要通过 IM 发送敏感的个人信息，例如信用卡卡号、生日或密码。

- 只与你的联系人列表或好友列表中的人通信。

- 不要同意去面见通过 IM 认识的网友。

- 不要接受陌生人发送的文件或下载项。

- 每个 IM 程序都会为你分配一个名称，与电子邮件地址类似。该名称通常为昵称。选择一个不会泄漏个人信息的名称。例如，使用 kitty 代替 zhangsan。中小学生使用 IM，需要在家长和老师的指导下使用。家长和老师要特别注意监控和防范，正确引导孩子使用。

- 多数即时消息程序允许你在启动计算机时自动登录，以方便你在使用该程序时不必每次都输入密码。如果你使用的是公共计算机，千万不要让系统记住密码。

电子邮件是 Internet 的最重要的信息服务方式，它提供了一种极为快速、简单和经济的通讯方法。[①] 但是我们在使用 E-mail 时也有一些注意事项，了解这些，有助于更好地工作、学习和娱乐。[②]

- 不要将自己的 E-mail 地址随便告诉他人或发布在论坛上，以免收到垃圾邮件。尽管使用 E-mail 比较方便，但是如果随便把自己的电子邮箱地址告诉别人，很有可能会经常收到垃圾邮件，占据大量空间。

- 尽量使用免费邮箱。因为 ISP（互联网服务提供商）的邮箱空间是有限定的，超过此限度就要收取额外的费用，因此我们在使用 E-mail 时一般尽量不要使用 ISP（互联网服务提供商）提供的电子邮箱，最好能到相应的网站上申请一个免费的邮箱，如 yahoo、gmail、126、163 等都可以很方便地申请到一个免费邮箱。

- 不要公开自己的隐私。

- 当我们使用 E-Mail 或在网上与他人进行交流时，经常需要填一些表格，如果被问到一些有关个人隐私的问题，比如收入、家庭住址等应注意回避。现在许多小学生都能够使用互联网了，但是他们年龄小，社会经验相对

---

① 孙康敏. 建立平等沟通的网络家园 ［J］. 通信与信息技术，2003，3：47.
② 朱薇. 企业内部信息沟通过程中的网络工具选择 ［D］. 杭州：浙江大学，2006：60.

不足，因此在使用 E-Mail 与他人交流时就更应慎重了。网上有许多专为学生开辟的交友网站；另外，父母应该对孩子的交友加以一定的监督、指导。

• 多申请几个不同地址的电子信箱，用于不同用途。如用一个来专收私人信息，一个处理公务信函，一个收订电子刊物……这样，即使某个信箱被邮件炸弹摧毁，也不致造成通讯全瘫。而且，必要时还可将某个信息（如公务信函）全部移交他人。

• 不轻易接收和打开陌生人或来历不明的邮件，避免中恶意病毒和木马，对计算机系统造成危害。

第三节　IT 环境下沟通中思维外显工具（思维导图）的应用

一、思维导图基本原理及软件使用

（一）思维导图基本原理

1962 年，美国神经生理学家斯佩里（Sperry，R. W.）教授提出大脑两半球功能一侧化的理论，认为大脑左右两半球完全以不同的方式进行思考。他认为，左脑是理性的脑、知识的脑，负责阅读、记忆、推理、语言表达、逻辑思考、演绎推理等抽象思维，善于进行语言和逻辑分析，倾向于用话语表达思维；右脑则是感性的脑、创造的脑，侧重于感性表象表达思维，更多通过图形、图像来获取信息，主管空间想象、形象的学习和记忆、图形识别、几何学方面的空间感觉、直觉、情感，是音乐、美术、空间知觉的辨别系统。[①]

1981 年，斯佩里教授对左、右脑的功能进行了对比研究，发现左、右脑

---

① 杨柳. 脑科学视野下的英语教学 ［J］. 英语教师，2009（5）：8－10.

在处理信息时有显著的差异，如表 2.3.1 所示。他进而归类整理出左、右脑的各自功能，如表 2.3.2① 所示。

表 2.3.1　左、右脑处理信息对比

左脑（意识脑）	右脑（本能脑、潜意识脑）
知识	图像化机能（企划力、创造力、想象力）
理解	
思考	与宇宙共振共鸣机能（第六感、透视力、直觉力、灵感、梦境等）
判断	
推理	超高速自动演算机能（心算、数学）
语言	超高速大量记忆（速读、记忆力）
抑制	
五感（视、听、嗅、触、味觉）	

表 2.3.2　左、右脑功能对比

左脑（意识脑）	右脑（本能脑、潜意识脑）
说话	知觉
阅读	综合
书写	图形
分析	直觉思维
抽象	理解整体
理论	空间知觉
推理	视觉记忆
判断	想象能力
计算能力	艺术能力
语言记忆	扩散思维

尽管人类的大脑功能繁多、潜能巨大，迄今为止实际使用的也只是其中

---

① 汤铭．促进学生"创新思维"发展的思维导图教学研究［D］．上海：上海师范大学，2006：25.

很少的一部分（大约只使用了 5%～10%）。特别是在我国，长期以来受应试教育的影响，学生惯于死记硬背，这种学习方式虽然使学生左脑的背诵、记忆、语言逻辑等抽象功能得到了有效发挥，但却大大削弱了对主管形象学习的右脑的开发，使学生左右脑的发展严重失调。科学家曾预言，左右脑相比，右脑存在的潜力约为左脑的 10 万倍，如果左右脑协同活动，其效果将增大 5 倍、10 倍，甚至更多。这就是说，人类大脑的潜能尚未得到充分展现，开发和利用大脑的潜能已成为当下人类的历史使命。思维导图的诞生有助于弥补人类右脑开发的不足，为实现左右脑的协调与均衡打下了基础。

思维导图（Mind Map），又叫心智图，是通过联想表达放射性思维的有效"图形思维工具"。它通过一幅幅形象的"图"直观地呈现人类大脑的放射性思维过程，使人类大脑的思维可视化。在直观呈现大脑思维过程的同时，它又运用图文并重的技巧，挖掘了负责可视、综合、几何、绘画的右脑的潜在机能，运用线条、符号、词汇和图像，把一长串枯燥的信息变成彩色的、容易记忆的、有高度组织性的图形，将各级主题的关系用相互隶属与相关的层级图表现出来，把主题关键词与图像、颜色等建立记忆链接。思维导图充分运用左右脑的机能，利用记忆、阅读、思维的规律，实现左右脑的协调发展，帮助人们改善思维，提高学习效率，协调人们在科学与艺术、逻辑与想象之间的平衡发展。

思维导图究竟为何如此强大呢？事实上，人类 80% 以上的信息是通过视觉系统获得的。也就是说，如果将大脑从外界获得的信息用可视化技术以图解的方式表示出来，就会大大降低语言通道的认知负荷，加速大脑思维，同时以视觉形式和语言形式呈现信息来增强记忆和识别，即实现"知识的可视化"。

"知识可视化"是应用视觉表征（视觉符号系统）手段促进知识传播和创新的过程。加拿大心理学家佩维奥（Paivio，A.）在 1986 年提出的"双重编码"（Dual Coding）为知识可视化提供了理论基础。该理论认为，语言系统直接处理语言的输入和输出（以说和写的形式），同时充当非语言对象、事件和行为的符号功能，任何的表征理论都必须符合这种二重性。该理论设想有两个认知子系统，一个专门用于表征和处理非语言对象（如表象），另一个则专门用于处理语言对象。① 也就是说，信息既可以用言语——序列贮存——来编码，也可以用映像——空间贮存——来编码，而且映像系统一般来说比言语系统更不容易被遗忘。②

英国心理学家、教育学家巴赞（Buzan，T.）正是在认识人类大脑本质及其工作机制的基础上，综合运用心理学、神经生理学、语言学、神经语言学、信息论、记忆技巧、理解力、创意思考及一般科学等各种方法来研究大脑的力量和潜能，最终于 20 世纪 70 年代创造了"思维导图"这一旨在帮助我们了解并掌握大脑的工作原理、最大限度激发我们大脑潜能的风靡世界的思维工具。

（二）思维导图软件使用

关于思维导图的制作软件，目前常用的有 MindMapper、MindManager、Inspiration、Personal brain、Brainstorm 等，当然使用 Microsoft Word 和 Power-Point 的相应功能也同样可以进行思维导图的绘制与应用。本书选取了其中两个最主要的、也是最具代表性的软件，分别为 MindMapper 和 MindManager，来对思维导图的软件使用作简单介绍。

1. MindMapper

MindMapper 拥有英汉两个版本，本书中介绍的是 MindMapper 2008，即在 MindMapper 5.0 基础上推出的 2008 新版本，这个版本是在原 5.0 版的基础上汉化而成的。它最大的特点是使用者可以运用丰富多样的色彩和样式各异的图形来表达自己的想法，如图 2.3.1 所示。

使用 MindMapper 时，可先参照"地图模板"并结合个人喜好选择一个"地图样式"，然后在"插入"一栏中添加相关内容，比如主题、主题外形、

---

① 赵国庆，黄荣怀，陆志坚. 知识可视化的理论与方法 [J]. 开放教育研究，2005（2）：24 - 28.

② 施良方. 学习论 [M]. 北京：人民教育出版社，2006：262 - 263.

图片、背景等，其中主题是整幅思维导图的关键所在，决定思维导图的中心内容。插入主题时要根据各部分内容之间的内在联系选择插入"单一副主题"、"多主题"、"同属"或是"浮动主题"。当然，还可适当调整字体、线条的颜色样式以及地图方向、分支外形、图像位置、间距等各项指标来美化思维导图。另外，MindMapper 还可插入超链接、视频、音频等，既丰富了思维导图的内容，又增加了它的趣味性。

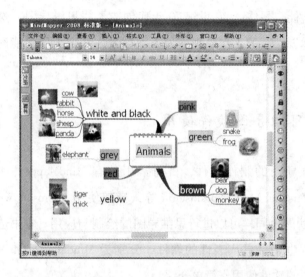

图 2.3.1　MindMapper 制作的思维导图举例

总的来说，MindMapper 与思维导图中心明确突出、层次清晰分明、内容发散外延等基本特征相吻合，是用软件制作思维导图的最佳选择之一。

2. MindManager

MindManager 在资料整理与文章写作上优势非常明显，同时它的 storm 模式可以很方便快捷地进行头脑风暴。另外还有演示模式，即不输出到 Power-Point 中就可以直接以交互动画（.swf）的形式进行演示。

用 MindManager 进行资料整理和文章写作时，首先要消化、吸收有价值的资料，利用 MindManager 分别画到 thought 大树上的父 thought 下，同时将资料中论证该观点的大段内容拷贝到该 thought 的 note 中，建立图上该 thought

对该资料的链接关系；其次，要将所有资料相继消化，同时将后来的 thought 加入到 thought 大树上，注意相似 thought 的合并以及 thought 级别、顺序的调整来完善丰满整个 thought 大树；再次，要利用 MindManager 的各种图例、图形、颜色、线形等表现形式，丰富 thought 的外观，增加可读性和趣味性，提高吸引力；最后，要设置输出格式，即 MindManager 中的 thought 图可以直接输出为 word 文件，可以设置 thought 树上各级别 thought 标题的字体、大小、编号、缩进，等等。

使用 MindManager 时，只需要分解消化资料，提炼出主要内容，并将其加入到 thought 树中，就能快速得到全面而清晰的草稿，工作效率将大大提高。

二、思维导图在课堂沟通中的应用

课堂沟通，顾名思义就是课堂教学中师生之间以及生生之间的沟通。思维导图是一种有效的沟通工具，使用者可以用多媒体的形式把思维过程形象地展示出来。鉴于它用多媒体的形式进行思维外显，又具有发散性结构，有助于发散性思维能力的培养和创新思维能力的提高，在企业管理员工培训等领域已经被普遍使用，近年来也开始逐步被引入课堂教学中。

（一）师生沟通

思维导图重点突出、中心明确、脉络清晰，师生在课堂沟通中运用思维导图的优势颇多。一方面，思维导图能够帮助教师串联授课内容以及授课思路，避免知识点的遗漏，另外还能够帮助学生理清自己的学习思路或是发言思路，与教师更好地沟通互动；另一方面，学生在课堂上运用思维导图来记笔记，能够直观显示出自身对教师所讲知识的掌握情况，便于教师在课堂教学中迅速了解学生的思维动态，实现师生双方有效的交流与沟通，从而及时查漏补缺，调整教学策略，使教学更具针对性和更富成效。

（二）生生沟通

课堂上不仅存在着师生之间的沟通，还存在着生生之间的沟通——生生沟通同样不容被忽视。学生在课堂上运用思维导图，可使所学知识以及学习思路可视化，便于同伴之间的沟通交流和互通有无。特别是由于学生水平的良莠不齐，为协调全班进度，教师通常会让水平不同的学生结成互助小组来以快带慢。但在课堂上如果全班的互助小组都采用口头交流，学生就容易忽视交流重点，以致互帮互助演变成无用的闲聊。而如果将口头交流与思维导图相结合，即学生先展示制作的关于课堂所学知识的思维导图，再辅以简洁的交流，学生则不容易偏离学习轨道，生生沟通的效果自然不言而喻。

三、思维导图在电话沟通中的运用

随着信息时代的到来，电话几乎成了人们生活中不可或缺的一部分，打电话则成了很多人每天必做的事情。回想一下，你我可能都有这样的经历，打电话之前构思了一大堆谈话内容，但一拿起电话，谈话内容却偏离主题，毫无章法可言，直到挂上电话才猛然想起仍有问题没有解决，无奈之下只好再次拨通对方的电话。倘若对方是朋友还好，但如果对方是客户或者上司，后果则比较严重，可能会令你与得来不易的机会失之交臂。既然电话对我们如此重要，那么到底应该如何打电话呢？怎样才能实现电话沟通的有效性呢？

或许打电话之前先罗列出谈话的主要内容是个不错的办法，但根据以往的经验，虽然罗列内容之后，谈话不易偏离或遗漏主题，但谈话内容却常常杂乱无章，缺乏条理。此时，如果你运用思维导图来整合谈话内容，结果必将事半功倍。首先，因为思维导图的内容简明扼要，制作时只需要抓住关键词，因而能够节省宝贵的时间与精力。其次，思维导图的中心突出明确、层次清晰分明，使用者在打电话时可先从中心内容出发，再逐层向外发散，这样依照由主到次的谈话顺序，最终顺利实现电话沟通。

当然，使用者在运用思维导图来进行电话沟通之前，一定要先根据谈话内容绘制一幅思维导图，将最重要的主题作为一级中心词，然后以此类推，从各级中心词层层向周围辐散，直至将谈话的所有内容都整合在一幅思维导图之中；注意最后要用数字标出谈话内容各个分支的次序，并突出分支间的主要联系，以保证谈话的条理性。完成这些工作以后，你就可以胸有成竹地拿起电话与对方沟通交流了。

四、思维导图在自我沟通中的运用

所谓自我沟通，也称内向沟通，是指信息发送者和信息接收者为同一个行为主体，也就是自我沟通者自行发出信息，自行传递，自行接收和理解。自我沟通的本质是以内在沟通解决外在问题，它是统一内在与外在的联结点，能够帮助沟通者实现内心认同，说服自己，进而说服他人。

我们的生活品质在很大程度上取决于我们的沟通能力。良好的自我沟通能力有助于我们掌控自己的情绪和心态，积极的心态能够影响行动，有效行动可以改变我们的命运。要想跟别人沟通得好，必须先学会如何跟自己沟通。掌控自己的命运，获得成功的人生，必须从自我沟通开始。[①]

既然自我沟通如此重要，那么到底应该如何进行呢？

首先，自我沟通要认识自我。也就是用真实、客观、诚恳的态度理性地分析和审视自我，深入剖析自己的性格、气质、能力、水平、情感、品德修养等，这要求沟通者必须真正做到功过分明、实事求是，既不在别人的溢美之词中忘乎所以，也不因他人一时的否定而自暴自弃。

其次，自我沟通要定位自我。每个人都是独一无二的，具备与众不同的潜力和特质。无论你现在成功与否，都要坚定地相信自己，挖掘自身的内在潜力，找到适合自己的社会定位，扮演属于自己的社会角色，走出一条别具特色的成功之路。

---

① 尚致胜.自我沟通：掌控你的思想和态度［M］.北京：北京大学出版社，2005：66.

最后，自我沟通要追求自我。自我沟通的最终目标是在认识自我、定位自我的基础上更好地追求自我，一味地安于现状只会故步自封，终将被时代所淘汰。一次成功不仅是上一目标的终点，更是下一目标的起点，人生应该勇于追逐自己的兴趣与理想，努力朝着自己的目标迈进，实现个人价值。

在遵循这三条原则的基础上，沟通者就可以通过绘制思维导图来进行自我沟通了（如图 2.3.2 所示），整幅导图要始终以"我"为中心，沿着"认识自我"、"定位自我"、"追求自我"三条分支，运用联想与想象向外延伸发散直至涵盖个人所有的信息。在这个思维导图的绘制过程中，使用者就能一边总结自我，一边沟通自我，最终全面认识自我，实现自我沟通。

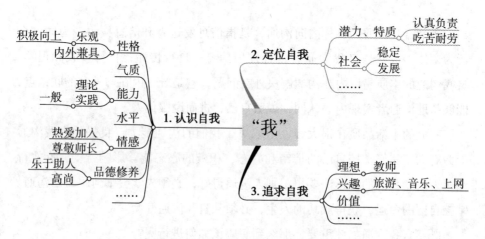

图 2.3.2　关于"我"的思维导图

第三章

IT 环境下的沟通策略

第一节　沟通的心理相容策略

一、什么是心理相容

心理相容（mental compatibility）主要是指沟通者双方心理上的协调一致，是双方相互认同、相互接纳、相互尊重、相互信任和相互支持的一种心理沟通势态。心理相容是缩短沟通双方心理距离，达成沟通目的的有效方法。①

---

① 张东娇. 教育沟通论［M］. 太原：山西教育出版社，2003：247.

二、心理相容策略

（一）遵守必要的基本原则

1. 换位思考原则

由于在信息技术环境下的沟通与面对面沟通相比，存在着一定的隐秘性和欺骗性，所以在沟通时一定要注意心理相容策略，而换位思考就是首先值得采用的策略。

所谓换位思考就是从沟通对方的角度，设身处地地进行体验和思考。我们常常习惯于以自己的主观去看待事物，往往凭借自身的经验和自身的感受来作判断，习惯从自身预设的既定标准来回应对方，这样，就很少能够宽容对方不同的看法和立场。如果我们尝试站在对方的立场上来了解对方，与对方产生同样的感受和体验，当我们的反馈具有同感的时候，对方会感到我们很明白他，从而有一种愉悦感，而这种感受会促使他继续进行默契的交谈和回应，双方容易做到心理相容。建立在这种基础上的沟通会十分有效。

2. 诚信原则

人与人的相处，都渴望得到温暖，这种温暖感来自于互相诚实、信任、真实。在现实的人际关系中，如果人与人之间缺乏足够的信任，就会产生隔离，从而不能实现真诚交往。网络具有身份的隐秘性，在网络环境下的人际沟通，由于不了解对方的真实身份，更容易使人产生不信任感和防卫心理，因此，更需要以真诚和耐心来化解和消除这种不信任感，使沟通更有效。

3. 尊重原则

在所有的人际关系中，我们只有对对方尊重，才会发生有效能的沟通。沟通双方的互相尊重并不等于赞同对方的不良行为。一个沟通者作为一个人的价值与这个人的不良行为是两个不同的概念。我们说尊重对方是从作为一个人的价值来考虑的，而对对方所做的一些行为可以不接纳，不赞同。

4. 与面对面沟通相结合原则

一般情况下，先进行传统的面对面沟通，等双方对彼此有了一定的了解后，再运用信息技术手段沟通以提高沟通效率，有助于增强信息传递时的真实性和彼此的信任度。

（二）要引起对方的注意

沟通时，如果对方没有集中注意力，而是一心多用，那么就容易造成沟通内容的遗漏或是意思的曲解，当然，反之我们作为被沟通者也是一样的。那么如何引起注意呢？实际上"注意"最重要的一个环节是要让对方对你所表达的信息感兴趣。在传统面对面沟通中，有时候，对讲话的人感兴趣，也会提高注意力。比如，有的老师水平并不很高，但很多学生却因为喜欢他而喜欢他的课。因此，要想吸引别人的注意，就要从沟通的信息和表达方法（比如用适当的多媒体表达）以及本身在网络上的口碑、信誉度等方面着手。

（三）使用对方能理解的信息载体

要进行有效沟通，就要使用对方能够理解的文字语言来交流。如果沟通者讲中文，对方只懂英文，那么会有怎样的结果？因此，有效沟通的前提就是要找到双方都能理解的信息载体。时下网上沟通流行网络语言，因为它能体现效率：简洁、方便，只要彼此能理解。因此，在 IT 环境下，要成为有效的沟通者，必须熟悉网络语言。

除了文本，有时还可以选择其他信息载体来补充说明，比如利用摄像头，我们可以展示我们的肢体语言，发送图片、动画等可以形象生动地表达自己想要表达的信息。事实上，图片、动画等所表达的信息量远远超过文字语言，而且，有时候无法用语言表达的信息，只用一个图片便可轻轻松松恰到好处地表达出来。因此，在 IT 环境下进行沟通时，我们可以恰当地运用信息载体，充分发挥多媒体的作用。

（四）要想方设法让对方接受信息

然而在沟通过程中，如果对方收到并了解了你的信息后，是否就一定会按照沟通的目的去做呢？当然不一定。"了解"作为实现沟通的先决条件，虽然是必要的，但是却无法保证最终的沟通效果。也就是说，如果对方不接受，也就不会产生行动，沟通效果自然也会功亏一篑。因此，为了要顺利达成沟通目的，如何让对方接受就变得非常重要。关于对沟通信息的"接受"，美国加州大学教授梅瑞宾（Mehrabian A.）整理的关于"信息理解的判断与依据"的一组数据是"73855"，即一个人是否接受沟通对方的信息，取决于三个方面的影响因素：首先，"7"表示有 7% 来自于对方所说的内容；其次，"38"表示有 38% 来自于对方说话的声音和语调，也就是说，如果听者觉得说者的声音好听，就容易被吸引；最后，"55"表示有 55% 来自于对方的外形和肢体语言，像是你的着装仪表或是说话时流露出的神情。[①]网络环境下的沟通，由于不是直接面对面进行的，存在着一定的不真实性，所以，一定要合理运用高保真话筒来传递声音、用清晰度较高的摄像头来展示体态语，充分体现谈话者的诚意，促进对方接受信息。

（五）要善于倾听

倾听能鼓励沟通对象进行信息反馈，倾吐他们的真实思想和碰到的问题，从而帮助他们找出解决问题的方法。但倾听需要相当的耐心与全神贯注。并且同时要积极思考对策。常用的倾听技巧有：鼓励、询问、反应与复述。

1. 鼓励：为了促使对方进一步表达自己的真实意愿，使用肯定性的语言

---

① 李思恩. 沟通力［M］. 北京：中国民族摄影艺术出版社，2008：2.

表示赞同、欣赏等情感。常用词有"是啊"、"对啊"等；或用小图片表示鼓励，比如在 QQ 聊天时发送图片，如送对方一束花等。

2. 询问：用探询的语词或表情，以获得对方更多的信息资料。沟通中常用的语词有"为什么呢?"、"那后来呢?"等。

3. 回应：在沟通中，适时表达自己的回应，使对方知道自己正在聆听，同时也确定完全了解对方的意思。有时，可以用一些小图幽默表达。

4. 复述：用于讨论结束时，确定没有误解对方的意思。这一点很重要。我们在面对面沟通时也经常会发生这样的事：当甲把信息给乙，乙也表示同意后，甲就以为万事大吉了，可往往乙行为的结果却并非是甲的初衷。而在 IT 环境下的沟通更容易发生误解，所以，接收者必须复述一遍以免误解信息。

（六）要严格遵守"网络礼仪"

所谓"网络礼仪"，就是指沟通者在网上交流信息时所应遵守的行为举止和道德规范。网络虽处于一个相对宽松的环境，有一定的隐秘性，但适当的规范也是必需的，而且目前，在许多场合都要求以实名制形式进行交流。人们在"网络礼仪"的约束之下，也会更加注意自己的言行举止。遵守"网络礼仪"，就要坚持以人为本，互相尊重对方；也不能因为是在网上就不拘小节，做不应该做的事情；要能以宽容的心态对待对方；要能从容应对，以理服人；要保护个人信息，尊重对方隐私；还要加强防范措施，尽量避免病毒入侵；如果您是论坛或聊天室的管理员，就要当好"网上警察"的角色，切忌滥用私权。互联网是一个协作的环境，但是如果滥用，这个环境就会处于危险的崩溃边缘，因而遵守"网络礼仪"就是健康使用网络者在网络中寻求个体发展的第一步。

第二节　沟通信息载体的使用策略

一、运用文字的策略

目前，网络文字沟通作为 IT 环境下信息沟通的最主要形式之一，用来表达自己的情感、观点，增进相互之间的了解，促进良好人际关系的建立。

一直以来，文字是使用最为广泛和频繁的信息载体。在用文字传递信息时，使用合适的字体和颜色有助于增加沟通的有效性。

由于显示屏的面积不大，能显示的字数不多，故要求文字内容精练，提纲挈领；字体不要太大或太小。文字内容的行间距要足够，至少保留两条扫描线。一般每行文字越多，文本所需的行间距就越大。若行间距过小，会让对方阅读时感到吃力，阅读速度就会变慢，串行阅读和看错字的机会就更大，有的甚至看不清文字；字体颜色要清晰，应与背景配合。当背景颜色为白、蓝、黑、黄时，相应文字颜色分别为红、蓝、黑、黄、白、绿、黄、白、绿、红、蓝、黑等较好。现在一般公认浅色背景加深色文字的画面最适宜阅读，视觉对之适应的时间也最长。另外，黄色做背景不大好看，并且易分散阅读者的注意力，故较少使用或采用浅黄色。白色背景在使用中的亮度越高，越易感觉到画面闪烁和引起视觉疲劳，故有时将其改为浅灰色。黑色易受环境影响，故建议在背景中也少用。重点内容的字要求与背景反差大，使重点突出。

二、运用音频的策略

声音按内容可分为解说、背景音乐和效果声三种。解说是对文字、图形、图像、动画等媒体的解释和说明，在我们用声音传递信息时，解说可分为画外讲解、画中人物讲解和问答讲解等形式。[①] 背景音乐（配乐）则可以创设情境，烘托气氛，具有强大的感染力。效果声是现场实际发出的声音，必要的效果声有助于增加画面的真实感，扩大画面的表达能力。其中，背景音乐是多媒体的有机组成部分，其实质是用音乐或声音创设情境，其目的是让要表达的信息尽可能得到完美的表达。那么如何选择合适的背景音乐呢？首先要研究个人所要表达的内容与所表达的对象。比如信息是喜庆的还是哀伤的？对象是多大年龄段的？都应分别有不同的音乐表达。

声音虽然本身并不在屏幕上显示，但它能对屏幕显示的信息有很大的补充，并能渲染屏幕所显示的情境。

课堂教学中，无论使用哪一种声音，都要注意响度恰当和不要在一节课内重复使用同一首曲子。声音过轻学生听不清，过响学生则容易产生听觉疲劳；重复使用同一首曲子则易使学生厌倦。据实际使用，解说时配以文字依次出现的效果会更好，更容易增强学生理解和引起学生情感共鸣。

另外，IT 环境下运用音频的策略还包括师生在网络中的语音沟通。当师生双方在线时，语音沟通快速便捷，沟通效率高，又能避免文字输入的耗时耗力，也是网络沟通中的常用手段。为了适应网络上师生语音沟通中的不同情景和学生的各种差异，教师除了要重视语言的表达内容，还要重视语言的表达技巧（包括语音语调等），从而建立起良好的师生关系，达到预期的沟通效果。

三、运用视频的策略

视频一般是对现实生活中的人物、景色、事件进行拍摄而成的，它的表现力丰富、具体，可以重现某一事件的过程，还可以重复播放观看。视频本身就可以是由文本、图形图像、声音、动画中的一种或多种组合而成。利用其声音与画面同步、表现力强的特点，能大大提高沟通的直观性和形象性。

---

① 茅育青. 现代教育技术 ［M］. 杭州：浙江大学出版社，2004：56.

在日常沟通中，不同信息载体传输信息的特点和效果各不相同。视频媒体与文字、动画等其他媒体相比有着它自身的特性。[①] 首先，视频与文字相比具有具象性，它能使理论形象化，使抽象具体化；其次与图形、图像相比，它具有时空变换的运动性；同动画相比，视频是对现实世界的真实记录，又具有纪实性强、客观真实等特性，而不像动画那样有时具有一定的虚拟性和假定性。这就要求我们在运用视频时，尤其在教学过程中，选好其运用时机，恰到好处地运用它。

1. 把握视频载体的具象性

具象性是视频的主要特点，通过视频可以充分表达沟通内容、对象在时间、空间方面的运动变化，提供生动、鲜明、准确和逼真的感性材料，反映具有动感和美感的具体形象。[②] 同时，具象性也是心理感知规律、记忆规律和注意规律的重要基础。鲜明、生动的形象能提高沟通对象对讲述重点的选择性和理解性，也能加强注意的稳定性、持久性和集中性以及记忆的牢固性。所以在表现一些像手术过程、实验过程、生产流程、战术演练这样的具体过程、具体操作时，比较适合运用视频媒体。

2. 把握视频载体的纪实性

视频载体还具有的一个重要特性就是纪实性。它能够真实、全面地记录教学内容，让学生去分析、理解、学习。所以在讲述一个地方的地形、地貌，介绍一个建筑物的结构，描述一个物体的构造等情况下比较适合运用视频载体，这样可以给沟通对象以很强的真实感、现场感，增强沟通效果。

3. 把握视频载体的表现性

视频载体还具有表现性强的特性，能够渲染气氛、调动情绪。它表现事

---

① 苗东升. 论信息载体 [J]. 重庆教育学院学报，2006（1）：24 – 27.
② 余靓，张磊. 多媒体教材中视频运用应注意的问题 [J]. 教育技术研究，2001（3）：77 – 80.

物细节的能力强，适宜呈现一些对学习者来说比较陌生的事物；它的信息量很大，具有很强的感染力。在教学中使用时注意以下三点：第一，使用的视频在制作课件时要与图像一起调节好亮度，以免在播放时由于太亮或太暗致使一些细节不能被看清；第二，切录和采集影像是一项非常重要的工作，如果做不好，非但播放不流畅，还有可能无法调入多媒体著作软件中去。第三，由于多媒体著作软件运用的影像播放器是自带的或调用 Windows 的媒体播放器，播放影像时可能不大顺畅，此时用外调播放器（如超级解霸等）效果就会好得多。

四、运用图片的策略

图像能将复杂的抽象语言直观地表达出来，并能表现一定的思想，故使用比较广泛。图像图形都是在教学中比较好的视觉材料，它们表达的内容都比较直观，对比强烈清楚，比较易于信息交流，故用得较多。在网络沟通中，有时一幅图片胜过千言万语。

当将图像图形用于教学时，要注意以下几点：第一，要保证图片的清晰度；第二，配合讲解指导，保证信息的正确传递；第三，不要使用太多画面，使学生觉得太杂，造成理解和记忆混乱。

图片能表达出文字无法表达的意境，一幅好图胜过千百文字的描述。图片的运用能增加课堂密度，能促进学生审美能力的发展。但如果使用大量的视频及图片，不仅使得学生的语言发展受到阻碍，还会使学生产生审美疲劳，产生思维定势，从而扼杀学生的想象力。

作为背景的图像要简洁明了、颜色淡雅，如此设计能够突出主体，有利于减轻眼睛的疲劳和学生对主体内容的感知、理解和记忆。

中小学生的思维具有明显的形象性，因此，针对中小学生设计的课件可用具体的实物图片，比如让他们区分哪些是圆形的，哪些是长方形的，并注意图片的颜色一定要鲜艳。为中小学生设计的课件图形必须准确，图形、图像的位置得当，色彩丰富，层次感强，还要把能真实重现生活的图像配以文字，促进他们对语言的学习。

五、运用动画的策略

做动画时，要注意以下几点：尽量少使用效果动画，除非该处要特别引起学生注意。一般，对物体简单运动运用二维动画软件制作即可；若要进行视觉角度转换，则最好使用三维动画软件制作。若滥用三维动画软件，会增加制作困难，同时可能引起学生视觉混乱，另外由于容量问题，也不适合于网上传递。

动画作为多媒体教材中的一种最重要的信息媒体，在运用时就要紧扣教学大纲，从教学实际出发，根据具体的教学目标、教学对象和环境来进行设计和制作。[1] 由于动画只是教学的工具和手段，是传统教育媒体的延伸与发展，它之所以能有助于提高教学效果，其作用不在于画面本身，而在于画面传递的信息及其呈现的符号形态。因此，运用动画要突出主题，突出重点，突破难点，为教学目标服务，不能为了形式上的多样性而滥用动画；同时，动画的运用还要体现学习者的学习特点，要符合心理学规律，充分分析和研究教学对象的心理状态，利用巧妙的构思以及不同的节奏形式来帮助学生进行分析、对比、判断、综合等思维活动；另外，教学的硬件和软件环境直接影响动画的制作水平与播放速度，因此，在选用动画时，要根据所提供的环境支持来设计和制作动画，这样才能在有限的环境条件下，制作出高质量的动画来。

---

[1]　张磊．浅谈动画在多媒体教材中的运用[EB/OL]．(2005 - 01 - 05)[2011 - 05 - 11]．http://www.52yuwen.com/artide/class141class 471200501/4742. html.

第三节　常用沟通工具的使用策略

一、一对一沟通工具的使用策略

所谓"点对点"就是进行一对一的沟通。现代社会里，许多软件、硬件都既可以作为一对一沟通的工具，又可以进行一对多等多种形式的沟通。

进行一对一沟通的工具主要有电话、手机、小灵通、即时通（QQ、MSN等）、网络猪、电子邮件等。当沟通者需要和对方进行单独交流而不需要其他人加入时，可以选择点对点的方式沟通，这种方式由于没有外界的干扰，沟通氛围比较好。其中的即时通（QQ、MSN等）、网络猪等网络工具即时、延时又便宜：沟通可以在第一时间进行，反馈及时；当有事离开，或者对方有事离开，只要 QQ 在线挂着，都可以进行信息传递，类似于以前的"鸿雁传书"。并且通过设置，还可以把信息发到手机上。我们还可以"缓缓道来"，把面对面的交流变成有文字、图案、音乐、视频等的多元化的即时或延时交流。这种交流冲破了时间和空间的限制，是现实中面对面的个别交流在时空上的延伸。

由于是非面对面方式沟通，因此，在沟通时要尽可能通过文字、语音或视频捕捉信息，揣摩对方心理动态，要有同理心，进行换位思考，同时，对于对方提供的信息要进行分析判断，尽可能结合对方的肢体语言进行理解，不能上当受骗。

在沟通时，要多使用网络语言。现在的"网络世代"见面时说"hi"（你好），分别时说"88"（再见），道谢时说"thanks 或 3x"（谢谢）。这些网络语言都具有强烈的时代特色，现代学生往往一学就会，并快速在同伴中流行传播。不仅如此，表达信息的方式不断朝多元化方向发展，如同样是"再见"的意思，可以有"bb"、"88"、 等多种表达方式，并且刷新率很大。

另外还要注意沟通的每一个环节。要仔细阅读对方的文字；善于倾听，不仅要认真倾听对方所说的话，还要努力去理解对方话语中隐含的意思；多种方式表达自己的想法，努力让对方理解自己的意思。同时，在整个沟通过程中要真诚对待对方。这样的沟通为思想火花的迸发营造了空间。

杭州师范大学继续教育学院的一位网络课程学员在课程"信息技术环境下的师生沟通艺术"的作业中这样写道：

我在实践中不断地尝试利用现代信息技术跟学生进行沟通，感觉取得了很大的效果。通过 QQ 交流，拓宽了师生间交流的渠道，增强了班级的凝聚力。QQ 交流在提升班主任德育成效中起着举足轻重的作用。自从用 QQ 与学生沟通以来，我对班级学生的学习情况、课余生活有了更深的了解，对班级管理起到了很好的作用，师生间更加默契了，班级凝聚力更强了。当我们意识到对方的批评方式有问题时，就用 QQ 送给他一个微笑和一束鲜花；当碰到节假日、生日时，就发电子贺卡互致问候；当需要请教求助时，就通过 QQ 及时指导，疏解心中症结；当班级有新问题、新举措时，就借 QQ 群策群略，共同管理。

经过一年多的实践，一个温馨民主、积极好学、充满活力的班集体形成了，班级的凝聚力增强了。在学校举行的各种团体比赛中，我们班成绩优异：班级文化布置，获优秀奖；校运会上，获得团体第一；学校三项竞赛名列前茅……在期末综合评议中，我们班连续两次被评为校级文明班级，而且位居榜首，并被推荐为区先进班集体。

二、一对多沟通工具的使用策略

一对多沟通由于可以同时将信息传播给多个受众，所以效率很高，适合于大型会议和课堂的演讲和示范。但是由于是一对多，沟通者很难及时全面地和多个被沟通者进行双向互动。所以在进行一对多沟通时，要提前根据多个受众的特点，精心准备好演讲的主题和内容，并且在沟通中要实现准备互动的内容，及时掌握沟通的进度和质量。

可以用来进行一对多沟通的网络工具有 BBS、博客、专题网站等，它们都可以用文本、视频、图像、声音等多媒体来表达信息。一对多沟通类似于老师上课——一位老师对应多名学生。在这种模式下师生交流，首先要注意主题问题的提出。问题种类根据出现的时间可分为两类：一类是事先根据具体内容设计的问题，要适当控制数量，而且切入口要小，太大的话不能集中讨论，不利于深层次研讨。另一类是生成性问题。它是通过充分发挥各个被沟通者（学生）的智慧来产生，由被沟通者（学生）根据自己的学习实际提出问题，而这样的问题正是他们最想了解的问题，对学生来说，这样的问题更能激发他们的学习激情。

其次，在互动讨论过程中，需要充分发挥教师的引导作用。及时回复学生提出的问题，对问题进行适当引导，使学生讨论的主题可以围绕教学的主要内容展开。

最后，课后的帖子分析也是非常重要的一个方面。从帖子中发现学生的学习困惑、学习偏好等学习特征，可以有针对性地进行个性化指导。

本节第一点中的那位杭师大继续教育学院网络课程的学员是这样做的：

加强班主任与家长的交流沟通是班主任管理工作的重要环节。在网络环境下的今天，班主任和家长的交流沟通方式日趋多元化，其中 BBS 交流更接近于人与人之间的面对面交流，而且它可以打破时空的限制。我班很多学生的父母都在外地，由于学生大部分时间都在学校学习，与家长的交流和沟通的机会很少，尤其是在时间方面很难统一。为了加强学生和家长的沟通，我在班级网站上建了一个 BBS，并把地址发给各位学生的家长，当家长有空的时候，就让他们在上面留言，并在班级课间的时候，把一些家长对他们子女的问候和要求等给学生看。另外，增设了 BBS 这个板块，也加强了家长和我的联系。由于很多家长身在外地，以前也经常和我打电话联系，可是时间一长，有些家长就不好意思起来，觉得通过电话和我交流太浪费我的电话费，所以后来的联系越来越少，有些家长干脆不联系了。还有些家长，有时打电话给我，但我由于正在上课或做学生工作等事情，不能及时接听电话。而有了 BBS，家长随时可以通过留言或者阅读留言，表达自己或获得自己需要的信息。这样做有助于提高我们思想交流的频率，密切了教师与家长的关系，使学校、家庭形成了合力，共同管理孩子，促使学生健康成长。

再如：

课题实验基地行知小学的老师们，也经常利用网络平台进行思想教育。比如针对现在的孩子缺乏感恩意识的现象，在"三八节"到来之际，老师们精心策划了一场活动。由于要把家长们请到学校不是很现实，而且对那么多的学生无法进行个性教育。所以，由老师带队的采访小组先对家长进行采访，让家长谈谈对孩子的希望，谈谈平时是如何养育孩子的和对待孩子的方式以及这么做的原因等问题。然后到了"三八节"那天，让学生们在网上点击采访自己父母亲的录像观看，好多学生都被感动得哭了，并纷纷在反馈平台上表达自己的感悟。最后学校还布置任务，让每个学生为自己的爸爸、妈妈做件事……

三、多对多沟通工具的使用策略

多对多沟通就是多个沟通者相互之间的信息交流传递。

多对多沟通常用工具有维客（WIKI）、MOODLE 平台、BBS 等，信息载体可以是文本、视频、图像、声音等，适用于沙龙、座谈等。多对多沟通由于参与沟通者较多，比较容易散乱，因此在进行多对多沟通前，需要有一定的主题和引导者，并且需要氛围管理者。

关于 MOODLE 平台的使用，课题组成员李绍富经过实验，得出如下经验。

偏重于知识目标的课可以采用以下活动形式：解答、详答、是非题、匹配题、填空、排序、完成表格/图表等。例如，在《初一信息技术知识点》的复习课设计上，进行了知识点的简单梳理后，为了便于教师检验学生的知识点掌握程度，我在 MOODLE 平台上使用了"测验"功能，取得了不错的效果。把试卷建立在 MOODLE 这个网络平台上，最大的好处就是学生在作答后，计算机能实现自动批改，为教师省去大量的批改工作。学生也能够在不断的试答、练习中，强化对知识点的理解。

偏重于能力目标的课可以采用以下活动形式：完成作品、作品互动评价、WIKI 协作等。例如，在学习完第三册 Publisher 的知识点后，要求每个学生自主设计一份板报。很多学生都设计得非常漂亮，为了能让大家通过为其他同学的作品评分自主学习他人的版面设计技巧，掌握板报的设计要求和评分标准，在相互学习中提高板报的设计能力，我特意安排了一节课时间，通过使用 MOODLE 平台中的"互动评价"功能，要求每位学生对随机 5 位同学的作品进行评分。在互评课上，学生们热情高涨，在最短的时间里欣赏了很多优秀的作品。通过"互动评价"功能，教师也可以很快选出优秀作品供学生欣赏。

偏重于情感目标的课可以采用以下活动形式：聊天室设计、讨论区设计、短消息、Blog 等。例如，在开展兴趣班"Flash 学习"的过程中，为了了解学生对 Flash 学习中所掌握知识点的差异，了解学生对 Flash 学习的热点，以便于日后的课程安排，我特意在开班的第一节课上使用了 MOODLE 平台中的"讨论区"功能。在讨论区里，学生各抒己见，踊跃发言，最重要的是能让每个学生都能参与进来，讨论获得了很好的成效。事实说明，这种方式不仅能够提高学生参与课堂的积极性，同时也更方便教师和学生之间的交流。

第四节　网络安全策略

随着网络应用的不断普及和深入，网络信息安全问题日渐突出（黑客侵袭、信息失窃、病毒肆虐、色情等不良信息泛滥），已经成为全世界共同面临的难题和挑战。

一、技术防范策略

（一）构建网络防毒体系策略

由于病毒在网络中存储、传播、感染的方式不同，因此学校和家庭在构建网络防病毒系统时，应该针对网络中所有可能的病毒攻击点，利用网络防病毒产品，设置全方位、多层次的防病毒系统方案，使学生上网免受病毒的侵害。[①] 在家上网主要是要做好上网电脑的防护，而学校的网络则相对比较复杂，主要是要做好服务器和工作站的防护工作。用于防毒的服务器产品，应该具有病毒实时监控的功能、远程安装和远程调用功能、病毒码自动更新功能、病毒活动日志以及多种报警通知方式等功能，为校园内各种服务器的病毒防护提供有效保障。网络工作站的病毒防护位于学校防毒体系中的最底层，对校园内的计算机用户来说，它也是最后一道防杀毒的屏障。学校的工作站比较多，所以采用网络版防毒软件比较合适，而家庭上网则采用单机版防毒软件即可。目前比较流行的网络版和单机版防毒软件有卡巴斯基、瑞星、诺顿、NOD32、360 杀毒等。

（二）及时升级系统策略

由于操作系统经常会被发现有漏洞，所以软件厂商经常会发布各种补丁程序。因而，及时更新操作系统和安装补丁程序也非常重要。

目前，学校里使用的操作系统大多是 Windows 2000/xp/vista，由于 Windows 操作系统的普遍性和可操作性，使得它也是最容易受攻击的系统，其中的系统漏洞、浏览器漏洞、IIS 漏洞都对网络安全造成威胁。一般，许多新型计算机病毒都是利用操作系统的漏洞进行传染的，比如冲击波病毒和震荡波病毒就是通过系统漏洞进行攻击的，而 ARP 病毒则是利用 TCP/IP 协议本身

---

① 曹世华. 校园网络安全认证机制的研究［J］. 计算机应用研究，2008（12）：120－125.

的缺陷来进行攻击的。

Windows 操作系统漏洞可以通过操作系统本身的自动更新来及时更新安装补丁程序，如图 3.4.1；也可以用 360 安全卫士或超级兔子给操作系统安装最新补丁，如图 3.4.2。

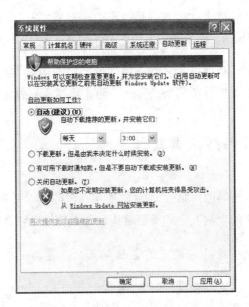

图 3.4.1 Windows 自动更新补丁

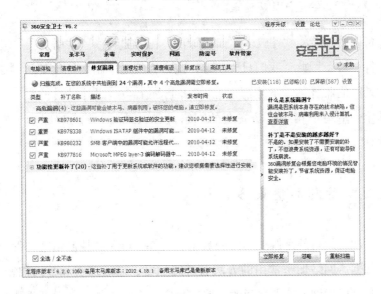

图 3.4.2 360 安全卫士更新补丁

（三）防火墙策略

防火墙是网络环境中最常用的安全工具，它是近年来发展起来的一种保护计算机网络安全的技术性措施，是位于两个网络之间执行控制策略的系统（可能是软件或硬件或者是两者并用），用来限制外部非法（未经许可）用户访问内部网络资源。它通过建立起来的相应网络通信监控系统来隔离内部和外部网络，目的是阻挡外部网络的侵入，防止偷窃或起破坏作用的恶意攻击。

（四）安装网络反黄软件策略

为了控制不良信息的传播，有必要安装一些网页过滤软件，并配合人工管理，来保障学生的上网安全和身心健康。这类软件必须具有的主要功能是：

网站过滤：能够屏蔽一些具有色情、暴力、毒品、赌博等不良信息的网站。

文字遮盖：可对屏幕上出现的文本进行实时监控，一旦检测到不良信息文本，即对此文字进行屏蔽遮盖。

具备以上功能的软件较多，如"绿坝·花季护航"、"网络卫士"、"美萍反黄软件"等。因此，我们只要制定一些必要的规章制度（比如学生必须在家长和老师的监督条件下才可以上网），再加上一些过滤软件的设置，就可以为学生创造一个相对干净安全的网络世界。图 3.4.3 为"绿坝·花季护航"界面。

（五）信息加密策略

信息加密的目的是保护网内的数据、文件、口令和控制信息，保护网上传输的数据。网络加密常用的方法有链路加密、端点加密和节点加密三种。链路加密是保护网络节点之间的链路信息安全；端点加密是对源端用户到目

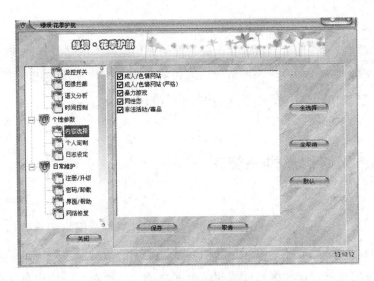

图 3. 4. 3　"绿坝·花季护航"界面

的端用户的数据提供保护；节点加密是对源节点到目的节点之间的传输链路提供保护。信息加密过程是由各种加密算法来具体实施。多数情况下，信息加密是保证信息机密性的唯一方法。

（六）网络入侵检测策略

试图破坏信息系统的完整性、机密性、可信性的任何网络活动，都被称为网络入侵。入侵检测（Intrusion Detection）的定义为：识别针对计算机或网络资源的恶意企图和行为，并对此作出反应的过程。它不仅检测来自外部的入侵行为，同时也检测来自内部用户的未授权活动。入侵检测应用了以攻为守的策略，它所提供的数据不仅有可能用来发现合法用户滥用特权，还有可能在一定程度上提供追究入侵者法律责任的有效证据。

（七）网络安全管理规范策略

网络安全技术的解决方案必须依赖安全管理规范的支持。在网络安全中，除采用技术措施之外，加强网络的安全管理，制定有关的规章制度，对于确保网络安全、可靠地运行将起到十分有效的作用。网络的安全管理策略包括：确定安全管理等级和安全管理范围；制定有关网络操作使用规程和人员出入机房的管理制度；制定网络系统的维护制度和应急措施等。

二、网络信息过滤策略

对于校园网络，由于使用人群的特定性，必须要对网络的有害信息加以过滤，防止一些色情、暴力和反动信息危害学生的身心健康，因此必须采用一套完整的网络管理和信息过滤相结合的系统，实现对校园内电脑访问互联网时的有害信息过滤管理。

例如，"绿坝·花季护航"是一款净化网络环境，避免青少年受互联网不良信息的影响和毒害，保护未成年人健康上网的计算机终端过滤软件。软件从对色情图片、文字等不良信息的识别、拦截、屏蔽，对上网时间、聊天交友、电脑游戏的管理等方面进行控制。

三、心理防范策略

（一）做好上网学生的心理疏导工作

网上世界的精彩丰富和网络文化的简单快捷，对学业重负下的中小学生具有极大吸引力，因而也极易使之沉迷上"瘾"。我们不能因噎废食，不能因为上网会对人的心理产生障碍而禁止或阻止学生上网。相反，应积极让已掌握计算机技术的学生上网。但对因上网而导致心理障碍产生的学生应积极疏导。首先，防患于未然，应在学生上网前就向学生传播有关上网可能导致心理障碍产生的信息，以及防止心理障碍产生的方法，使学生尽量避免上瘾。其次是对已患上上网心理障碍的学生进行矫治。如适当控制上网时间，要求学生在上网的同时不要忽视与同学、家长、教师的人际交往，与家长保持密切联系，引导家长正确指导孩子上网等。

（二）提高学生的选择能力和免疫力

要加强学生的政治思想教育，对学生进行科学的世界观、人生观、价值观和道德观教育，培养他们健全的人格和高尚的道德情操，帮助他们树立正确的人生观和价值观，使其在不健康的信息面前，拥有正确的辨别能力和抵制能力。

在查阅信息的时候，应当遵守目标明确、用语规范、自我保护等规则。对于所需查找的内容和相关网址，应有明确的目标，以便上网后直奔"主题"。在网上与人沟通交流时，用语要规范，不能放肆，要维护自身的形象、学校的形象，不要以公家的名义在网上任意发表个人的见解，尤其不能泄露机密信息。

（三）加大组织学生参加社会实践的力度

首先，要多让学生参与各种道德实践活动，让学生在家庭、学校、社会面对各种道德问题时能作出正确的判断，使其道德行为在实践中不断提高。其次，要加强对学生的写字、运算等基本功的操练，特别是对正在打基础的小学生和初中生，更不能以电脑和网络来代替写字和运算。再次是加强对学生动手能力的培养。学生在电脑面前，只要点击鼠标就能驰骋在因特网中。长此以往，由于身体活动减少，不利于他们协调性的培养和大脑的全面发育。加强学生动手能力的培养能弥补学生在发展过程中的这一缺陷。

（四）加强对中学生的网络道德教育

目前还没有成熟和有效的法律和道德规范来约束上网行为。上网人只是按照自己在信息网络中的需要来活动，这就对现实社会中主导的道德规范形成巨大冲击，并使其约束力明显下降。世界各国纷纷开始研究并制定了一系列相应的道德规范。美国华盛顿有一个名为"计算机伦理研究所"的组织推出了"电脑伦理十诫"。南加利福尼亚大学的网络伦理声明中，指出了六种网络不道德行为类型。这些规范都是对现实生活中的道德规范的补充和发展，使其在数量上不断积聚和扩大。当前，我们应该加强青少年学生的上网道德规范教育，使他们从一开始就能按照一定的规范行事，免得等到以后问题成堆时再回头来矫正。

案例：2008 年 7 月 14 日，某市的一个 15 岁的少年因上网成瘾，整天迷恋于网络游戏，平时少言寡语，精神呆滞，长时间逃学。其母见儿子如此沉迷，多次劝阻无效，同其父商量好后，将儿子锁在家中。五日后，这个少年因网瘾大发，开始焦躁不安，同其母争吵几句后，便将其母杀死，造成血案。再如，中央电视台《社会经纬》播报了一个案例：一个 17 岁的少年黑客利用自己高超的电脑网络知识设计了一个黑客网站，使登录这个网站的上万台计算机陷入瘫痪，经济损失无法估量。而面对警察的询问，他竟然轻松地说："我只不过是在网络世界展示自己的才华，证明一下自己的价值，这难道也犯法吗？"通过以上例子可以看出，网络违法犯罪与我们的中学生已经紧密地联系在一起了，必须对学生加强网络道德教育。①

（五）加强对网络信息的监控与管理

面对网络上良莠不齐的信息，有必要建立有关的监控机制，可通过技术、行政、法律等手段，控制信息源头，以达到正本清源的目的。特别是有关技术部门，应承担起保护青少年的重大职责，及早研制出能"过滤"有害信息，为青少年学生输送科学、正确、健康信息的软件。

---

① 周友谊. 网络对中学生的影响 ［EB/OL］. （2009 – 06 – 24） ［2011 – 05 – 11］. http：//www.ccmedu.com/bbs20_96122.html.

（六）加快教育网络的建设

随着信息技术向教育领域的扩展，计算机网络在教育过程中的应用越来越普遍，中小学教育网站也如雨后春笋般地涌现出来。但是网站内容明显缺乏对学生学习功能的开发，且趣味性、信息量不足以满足学生的需求。所以一方面，对尚未建立教育网络的地方，我们要加快建设步伐；另一方面，有必要对已建的教育网络进行改造，以吸引更多的学生访问，使之成为中学生喜爱的网络。

案　例　IT 环境下基于 B/S（浏览器/服务器）模式的课堂沟通策略

杭州第二中学分校　蒋凤英

沟通是指不同个体间信息的有效传递与接受。及时有效的沟通可以帮助教师了解学生个体学业基础和学习能力的差异，找准学生个体的最近发展区，调整相应的教学内容和教学方式；另一方面，学生能了解教师对他个体提出的教育教学要求，在知识和能力的临界区，通过合适的学习行为，达到有效的学习结果。因此，在课堂教育教学中，师生之间能否达到有效的沟通是教育教学成败的关键。

传统课堂，师生之间的主要沟通行为有师生问答（口语方式），眼神动作交流（肢体语言方式），作业批阅与订正、问卷调查等（文字方式）。沟通方面主要存在的问题有：一节课只有 45 分钟，教师提问人数有限，沟通范围很窄；传统课堂，更多倾向于师生之间的沟通，而缺少学生之间的横向沟通；传统信息技术课堂，因为学生作业为电子版，教师一般通过网络共享在电脑上批阅学生作业并记录至登分册，而不能把成绩和评语直观地反馈给学生；传统课堂，因为受学习方式的限制，较难实现学生的分层学习。

针对传统课堂师生之间的沟通行为方面存在的问题，在 IT 环境下，我尝试在 2007 学年的课堂教学中用了基于 B/S（浏览器/服务器）模式的沟通方式。在实践中，经过不断反思和探究，实现了以下几方面的功能。

一、开放共享资源，促进分层学习

上课之前，我把素材、上课要求、分类作业等资源统一放入共享模块。课堂中，学生可以针对个人的学业水平，参照不同的学业要求，完成不同的作业，促进学生自主地分层学习。

图 3.5.1　共享资源列表

二、归学生档案，提升沟通实效

学生个人的电子学习档案袋分为"我的资料"、"我的作品"、"我的感受"模块。我可以通过浏览学生档案，更有针对性地了解学生的个体情况，提升师生沟通的实效。

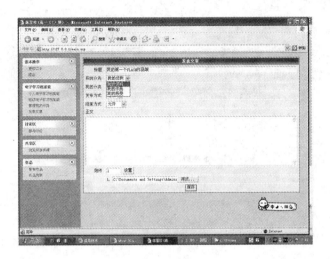

图 3.5.2 学生档案分类

三、完成网上批阅，达成直观反馈

学生通过 IE 浏览器直接上传作业到服务器，我可以通过网络实现批阅，并在学生作业后标注成绩和评语。学生可以在任何时间、任何地点登录相关网址，直观地看到我给予的批阅反馈。

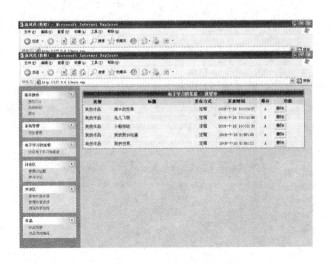

图 3.5.3 "我的作品"模块

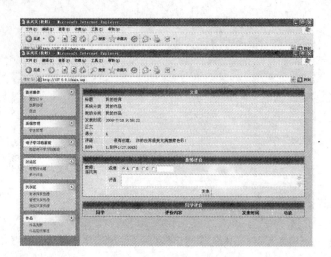

图 3.5.4　作品评价

四、实现学生互评，增加横向沟通

　　每一个学生在参与学习的过程中，都需要有互助学习的经历。基于 B/S 模式的沟通方式可以实现学生之间的互评，在师生纵向沟通的基础上，增加学生之间的横向沟通。

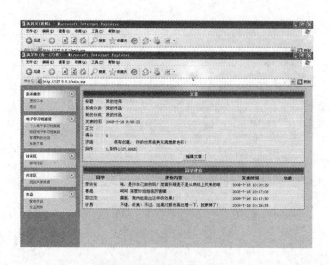

图 3.5.5　学生作业互评记录

五、实时发表意见，抓住沟通时机

在传统课堂教学中，通常会有这样一种情况，学生在某一问题情境刚提出的时候，非常想发表自己的意见并提出自己的看法，但因为各种原因当时没有交流的机会。到了课堂之外，学生就没有了再与老师沟通的热情和欲望。（常见的学生口语为：算了，现在不想问了。）这说明，沟通是存在时机的，一旦错过了时机，就错失了沟通的机会。基于 B/S 模式的沟通方式，提供了给学生在课堂上实时记录自己感想和看法的平台（学生档案袋里的"我的感受"模块），能够及时抓住学生有沟通想法的时机。

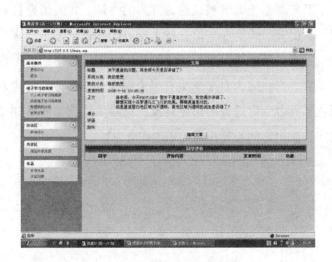

图 3.5.6　学生意见反馈记录

六、设置讨论模块，拓宽沟通范围

基于 B/S 模式的沟通方式，有一个专门的讨论区。这个讨论区解决了传统课堂上，只能有部分师生之间沟通的瓶颈，实现师生之间、生生之间全方位语言方面的交流沟通。

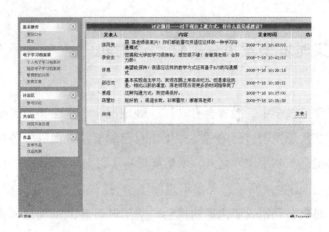

图 3.5.7 师生网络讨论专区

通过一个学年对基于 B/S 模式沟通方式的尝试，我的信息技术课堂教学效果有了很大的提升。学生参与信息技术学习的兴趣浓厚了起来，课堂作业的完成量和质量有显著提高，参与讨论的学生也明显增多，学生自主学习的能力得到了加强。而我因为对于学生有了全面充分、多方式的沟通，较好地实现了从课堂指导者到促进者的角色转换，我的信息技术教学课堂也因此充满了师生之间、生生之间心灵相通的乐趣和魅力！

第四章

教师对 IT 环境下学生沟通行为的观察

第一节　教师对 IT 环境下学生沟通行为观察的步骤

一、确定沟通目标

沟通目标是指沟通双方期望达成的沟通效果，也就是发信者采用一定渠道将信息发送给接收者，并且希望通过多次互动实现双方的相互理解（真理解）。

沟通目标的确定对于沟通的顺利进行具有重要作用：

首先，有利于明确沟通对象。有了明确的沟通目标，我们就可以按顺序、分主次、有计划地确定沟通对象并加以实施。选定了沟通对象，就可以避免在众多的沟通对象面前主次不分、手足无措，便于有的放矢地进行沟通活动。

其次，有利于使沟通活动具有针对性。在选定了沟通对象后，我们也不能盲目地就去沟通或者对所有的目标对象都采用相同的模式。例如对同一知识内容，对于不同年龄的学生（比如小学生和大学生），我们应该采用不同的方法进行沟通（小学生的理解能力不够，我们可以采用图片、动画等相应的形式，形象生动地表达信息，而对于大学生可能一句话就能理解，因此不需要再花时间采用其他手段），以此来提高沟通的针对性和有效性。

因此，为实现沟通目标的有效性，教师在对 IT 环境下学生的沟通行为进行观察时，首先必须要对学生的沟通目标有清楚明确的界定。

教师在对学生的沟通目标进行界定时应该做到清晰明确、完整客观。也就是说，教师在与学生进行沟通时务必将沟通内容表述得非常清晰明白，确保学生已经完全理解，避免产生理解偏差，从而误解沟通目标。因为理念是唯一的，围绕理念而采取的行为是多元的，所以只有当学生了解沟通目标，明确每次沟通将要达到的效果时，才能尽量将自己的沟通行为向目标行为靠拢，最终顺利实现沟通目标，否则沟通就有可能无效。

总之，任何沟通都是有目的的，沟通双方都希望通过沟通满足自己的某些需要。如果沟通双方在沟通中能够清楚地了解对方的沟通目标，沟通时能站在对方的角度，在不损害自身利益的前提下提供对方希望获取的信息，那么沟通就会事半功倍，达到双赢的效果。

在确立了沟通目标之后，我们就要着手建立行为目标。例如，我们的沟通目标是：让小学生刘雨懂得不能长时间上网，并能做到每天上网时间控制在 2 小时之内，否则容易影响自己的发展。下面我们来看看如何确立相应的行为目标。

二、确立行为目标

行为目标是指行为改变者希望当前行为在接受行为优化方案之后所表现出的新行为。通俗地讲，行为目标是对学生学习的终结行为的具体描述，也就是说通过教学活动，学生应该学到哪些知识，获取哪些能力。"行为目标"（Behavior Objective）这一术语，由美国俄亥俄州立大学的泰勒（Tyler，R. W.）教授于 1934 年首先提出，它强调目标的可观察性及可测量性。与传统的教学目标相比，行为目标具有明确而具体化的特点，而且必须有行为的操作者。它不仅需要教师的协助，更需要学生的积极参与，没有学生的行为操作，只有教师的讲解、说明或示范，这个目标仍然不算完成。传统教学目标多是抽象的，而行为目标则是可观察的，可计量的；传统教学目标是否达成在教学当时无法得知，必须要到考试（如单元考、期末考）后，通过教师评卷才清楚，而行为目标达成与否在教学现场就可以观察或测验出来，一旦目标没有达成，教师可以马上实施补救措施。[①]

也就是说，行为目标是教学目标的一种，它以学生的行为表现作为标准，陈述教师预期学生在学习某一教学内容之后，所要达成的行为改变。行为目标具有以下三个基本特征：精确性、可观察性和可测量性。

一般来说，设计行为目标，应包括以下五个要素：

- 说明学习进行时的情况或条件，即行为发生的条件；
- 描述学习者的特征；
- 描述可观察的行为；
- 表述结果，即最终行为；
- 描述评鉴学生成绩的标准，即行为标准。

我们以小学生刘雨把每天上网时间控制在两小时之内为例，具体说明如下表。

表 4.1.1 行为目标举例

术 语	定 义	举 例
目标行为	预期传授或矫正的行为，当传授一种新行为时，目标行为就是最终行为。	每次上网时间不超过两小时。
最终行为标准	期望的行为。	不超过两小时。
行为标准	达到最终行为所期望的成绩标准。当学生达到这个成绩标准时，行为优化方案就完成了。	连续五天上网时间不超过两小时。
行为目标	包括最终行为与行为标准的描述。	刘雨连续五天上网时间不超过两小时。

---

① 曾立新，黄标阳. 行为目标评介［J］. 教育理论与实践，1992（12）：60－63.

三、进行自然观察

自然观察就是指观察者在自然状态下对目标行为进行状况的观察，目的在于观察和记录自然情境中的行为过程，以测量某个特定的目标行为，找到与之相关的变量，自然观察行为有助于我们更好地理解某个目标行为的功能，提高有关行为干预的有效性以及获得对当前方案进行必要的修正的信息。[①]反之，在人为环境中，目标行为可能受到环境的影响，对它的观察可能存在不客观不自然的现象。

在进行自然观察时，我们首先必须征得被观察者的同意，同时也得严格控制影响行为的变量，以尽量获得真实客观的数据。因而，观察者要在自然状态下以及不同情境下记录行为的发生，并且要特别注意：

- 当天的具体时间；
- 电脑、网络、空间、噪音、温度、光线、材料等客观环境因素；
- 问题行为发生前及其发生后其他人的行为；
- 任务要求；
- IT 环境下学生的沟通技能；
- 不会发生破坏性行为的环境条件。

只有控制好这些影响观察结果的相关因素，自然观察获得的第一手资料才是真实的、可靠的，才能有助于教师了解学生的目标行为何时发生以及何地发生。

四、分析观察数据

进行自然观察并记录后，我们就要对记录的数据进行分析研究。我们可

---

① CARTWRIGHT D. Contemporary Social Psychology in Historical Perspective [J]. Social Psychology Quarterly, 1979 (42): 82 – 93.

以用一些图表来可视化数据，以便更好地从中找出规律和问题（具体请见本章第二节）。

第二节 教师对 IT 环境下学生沟通行为的观察方式

一、观察方式

总的来说，教育研究中的观察方式从不同角度可划分为多种类型，常见的分类方法主要包括以下四种。

1. 自然情境中的观察与实验室中的观察

按照观察的客观条件不同，我们可以将观察方式划分为自然情境中的观察与实验室中的观察。在进行自然情境中的观察时，首先要征得被观察者的同意，包括自然行为的偶然现象观察和系统现象观察。值得注意的是，这种观察方式虽然有助于收集到客观真实的第一手资料，但通常仅仅停留在对被观察者的外部表象行为的观察。在进行实验室中的观察时，由于目的在于探讨事物之间的内在因果关系，所以这种观察方式相对比较深度化、系统化、严密化，并且可以有计划地进行。

2. 直接观察与间接观察

按照我们观察的工具手段不同，我们可以将观察方式划分为直接观察与间接观察。通常直接观察是指观察者借助于人的感官，直接对观察对象进行具体的感知和描述；而间接观察则冲破了人的主观能力的限制，指观察者运用一定的技术手段对观察对象进行考察，这种方式扩展了观察的深度和广度。

3. 参与性观察与非参与性观察

按照观察者是否直接参与被观察者所从事的活动情况，我们可以将观察方式划分为参与性观察与非参与性观察。参与性观察是指观察者直接参与到观察对象的群体活动中，进行不露声色的观察与研究。这种观察方式的优点是：不会破坏和影响观察对象的原有结构以及内部联系，因而能够获得较深层次的资料，但缺点是：由于受观察者主观因素的影响，因而观察的客观性容易打折扣；而非参与性观察中的观察者是以"旁观者"身份（既可是公开的也可是秘密的）对研究对象进行观察，这种观察方式相对较为客观，但容易表面化，难以挖掘深层次的信息。

4. 结构式观察与非结构式观察

按照观察实施对象是否熟悉情况，我们可以将观察方式划分为结构式观察与非结构式观察。结构式观察是指目标明确、计划详尽、设计周密的可控性观察，通常用于较为熟悉的研究对象，易于获得翔实的材料并对数据进行定量分析和对比研究。非结构式观察则多用于探索性研究中不甚了解的观察对象，对研究问题的范围目标采取动态的方式，不先设定观察内容与观察步骤，亦没有具体记录要求，进行非控制性观察。这种方法虽然相对灵活，但所获数据较为零散和杂乱。

二、观察的维度和评价线索

虽然以上几种观察类型的基本特性、适用条件与优缺点各不相同，但它们却是相互联系、相互补充的。

为了观察和分析学生在 IT 环境下的沟通行为，本书作者进行了深入的理论研究与实践考察，综合运用几种观察方法，对浙江省不同地区的学生、教师进行了大量的多次的问卷调查和访谈，最后形成了关于 IT 环境下学生沟通能力观察维度与分析框架，详见表 4.2.1。

表 4.2.1　IT 环境下学生沟通能力观察与分析框架

二级指标	发展水平观察线索				
	1	2	3	4	5
1. 沟通态度（是否愿意、对用于注度、对用于支持学习所持的态度等）	冷漠或怀疑（不大想利用技术进行沟通；对于周围人们利用技术交流、学习、交友等表现冷漠，认为用技术用于支持终身学习、协作、个人追求持怀疑态度、提高学习效率所持怀疑态度）	被动	愿意（愿意使用技术，能认可别人布置要求或要求使用技术来完成任务；对技术使用方法有一定的关心意识；对技术用于支持终身学习、协作、个人追求和提高学习效率持认可态度，相信自己的能力）	主动	渴望（迫切想运用技术，并动员其他人使用技术、希望通过技术构建虚拟团队进行各种活动、发展自我；非常关注技术的使用方法；对技术用于支持学习、协作、对个人追求和提高学习效率持积极态度，对自己充满信心）
2. 沟通目的（购物、聊天、联络情感、学习等）	休闲（利用 IT 玩游戏、购物等；同学及其他人请教，交流信息；很少利用技术支持自主学习、协作学习和探究性学习）	疏通情感	辅助学习（使用一定的媒体和方式与多种受众——既有个别沟通也有大众沟通——交流信息与思想；使用 IT 工具进行预习、复习和拓展性学习）	自主探究合作学习	高效价值判断学习（使用多种媒体和方式与多种受众——既有个别沟通也有大众沟通——有效地交流信息；通过技术工具加强学习、广交朋友；用技术工具效率并激发创造精神，使高学习效率工具，在信息化环境中协作学习；能够使用技术工具，从多种信息源中查找、运用和收集信息，进行自主性学习；运用技术评价和收集结果、报告数据，评价和选择新的信息资源和问题与决策中处理数据；评价和选择新的信息资源和问题与决策，把技术作为工具的新工具，进行探究性学习）

二级指标	发展水平观察线索				
	1	2	3	4	5
3. 沟通技能（对技术作用的认识，对技术系统的功能和操作方法的理解及使用水平）	基本不会（对技术的作用认识比较模糊；对技术系统的功能和操作方法基本不理解；基本不会用技术进行沟通；基本不会用任何技术进行沟通）	一般运用	熟练运用（对技术作用有清楚的认识；对技术系统的功能和操作方法有清楚的理解；会熟练使用技术进行沟通）	高级运用	创新运用（能充分认识技术的作用；对技术的功能有充分的理解；能够熟练地使用技术并加以创新；能够熟用，巧用技术；善于自主学习和使用更好更新的沟通工具）
4. 沟通策略（网络道德与技术工具使用策略、心理策略、情感策略、控制策略）	很少运用策略（对与技术相关的道德、文化和社会问题有适当理解；很少根据信息内容来选择沟通工具，很少把自己的想法恰当表达出来，很少了解和掌握对方心理，很少运用技巧，控制能力弱）	会使用几种策略	熟练运用策略（基本理解与技术相关的道德、文化和社会问题；会根据信息内容来选择沟通工具，会把自己的想法恰当表达出来，基本上能了解和掌握对方心理，能与对方持平等民主的关系，控制能力较强）	善于选择运用策略	创新应用策略（能够理解与技术相关的道德、文化和社会系统，能够负责任地使用技术系统，信息和软件；善于根据信息内容来选择沟通工具并优化组合，善于把自己的想法和掌握后恰当表达出来，会调整后理解对方心理和掌握对方平等民主等关系，能根据反馈及时调整沟通内容和方法，能避免或弥补沟通的不足，能创新应用策略，有很强的控制力）

二级指标	发展水平观察线索				
	1	2	3	4	5
5. 沟通效果（是否达到预期目标、沟通能力是否提高、学习能力是否提高、是否有发展）	**效果不明显**（没有达到沟通的预期目标；没有增加交往面；对学习、交流等没有帮助；没有提高在 IT 环境下学习、生活的技能；对主体发展没有帮助）	有一定效果	**效果明显**（基本达到了沟通的预期目标；扩大了交往面，增长了见识；在学习、交流方面获得一定帮助，获得了基本的在 IT 环境下学习、交往、生活等方面的技能；促进了主体的发展）	效果较大	**显著进步**（达到了沟通的预期目标；不仅达到了沟通的预期目标，还有意外的收获；交往面大大增加，交往能力得以提升；学习成绩大大提高，实践能力、创新思维能力增强；获得在 IT 环境下学习、交往、生活等方面的技能，大大促进了主体的发展）

本框架的基本指导思想是：做任何事情，都需要一定的内驱力、一定的情感态度、一定的目标和一定的自我调控能力（即元认知方面的因素），才有可能达成目标的效果。所以，我们从态度、目的、技能、策略、效果五个方面来全面描述本行为。

（一）沟通态度

一个人能否成功，就看他的态度了！成功者与失败者之间的差别是：成功者始终用最积极的思考、最乐观的精神和最辉煌的经验支配和控制自己的人生。失败者刚好相反，他们的人生是受过去的种种失败与疑虑所引导和支配的。学生的沟通态度对于沟通是否成功同样起着重要的作用，它直接影响到后面四项指标的执行程度。我们主要从"是否愿意"、"对技术的关注度"以及"对技术用于支持学习所持的态度"这三个方面去衡量，把它划分为五个不同水平层：冷漠或怀疑、被动、愿意、主动和渴望。

（二）沟通目的

拿破仑·希尔说过：有了目标才会有成功。沟通目的这个环节包括休闲娱乐、疏通情感、辅助学习、自主探究合作学习和高效价值判断学习这五个方面。沟通目的的不同直接影响着沟通效果的实现。

（三）沟通技能

IT 环境下的沟通有别于传统的面对面交流，它必须要有技术的支持，因此沟通者的技术能力是 IT 环境下进行有效沟通的基础。我们从对技术作用的认识、对技术系统的功能和操作方法的理解以及使用水平这四个方面来衡量沟通者的技能，并根据上述内容将沟通技能划分为五个水平级：基本不会、一般运用、熟练运用、高级运用和创新运用等。

（四） 沟通策略

做任何事都必须讲究效率，同时也要讲究策略。要在 IT 环境下进行有效沟通，除了掌握面对面沟通所需的策略外，还应具备一些 IT 环境下特有的策略，比如网络道德安全策略与工具使用策略（IT 工具的选择性策略、使用语言的同一性策略、传播互动的时效性策略以及沟通意识的安全性策略等）。根据上述内容，我们把它分为如下五个层次：很少运用策略、会使用几种策略、熟练运用策略、善于选择应用策略、创新应用策略。

（五） 沟通效果

这是前四个指标综合作用的结果，是指沟通目的的实现程度。我们把它分为效果不明显、有一定效果、效果明显、效果较大以及显著进步这五个方面。这五个层次的依据是：是否达到预期目标、沟通能力是否提高、学习能力是否提高以及是否促进个体发展。

三、观察分析工具

根据框架维度，我们用图 4.2.1 来观察学生在 IT 环境下的沟通行为。

① 坐标系五个象限代表五个二级指标，原点是计时起点，五个坐标轴都表示时间，两个实线同心圆之间的区域表示一个月，每个月各指标所处层次则在相关区域内的虚线上用小圆点的个数表示。（不同象限，可以用不同颜色表示，加以区分）

② 同一个月，学生沟通能力的综合水平由虚线上小圆点的多少决定。如图，第三个月最高。

③ 同一象限内，从不同时间的小圆点的分布可看出某个指标的发展情况；如图，第一象限中，沟通态度的中间时间段好，两边差；第三象限中，

沟通技能一直在提高；第四象限，沟通策略发展比较平稳。

④ 从小圆点的整体分布的疏密情况，可分析哪方面比较好，哪方面比较差。如图情况，沟通目的性比较强；如果在同一圆上的小圆点均匀分布，那就表示各方面都很平衡。

⑤ 大体能看出五个指标之间的关联关系。

⑥ 方便老师们操作，能形象地、定性地看出问题的规律。

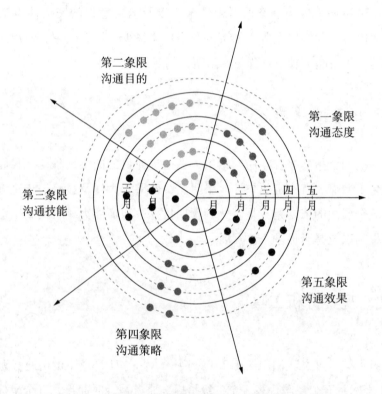

图 4.2.1　学生在 IT 环境下的沟通行为观察分析工具

四、工具使用事项

值得指出的是，这个指标体系在实验过程中还需要不断地修改、完善。而且它不仅要成为教师的观察和分析工具，同时还要成为学生自我观察、学生互相观察、家长观察孩子的工具。此举目的在于：一方面，提高学生的主体意识；另一方面，尽量从多个角度观察，以求得针对性强的客观有效的干预措施，从而切实提高学生在信息技术环境下的沟通能力，促进学生的全面发展。

第三节　教师对 IT 环境下学生沟通行为进行观察的实践

关于如何观察"IT 环境下学生的沟通能力"，我们可以从上一节谈到的"教师观察的维度和评价线索"出发来进行观察并描述，而对他的综合状态则可以采用平常教师评价学生的方法，然后针对个体特点进行干预行为的设计、实施与评价。以下是实验学校的观察实例。

案例1　对 IT 环境下儿童沟通能力的观察与分析

杭州市行知小学　张华林

近几年来，信息技术已走进我们的课堂，美术学科与信息技术之间同样存在着千丝万缕的联系。在信息时代，计算机、网络是美术创作和美术学习的重要工具。因此，美术与信息技术整合教学是美术教学的新趋势，是现代美术教学的新形式。

制作 CAI 课件辅助教学是每个教师的基本功，生活在现代的学生是幸运的，因为可以上如此生动有趣的课，多媒体技术运用得非常普遍和娴熟。我们美术课非常需要有精美的课件辅助教学，因为学科的欣赏部分是很重要的，欣赏的资料多少直接影响学生审美能力能否提高。

但是课件的使用上一般只局限于课堂教学，课后学生是很少利用课件继续学习的，部分原因是现在的课件大都是针对教师使用的，不是学生自主学习类型的。但是从另外一个角度讲，师生之间缺乏一些交往也是一个原因。这里所谓的交互可以是多样化的、语言的、现代化工具的或者其他类型的。

分析师生缺乏课后交流的原因主要有以下几点：

1. 教师的时间有限。学科教师面对的学生非常多，像我要面对五个年级的学生，如果要去和每个学生在课外加强沟通和交流是非常困难的一件事情。

2. 学生和家长的重视度不如对语文和数学学科。这个很大原因是中国的考试制度决定的。

3. 与学生的个性相关。外向的学生会主动和教师交流，性格内向的很少会主动来找教师。

因此，如果说有这样一个平台可以让学生和教师即时交流，互通信息，没有时空限制，没有地理限制，对于师生的交流将是一个极大的改善！

电话可以做到即时交流，但是使用上受到经济因素等很多限制。邮件可以突破时空限制但是不是即时性的。QQ 等聊天工具可以即时交流，但是受到学生没有号码，而且网络工具本身有一些不适合的内容等限制。所以，虽然现代化的工具很多，但是很多还受到学生本身的信息技术水平的制约。

有鉴于此，本人于 2005 年 8 月份就开始制作一个学科在线学习系统，只要学生家里能够上网，只要学生能够使用浏览器浏览网页，会点开链接、会输入汉字，就能够实现交流。

到目前为止，已经能够实现的主要功能有：

1. 即时聊天；

2. 在线考试；

3. 在线教程；

4. 作品欣赏；

5. 公告通知；

6. 娱乐休闲。

在本系统的帮助下，教师与学生的交流得到了极大的发挥，学生可以和同学、老师在信息平台上即时交流，没有时空地域限制；可以发布自己的绘画作品，展示自己的才华；可以欣赏众多画家的作品，提高欣赏能力；可以学习一些绘画教程……大大提高了学生利用信息技术主动学习和交流的能力。

关于本学习系统的使用情况，还请学生对其使用最多的功能进行投票，结果如下：

1. 和同学聊天 23 票，占 32.857%；

2. 看看作品 17 票，占 24.286%；

3. 有问题要问老师 16 票，占 22.857%；

4. 玩一些游戏 14 票，占 20.000%。

以下是使用本系统的学生案例。

学生对象1：

四（1）班的孙××，是一个不爱画画的男孩子。从二年级开始接手该班教学工作我就发现，他在课堂上一直以来扮演的都是动嘴时间大于动手时间的角色，虽然他的同桌是班级里面绘画基础最好的几个学生之一，但是似乎对他没有任何影响。他的每次作业都是半成品状态，绘画的成绩也一直上不去，一直是美术教学中相对困难的学生。我曾经和他聊天，他直言对画画没有兴趣，问他为什么，回答是以前画画就很差的，充满着不自信。

今年一开始的美术课我就引进了在线学习系统。刚发布的时候引起了学生极大的兴趣，因为这是一个非常新鲜的事物，"以前还没有哪个学科使用这么先进的技术组织教学呢"（学生原话）。孙××也是几个最早帮助我测试这个系统的学生之一。用过这个系统后，他的状态马上完全两样了，下了课就拉着我问长问短，都是问这个系统是怎么"玩"的。

他的表现提示了我，我马上抽时间制作了一个充值卡插件，通过充值卡可以给学生的账号自主充入"豆豆"。我告诉大家，凡是课堂上表现好的，或者有作品发布在网上的，都会有充值卡的奖励。这下他可来劲了，刚公布这个消息时坐得最端正的就是他了。当然我也不会错过这个机会，给他充了"豆豆"，第二天他告诉我充值成功了可开心了。现在他在课堂上不再随便说话了，绘画也积极多了。他旁边的一些不是很积极的同学，看到他的改变也受到了一些影响。

经过一段时间的观察，我发现孙××有一个很大的变化，就是每次见我就要粘着我问这问那，似乎对这个网上学习非常感兴趣的学生还有好几个。但是我面对的班级和学生很多，不可能花很多时间来应对单个学生。于是我针对这个情况开发了短消息功能，学生遇到了问题可以直接在平台上发送短消息给我，我看到了就可以及时给予反馈。在此之后，我的信息箱内就经常有学生向我反馈问题。

有一次，我收到了一条短消息是来自孙××的，原来他是来提醒我的，说班级里有同学知道了我的密码，会不会造成不好的后果，如修改其他同学的资料等。嘿，这小子竟然这么快就学会用这个方式和我交流了。我回信给他，让他不要担心，他知道的只是我的学生测试账号，没有对其他同学的管理权限的，最多只是把我的测试账号搞乱了而已，老师还是可以恢复的。并谢谢他的建议。

信的原文如下：

> 标题：你好
>
> 发信人：孙×× 　日期：2006－6－25　19：01：10
>
> 张老师，曹×× 　知道了你的密码，听说给很多学生充了很多豆豆，你要小心呀！

我的回复：

> 标题：回复你好
>
> 发信人：1　日期：2006－6－25　21：31：22
>
> 呵呵，谢谢你的建议。放心，他知道的是测试学生账号，张老师的密码他是不知道的，肯定没有给其他同学充过豆豆。

由于孙××的绘画基础比较差，所以最终的绘画考试只得了"合格"。考试分数似乎在他的预料之中，所以他也没有特别的不开心，只是拉着我问："如果网上考试得了优，最终可不可以打优？"看着他真诚的眼神，我竟然支支吾吾没有给一个确定的答案，但旁边的同学马上说了："网上考试占 20%的，老师不是说过的?!""哦!"他似乎有些惆怅。

后来我查看了学生网上考试的记录，看到孙××得了 79 分，按照规矩，应该是 16 分记入总成绩。最后打总成绩时我还是给他打了"良"，虽然还稍微有些距离。

经过实验，我总结道：孙××是一个在美术方面表现并不出色甚至较差的学生，但是在本学期能够一直主动地向老师请教问题，主动上网浏览美术学习网站，我想兴趣是他最大的动力。美术网站的资料、网站上的娱乐休闲、与同学和教师的交流欲望都是引发他兴趣的主要原因。他可能到现在为止还没有真正对美术绘画产生什么兴趣，但是从他的沟通欲望，从他在这个平台上主动学习沟通方式、使用沟通工具和同学以及老师交流的行为看，这个信息平台将对他的学习动力起到很大的推动作用。下个学期我还是要趁热打铁，进一步提高他以及其他所有学生利用这个平台和老师、同学交流的能力，让更多的学生参与交流，学会和大家沟通。

学生对象 2：

四（2）班毛××，是美术积极分子，我也经常带她参加比赛。她的美术基础扎实，对于美术在线学习系统的兴趣也比较大，在系统上发布的作品也多，和教师的交流也变多了。

毛××是任何老师都会喜欢的类型。她聪明可爱，平时活动中都很沉稳，属于那种能够静下心来的学生，十分适合学绘画。但是她也有一个缺点，就是不太喜欢讲话，一般不主动和老师交流，性格比较内向。虽然最近我经常带她出去参加比赛，使她在交流上有了很大的改善，但还是不够的。

本学习系统上线后，当她突然发现网上有很多她的绘画作品时，开心地跳了起来，还有她最习惯的拍手动作。她是一个很有荣誉感的小女孩，希望获得老师的夸奖和同学的赞赏。

期末在网上进行理论考试后，我发现她给我发了一条短消息：

> 标题：问一下
>
> 发信人：毛××　日期：2006 - 6 - 24　13：34：54
>
> 张老师，考试题目第 13 题"主体应在画面中重要位置（中间略向右、左），面积占画面的十分之一左右"我选的答案是"对"，但是考试结果提示我这道题答错了。我这题肯定没有答错，平时练习我填的答案都是"对"，考试的时候怎么就错了呢？请你帮我查一下，谢谢！！

原来她遇到了一个难题，练习的题目和考试的题目似乎有差别，结果题目答错了。第一个就想到了通过短消息和老师交流一下想法，这让我看到后非常开心，因为这是一个很好的现象，也是她的一个很大的进步。没有想到平时都不善于和老师主动交流的学生在网络上显得那么主动。高兴之余我也为自己开发的这个程序感到自豪，这个系统的作用真大呀！于是我认真地查看了她的问题，自己也进行了测试，及时地给她作出了回复。

我的回复：

> 标题：回复问一下
>
> 发信人：1　日期：2006 - 6 - 24　20：32：12
>
> 你好，毛××。我看了题目，没有发现错误，测试了一下也是正常的，可能是你看错了。这个题目其实上课时讲过的，你再回忆一下是十分之一还是三分之一？主体只有十分之一了，那么十分之九的次要物体占用了画面合适吗？

案例 2　对 IT 环境下钱××沟通能力的观察与分析

杭州市行知小学　俞徐萍

初始状况描述：近段时间钱××在家长的帮助下已初步学会收发电子邮件，就是运用得还不是非常熟练，因此这段时间的沟通我建议其多采用发邮件的方式，从而促进对这个沟通手段的熟练运用。就其个性表现而言，该同学与前段时间相比自信心有所增强，有时能主动与人沟通，上课有时能积极举手发言，不过作为一名班干部，开展班级工作时还不够大胆。

沟通原因：钱××在 8 月底给我发了一封邮件，其中提到她英语学得很好，能不能让她当英语课代表。我非常欣喜地看到了她自信的一面，她认为自己英语学得好，有能力胜任英语课代表，能毛遂自荐。当初我选择她作为研究对象的初衷就是想通过实验增强她的自信心，所以当我看到了她进步的那一刻是非常高兴的。不过当 9 月上旬，英语老师请学生自荐当英语课代表时，我得知她并没有参加竞选。所以现实表现与当时的决心还是有着较大的出入，说明在很多时候，犹豫、胆怯还是在左右着她。

沟通过程描述：

首先我在邮件中与她谈及此事，并在邮件中提出，希望听听她的心声，想知道她不参加竞选的原因。在第三天我收到了她的邮件。她告诉我，当时同学们报名很踊跃，而且部分同学在英语课的表现也非常棒，自己胆子不够大，犹犹豫豫就失去了这次机会。这次沟通是我主动的，不过非常重要，从中我知道了她还是不够自信大胆，但还是非常想为班级服务的，也想向大家展示自己的英语特长。

随后我们进行了第二次沟通。我在邮件中向她提到，第一次机会虽然失去了，是不是应该考虑主动争取为同学服务、展示自己能力的其他机会。回复的邮件中，她表示还有当英语小组长的机会，而且表示自己也在积极努力，上课尽可能积极举手发言。考虑到班级孩子学习英语的积极性都较高，加之钱××主动举手发言的情况会出现反反复复，在最开始并不一定会引起英语老师的注意，我向她提出为了能争取当上英语小组长，不错失这次机会，我暗示她可以主动找英语老师谈谈。受到启发后，她表示自己想直接向英语老师毛遂自荐，向我要英语老师的邮箱地址，要给英语老师发邮件。我提出了自己的看法：如果英语老师没有注意到邮件，那岂不是只能苦苦等待？这样的情况还是电话沟通比较直接。她接受了我的建议，向我要了英语老师的电话。因为之前从未和英语老师单独打过交道，她感到不知该如何与英语老师沟通。我给她提出沟通的建议：要说清自己的决心和信心，当然还应该注意打电话的礼仪。

在我的建议下，当天她与英语老师进行了电话沟通，态度由开始的不自然到慢慢觉得与英语老师聊天还是蛮轻松的，心情也放松了许多，态度也就大方起来。当英语老师问及怎样能证明她的能力时，她思量再三，较为自信地说自己从一年级开始就在少年宫学习自然英语——流露出已经有较好的英语基础的自信，现在已经可以用英语进行简单的交谈。在电话中，英语老师也与她进行了英语会话。这次沟通让她证明了自己的实力，也让英语老师一下子注意到了这个文文静静的女生。同时，英语老师还向她提出今后上英语课要更积极，这样才能有从同学中脱颖而出的希望。这次沟通为她后来顺利地成为英语小组长铺设了较好的基石。

当上英语小组长后，老师要求她要主动到英语老师那儿背诵所学知识，还要给组员的背诵打分，及时登记成绩并向老师汇报。开始时，自觉的同学会主动到她那里背诵，然后她就给他们登记成绩，有的同学不主动来背诵她也不去督促，而且她没有主动到老师那里背诵，最后要老师催促再三才能完成任务。几次过后，英语老师和我讲起她的情况，我就与她进行了沟通，指导她如何积极主动地开展好这项工作，如当同学没有自觉来背诵时，作为组长的她要及时去提醒督促……慢慢地，她不像原先那样守株待兔了，同学没来背诵她会主动去督促，并及时向英语老师汇报情况，而且她设计的成绩登记表最为科学美观，为此还受到了老师的表扬。这样，她学习英语的兴趣就更浓了，上课的表现欲望也强烈起来。

沟通效果：通过一段时间的反复沟通，在老师的帮助下，钱××的沟通能力有了一定的进步，对邮件沟通技能的掌握逐渐熟练。通过沟通，她解决了学习、思想上的困惑，并能积极主动申请担任英语小组长，及时督促检查同学英语背诵并向老师反馈，上课的表现欲望也在增强。

分析思考：经过这段时间的课题研究，我觉得要根据研究对象的特点，因人而异求取有针对性的措施。不能一味地指望学生沟通的主动性增强，有时教师也要及时地助其一臂之力，帮助分析原因、明确沟通的方法和目的，这样才能提高学生沟通的能力。方方面面的目标确定我觉得要切实可行，定位不要过高，这样操作性强，研究对象不会觉得目标与自己的距离很大，就会有积极努力的动力，这样才有利于学生的进步。此外，对于钱××为了提高她邮件沟通的速度，可以充分利用学校网站为学生们提供的佳作交流平台，请她定期投稿，促进其打字速度的提高。

从此例我们也能看出，沟通工具有很多，关键是要选择合适的。有些时候，沟通内容不适合当面进行时，则可以选择其他形式，如电子邮件、QQ 等。

第五章

网络环境下学生健康沟通行为的培养

网络这把"双刃剑"正以迅猛的速度融入中小学生的生活。它对中小学生当前的学习及今后的发展已经开始产生积极的、重要的影响，然而，各种各样的网络道德问题也接踵而来。有的中小学生因迷恋于网上游戏而影响学业；有的中小学生因热衷于网上聊天，结果错交网友……这些问题给我们敲响了警钟，作为教育工作者必须对此高度重视。

第一节　网络与青少年

一、中小学生上网现状

据调查，近年来在我国迅速增长的网民中，中小学生占了相当大的比例。在上网学生中，男生略多，且年级越高，上网学生比例越高。虚拟网络中的花花世界的确深深地吸引着他们，他们享受着高科技给生活带来的无穷乐趣，却不知不觉被网络主宰了生活。

网络之所以拥有如此巨大的诱惑力，主要是因为网络媒体有其自身的特点：①网络具有信息传播快、信息量大的特点，它几乎综合了影视文化、书刊文化、广播音乐文化等三大媒体文化的特点，具有整合优势，并具有相对独立的形式。网上浩如烟海的信息内容，涵盖全球的政治、经济、文化、体育等各个领域，这些新的人类文化成果极大地开阔了中小学生的视野和思路，为中小学生的日常生活开辟出一片新天地。②网络具有自主性、平等性的特点，适应了中小学生的内在发展需求，学生可以通过互联网尽情挥洒自己对人对事的不同看法，表达自己的喜悦、痛苦和愤怒等丰富多彩的情感体验。③网络具有交互性、多元性的特点，为中小学生提供了一个广阔的学习空间，大大拓宽了中小学生的求知途径，满足了中小学生强烈的探求欲望。④网络具有虚拟性，实现了对中小学生现实生活的替代和迁移。中小学生在成长过程中不可避免地会遇到各种矛盾和冲突，有很多压力和焦虑，甚至会出现心理状况的异常。网络世界为处于发展冲突之中的孩子们提供了一个可以完全没有烦恼的新天地，现实生活中的烦恼、不愉快甚至憎恨，都可以在进入虚拟世界时得到迁移和解脱。⑤网络具有超时空性，学生可以和身处其他地区网络中的任何其他人发生交往关系——既可以定向与某个人联系交往，也可以与多个人联系交往，这种交往可以在几秒钟之内完成，它改变了学生交往的格局，扩大了交往对象和范围。⑥网络具有匿名性，为中小学生不良情绪的排解和宣泄提供了很好的渠道。

（一）上网时间与地点

为了了解中学生上网的具体情况，浙江省丽水市景宁县的城北中学"充分利用学校资源对学生进行网络道德教育"课题组对该校初二的六个班共272位学生进行了问卷调查。其中有63位学生每周上网时间超过了3小时，66位学生的上网地点如下：

上网地点	网 吧	家 里	学 校	其 他
上网人数	37	25	0	1
百分比	58%	39%	0%	2%

由此可见，中学生上网的地点主要有以下两种：

1. 在网吧上网

中学生选择在网吧上网的原因主要有以下几个：一是家里没电脑，又没有适合学生上网的其他场所。二是方便——网吧一家挨着一家。从调查情况来看，近 2/3 的学生选择网吧作为上网的主要地点；三是网吧上网价格便宜，一般是每小时 1~2 元，通宵才 8 元，一般学生都能承受得起，更有少数人为网吧拉生意、打小工以免费上网。其中 30% 的人至少每星期上网吧一次，有的甚至天天泡在网吧里，因此，有些生意好的网吧通宵都开着。四是在网吧上网比较自由，没有家长、老师在身边唠唠叨叨，可以痛痛快快玩个够。五是还有极少数学生认为在网吧可以认识许多社会上的朋友。

2. 在家里上网

随着经济的发展，电脑已进入了寻常百姓家，每年只要交一定金额的网费就可以天天上网。因此，会有越来越多的中学生加入到网民的行列中。

此外，也有少部分学生在父母或他人的办公室或在同学、亲戚家上网。

（二）上网内容

那么，学生上网到底是在做什么呢？课题组仔细分析了这 66 位经常上网的学生的调查问卷，得出如下结果：

上网内容	玩游戏	聊　天	看新闻	学习交流
人　　数	28	26	8	4
百分比	42%	39%	12%	7%

调查结果显示，网络游戏、聊天、泡论坛或看网页为中学生上网最爱做的事。

1. 玩游戏

接受调查的上网学生（特别是男生）中有近一半是为了玩电脑游戏才上

网的，这说明电脑游戏对中学生的影响远远超过了电子游戏。学生玩的主要是 FLASH 小游戏，但也有少数学生玩一些像《传奇》这类的大型电脑游戏。在游戏节目中，除少数情节融入了人文、历史、军事等方面的知识外，绝大多数游戏中充斥着暴力、血腥甚至黄色下流等情节，对中学生的健康成长非常不利。

2. 聊天

经常上网的中学生中，90% 以上拥有自己的 QQ 号；在不经常上网的学生当中也有 65% 的学生有自己的 QQ 号；并有三个班级有学生建立了自己班级的 QQ 群。绝大多数人都有自己固定的网友。网络聊天非常方便、快捷，他们可以在网上无限制地随意畅谈，尽情地挥洒心中的喜怒哀乐，而不是为了学点什么。因此，多数学生聊天数月却不会使用电子邮件。

3. 看新闻

军事、体育新闻很受男生的欢迎，娱乐新闻受女生的欢迎。只有 5% 的学生上网的主要目的是为了查阅各种信息资料、了解国内外最新动态。

4. 娱乐

听音乐、看电影，尤其是视听音乐，现在很受中学生欢迎。

（三）　网络环境下学生沟通工具的使用情况

在这个人类的第二生存空间——"网络社会"——中，人们经常借助QQ、博客、BBS、E-mail、MSN、论坛、校内网等网络沟通工具进行更快捷方便的交流对话。

网络沟通工具已经成为当代学生生活中一个重要内容。学生对网络的热衷程度呈直线上升，网络已渐渐成为其生活、学习中不可或缺的重要伙伴。

学生在网络交往中使用较多的是 QQ 软件。QQ 软件成为学生上网交际沟通的必备聊天工具，其特点是普及化、使用方便、具有多项功能，而且始终在不断升级，迎合了学生各种虚拟交际的需要。不仅如此，现实生活中难以启齿的语言在这里也可以得到淋漓尽致的展示和发挥，完全摆脱了现实生活中的约束，所以很多学生沉迷其中，乐此不疲。

校内网近几年来在大学生人群里特别火，主要原因很简单，就是校内网有自身优势，那就是亲切、真实。学生通过这个网站可以认识更多校内外的朋友，还可以通过这条快捷的渠道来关注自我。

学生的网络世界是丰富多彩的，博客正是这个多彩世界的一大杰作，开博已成为校园的一种时尚。博客加强了学生社会化的过程，学生通过博客表达自我的思想，完成自我的认知，有利于调整自己的心态和行为。博客也是学生排解负面情绪的重要渠道。心理学研究认为，人是需要宣泄和倾诉的，情感的长期郁积容易导致心理疾病，博客无疑成为很多学生发泄负面情绪的重要途径。在学生博客中，绝大多数的博客主题为个人日志，网络写作的自由使博客成为很多学生满足个人倾诉的"电子写字板"或"心灵笔记本"，成为他们情感宣泄的园地。

学生网络交往中也使用 BBS 和论坛。BBS 和论坛是较高层次的沟通方式，这两种交往形式的话题一般以严肃性、深刻性为特征，不但能给使用者提供较高层次的信息，而且还能够引起使用者更深入的理性思考。我们应该关注和引导学生选择高层次的沟通方式。

学生使用 E-mail 主要用来联系现在同学或比较亲近的朋友。中国的学生还很少通过电子邮件和家人、亲属、邻居等人进行沟通。

二、网络沟通对中小学生的正、负影响

网络沟通是一把"双刃剑"，它既具有许多传统沟通方式所无法比拟的独特的优越性，同时也存在着某些不可忽视的负面影响。

（一）　网络沟通对青少年的正面影响

1. 从小具有互动和平等意识

利用网络进行沟通，容易形成平等自主的氛围，有些在面对面交流中不容易说出口的事，在这里可以自由倾吐，使沟通更容易进行。所以，在网络环境中，长大的孩子对自我、民主非常重视，他们敢于发言，勇于接触，也勇于认错，具有反权威意识。

2. 具有全球化和形象化视野

利用网络进行沟通冲破了时间和空间的限制，沟通可以随时随地进行。青少年在网上可以获得自己所需的信息，在网上认识世界，从小养成放眼世界的习惯，对青少年将来的发展具有深远的意义。同时，利用信息技术进行沟通更能获得或提供形象、生动、容易理解的信息，因而这种形式深受青少年的喜爱。

3. 高效率意识和非线性思维方式

网络环境下的沟通与传统的沟通相比，信息量要大得多，并且交流速度快、自由度高。同时，在网络中大量使用的超文本（媒体）阅读方式是以网状形式来解构和处理信息的。它是一种跳跃式的、综合的非线性思维方式。从非线性的角度出发，思考问题的同时必须考虑它与周围事物的种种联系，并透过这种网状的联系来寻求解决问题的方法。这种思维方式改变了传统线性思维所固有的较狭隘、死板的弊端，有利于培养青少年的发散性思维，帮助他们正确地看待周围的人和事，树立科学的人生观和世界观。

4. 具有灵活多样的处理方式

在网络环境下，学生可以结合多种方式进行交流，以达成沟通。如在电话、短信不够时，我们可以用 QQ 聊天工具进行；文字交流不够，可以以

"超级语音"方式进行，再不够可以以"超级视频"方式进行；个体交流不够时，还可以进行"多人超级语音"。在这样的环境下成长起来的新一代，具有办事灵活、方法多元化的特点。

5. 满足了青少年交流、 沟通和理解的需要

网络高效、快速、方便、独特的交流方式与当代青少年偏于好奇、乐于幻想、追求独立的要求相吻合。网络使得青少年和世界息息相通，拓宽了青少年的视野，使其从小具有放眼世界的全球观。

6. 有利于青少年的学习和思维的创新

在传统的单一灌输式教育体制下，教育结果受到强有力的控制。然而基于互联网的学习成为主动的追求，成为双向甚至多向的知识探讨、辩论及总结的过程；学习和创新可同步进行，知识的传播和更新能一起发生。这样更有利于青少年的学习和思维的创新，更有利于挖掘思维的潜力、激发学习兴趣、提高学习效率。由此，创造力和学习需求相结合，将会强有力地推动社会的发展和进步。

（二） 网络沟通对青少年的负面影响

网络沟通如果运用不当，对中小学生同样会有很大的负面影响，主要有以下几种类型。

1. 沉湎其中，不能自拔， 导致对学习失去兴趣，上学旷课，成绩急剧下降

例一：景宁县城北中学的一位班主任叙述道："他白天不能正常上课，为逃避批评或惩罚，他反复说谎。比如他因为前天熬夜而昨天旷课，今天来学校时就会跟我解释说是因为拉肚子，我揭穿他，他还是会一再狡辩。"

例二：初二（3）班学生李某，每天早上五点起床去网吧上网两小时后再到学校。

这些学生的上网行为已严重影响到他们的生活作息时间，影响到个人的行为习惯，可以说他们具有一定的网瘾。

2. 对自己的网上言论缺乏责任感，在网上任意谩骂、侮辱他人

目前的网络其实是一个虚拟的社会，与普通人的关系越来越紧密，可以说网络是当今公民的第二世界。认为在网络上对别人的攻击辱骂不用承担责任（因为匿名），其实是缺乏社会责任感的表现。

3. 传播色情信息和电脑病毒等

色情信息对青少年的成长具有非常大的负面影响，除了影响心理之外还会影响身体。如果不负责任地传播色情信息，不仅是对个人的不负责任，而且会危害整个社会。电脑病毒的传播会导致电脑速度变慢甚至崩溃、个人信息安全受损等严重后果，学生可能出于好奇或挑战而传播电脑病毒，但这对网络安全会造成很大的负面影响。

三、负面效应的归因分析

（一）网络道德教育严重滞后

当前信息教育的普及越来越低龄化，可是尽管许多学生熟练掌握了许多上网技巧，头脑里却没有网络道德规范意识。也就是说，当孩子开始运用网络为自己的个体发展服务时，我们的教育没有跟上。信息技术发展飞快，网络道德教育远滞后于网络技能教育。

（二）网络环境的开放性和匿名性

在由光纤电缆、路由器和网卡等构成的这个"网络社会"中，人们以某

种标记存在，主体行为往往在"虚拟实在"的情形下进行。在网络技术的帮助下，每个人都可以成为"大侠"、"高手"或骂街的"泼妇"、"流氓"，其身份、行为方式、行为目标等都能够得到充分的隐匿、篡改。在网上，一个人不需要承担自己的责任和义务，而可以滥用自己的权利。同时，人们在上网时因为缺少"他人在场"的压力，"快乐原则"支配着个体行为，日常生活中被压抑的情感在网络上得到宣泄，包括在网上浏览不良信息、网络谩骂等行为。

（三）青少年可塑性大而自控力低

既然网络对中小学生有如此之多的负面影响，那么，我们是否应该禁止学生上网呢？我们的回答是否定的。

记得在 2007 年的初夏，我们来到深圳调研，在教育局老师的陪同下，我们走访了十所中小学。其中一位校长是这么说的：现在的孩子如果不给他上网，那他以后就完了！

网络是未来社会生活的重要组成部分，人们今后的学习和生活都将离不开网络。而未来是属于我们的学生。面对高速发展的互联网技术，他们早一天接触网络、利用网络发展自我，应该是一件好事，不管它会带来多大的冲击，也不管这种冲击中夹杂着多少不良成分。作为主宰新世纪的一代，他们早晚都要接受网络的，绝不能把他们人为地隔绝在网络之外，更不能因为网络的负面影响而把责任推给网络。事实上，网络作为科技的产物，它是中性的，是把"双刃剑"，在具有巨大的正面作用的同时必定会有等量的负面作用，是否能发挥其正面作用，关键还是要看使用的人能否经得起诱惑。据调查，在现实生活中容易犯错的、自制力不强的学生更容易沉迷网络。

再则，青少年正值反叛期，如果我们只是一味反对、禁止，而不去引导，反而会让他们更热衷于偷偷地上网。

因此堵、禁不是好办法，引导才是关键。如何正确引导学生上网，是摆在教师、家长、学校、社会面前的一个大难题。

第二节 网络环境下学生有效沟通的基本条件

正确引导学生上网，教师、家长或其他社会人首先要做到身体力行。只有自己有了亲身的体验和经历，才能真正了解我们的孩子，才会有解决问题的相应的有效措施。因此，我们有必要懂得并遵循以下基本原则。

一、正确对待网络语言

网络是有史以来最不受时间和空间限制的交流方式。网络有着许多独特的优越性。通过网络，可以随时发送和获取信息，既能实现信息沟通的即时性，又能对信息进行下载、存贮和延时。网络写作客观上改变了以往"你写我读"的精细化书写方式，形成了读写之间认知交流、思想交流、情感交流、生活方式和话语方式以及人生经验交流的平民化书写方式。

网络语言的特点为：①开放性和随意性。网络语言的开放性为大众提供了无比广阔的虚拟空间，人们在网上可以自由地发表自己的观点，也可以自由地进行网上交际，可在一定程度上摆脱传统书面语的规范，只要不妨碍交流，各种材料可信手拈来、为我所用、任意组合、标新立异，表现出很大的随意性。②一定的盲目性。在一般的网络交流中，人们大多不用摄像头、话筒等，网络语言是最直接的交际手段。由于姿势、表情等身体语言和声音的短暂缺失，使沟通双方无法根据体态和声音的配合去揣摩对方，从而导致一定的盲目性。③不正规化。网络语言的语境不同，使它表现出：语言口语化、简短零碎、直观；虽然采用的是类似书写的方式，但因急于表达谈话主题，常常会直接切入，少铺垫和描述。上网族年龄的年幼化、自我化又使网络语言充满朝气、幽默、活泼、富于创新，出现许多新的表达方式。

让人看得似懂非懂的网络语言处处可见，如"晕"、"偶"、"倒"、"囧"、"切"、"大虾"、"东东"、"酱紫"、"蛋白质"、"监介"、"菜鸟"、

"灌水"、"恐龙"、"很 S"、"太可惜"、"青蛙"、"200"、"BF"、"DD"、"GG"、"PMP"、"KPM"……其中，"晕"、"倒"、"囧"、"切"差不多是一个意思，就是对方说的话有点不可思议，不能理解；"偶"是指"我"；"大虾"是"大侠"的意思；"东东"即东西；"酱紫"是"这样子"的意思；"蛋白质"意思为"笨蛋、白痴、神经质"等。"监介"是"尴尬"之意；"菜鸟"指网络新手；"灌水"则指人在网上留言；有时候会把"丑女"说成"恐龙"，而"青蛙"则表示"丑男"；"很 S"形容说话不直率、拐弯抹角的；"200"是指公园；"BF"（男朋友）、"GG"是指哥哥的意思；等等。

对于网络语言的积极和消极影响，我们既不能全盘接受，也不能一概否定，而应该客观公正地对待它。具体讲，应该保持如下态度。

首先是宽容。一是网络语言作为信息时代的新生事物，一种新的语体，它还很年轻甚至很幼小，它的成长与发展需要全社会的人来一起呵护和关爱。二是任何一种事物都有其发展的规律，网络语言自然也有语言自身的发展规律，需要经过一段时间去发现并总结出其规律，从而去约束和规范它。三是网络语言不光是语言交流的工具，同样是情感交流的工具，如果我们宽容了网络语言，它就能保持语言文化的多样性，给人们多提供了一条交流沟通的便捷通道。四是网络语言是网民间交流的重要工具之一。

其次是学习。也许有人会心中有疑问：有些人为什么不认可甚至指责网络语言呢？笔者认为一个很重要的原因就是看不懂。事实上，当我们掌握了常用的网络语言后，就会发现网络语言其实并不难懂，好多人不懂是因为没有时间和精力的投入。作为老师、家长，应努力学习网络语言，这是我们与"网络时代"互相理解、沟通的前提。

再次是引导。网络语言的产生毕竟只是网民们的一种自发行为，随意性特别大，因此难免出现各种各样的偏差，这就需要语言文字工作者和使用语言较规范的人来进行引导。

最后是规范。作为沟通语言要让对方理解所表达的信息，必须有统一的标准，网络语言也不例外。规范网络语言，需要做到：一是确定规范的标准，二是语法规范化，三是发展网络语言。网络语言规范与否，要把它放到发展过程中去看。如果一种语言不能发展了，那是最大的不规范。我们始终要牢记：规范的目的是要推动发展，而不是限制发展。

二、熟悉常用网络语言及其分类

现在流行的"网语"的组成方式主要有如下三大类。

（一）由英文字母和数字组成

其中英文字母多是英文单词的缩写，例如：

B4：before；

3X：thanks；

3Q：thank you；

BF：boy friend；

GF：girl friend；

BTW：by the way；

BBS：波霸（big breast sister）。

（二）由符号或图案组成

一般用符号刻画出人物的表情，非常形象、生动和直观，例如：

"Zzzz……"表示在睡觉。几个"Z"连在一起，把漫画中描绘人打呼噜时发出声音的画法引入到聊天室中。

"^-^"表示人在微笑。

"：（"表示伤心的样子。

（三）谐音类

1. 数字谐音

例如：

1314：一生一世；

3166："撒优那拉"（日本语），再见；

55555～：呜呜，哭泣声；

886：Bye－bye 喽；

8147：不要生气；

7456：气死我了！

94：就是。

2. 汉语拼音的缩写

例如：

MM：妹妹，网语又称"美眉"，"ppmm"则是"漂亮妹妹"之意；GG：哥哥；PF：佩服；SE：少恶；ZE：贼恶（真恶心吧），真恶；TS：同上；LZ：楼主；PL：漂亮；FB：腐败；NB：牛逼；JS：奸商；BS：鄙视；BT：变态；BC："白痴"的缩写，也称"白菜"；BH：彪悍；BD：①板凳（第二个回帖者），②笨蛋；DBC：大白痴；e：恶心；FQ：愤青，粪青（两者含义有所差别，本缩写多指后者）；FY：翻页；gx：恭喜；Haha：哈哈，笑声；HD：厚道；Hehe：呵呵，笑声；JJWW：唧唧歪歪，指人说话的样子；JJBB：结结巴巴；JJYY，JiJiWaWa："唧唧歪歪"，"唧唧哇哇"；kao：靠，感叹词，早些年被视为粗口，现多被视为"操"的婉语或无厘头语言；L：快乐的意思；LBT：路边摊；LJ：垃圾；LM：①流氓，②指魔兽世界当中的联盟一方，③天黑请闭眼中的乱民（作为平民的捣乱者或混乱者），④蓝猫；L公（或LG）：老公；L婆（或LP）：指老婆；LR：烂人；mop：猫扑，"游手好闲"的缩写词；MP：没品；MS：没事，貌似，马上；ODBC：哦，大白痴；PC：

个人电脑；qr 穷人；rpwt：人品问题，多用于评价无缘故的倒霉；rq：人气；rt：如题，用于发新帖时，当内容已经在标题上打出时，内容栏里就仅注明"rt"；ry：人妖；SL：失恋，色狼；SJB：神经病；sg：帅哥（可以用 ssgg 表示"好帅的哥哥哦!"）。

3. 汉字谐音

例如：

班主、斑竹、版竹：聊天站、论坛的管理人员，即版主。"板斧"就是副版主的意思。

大虾：又称老鸟。指已经在网上待了很长时间、对网络非常熟悉的、水平较高的电脑爱好者。"大侠"的谐音，指计算机高手，有戏谑意味。

菜鸟：与"大虾"相对，指网络新手或电脑初学者。

瘟酒吧：Windows 98 的谐音。

烘焙鸡：homepage（个人主页）的谐音。

伊妹儿：E-mail（电子邮件）。

qu4：去死。

4. 英文谐音

例如，"who r u"即是"who are you"；"me too"即是"我吐"。

还有一些无法归入上面三类中任何一类的词语，比如"灌水"、"水牛"、"划水"、"潜水"。其中，"灌水"的意思是在论坛上发文章，"水牛"是在论坛上发文章很多的人，"划水"的意思是看帖必跟帖，"潜水"的意思是看帖不跟帖。

三、遵循在网络环境下进行有效沟通的主要原则

沟通的过程是信息发送、传递和接受的过程。而有效沟通必须是被正确

地理解、执行并形成成果的过程。①

网络环境下的沟通是由网络这一媒介手段来完成传递信息这一任务，因此，这种沟通与日常的面对面沟通相比，有其独特之处。要在网络环境下进行有效沟通，主要应遵循以下几个原则。

（一）沟通媒介的有效性

在网络环境下，用于沟通交流信息的媒介种类有很多，常见的有网络即时交流工具（QQ、MSN、网络猪等）；Web 交流工具［BBS、博客、专题网站、MOODLE 平台、维客（WIKI）等］；电信交流工具（电话、短信）；邮件交流工具（E-mail）等。因为网络沟通是建立在网络这一技术平台之上的，所以沟通的成功与否便受制于技术方面的因素。网速是影响沟通有效性的非常重要的因素，除此之外还有硬件的速度、软件的版本等，它们都会影响网络沟通的有效性。玩过网络游戏的人想必都有过这样的经历：往往在游戏最紧张的时候，却遇到网络通信障碍——网速慢、信息传递不出去甚至掉线，这就是网络平台的障碍阻断了沟通的实现。因此，沟通媒介的有效性非常重要，是保障有效沟通的前提条件。

（二）沟通应遵循的"协议"

长久以来，人类彼此约定俗成的语言符号使得人们在生活中能进行有效沟通，如今互联网上人们通过机器与机器之间传递信息，也是采用了彼此能够沟通的网络协议。随着互联网的发展，为了快速有效地传递信息，由文字、符号、数字、字母以及字母与数字的综合等多种表现形式构成的网络语言也应运而生。如果不了解网络语言的特定含义，看到"打铁"、"板砖"、"烘焙鸡"等网络用语，那就很难领会其所表达的意思。

---

① 常亮．沟通培训［EB/OL］．（2010-12-12）［2011-04-11］. http：//wenku. baidu. com/view/ fcbb5cd084254b35eefd34b3. html.

沟通语言实际上就是沟通信息的一种载体，沟通双方对沟通媒介要有共同的认知基础，必须有沟通"协议"作为有效沟通的基础。

（三）反馈的即时性

在信息沟通交流的过程中，时效规则主要是指沟通反馈的即时性。随着时代的发展，各类媒介层出不穷，人们对信息反馈即时性的要求也越来越高。一方面，科技的迅猛发展为沟通反馈的即时性提供了条件；另一方面，媒体竞争的加剧迫使人们不得不尽最大努力来提高信息沟通互动即时性的程度。

在网络媒体的诸多特点中间，即时性是网络媒体从媒体竞争中脱颖而出的一大法宝。与传统媒体相比，网络媒体的信息传播更为快捷。因此，要保证沟通的有效性，反馈必须是即时的。

（四）网络沟通的安全性

1993 年，施泰纳（Steiner, P.）在 *New Yorker* 上发表了一页漫画，从此"On the Internet, nobody knows you're a dog."（在互联网上，没人知道你是一条狗。）这句话便在网民中间流传开来，经久不衰。

正是因为互联网络的虚拟性和隐蔽性，谁都可以在网上匿名出现，随之也就出现了网络交流沟通的安全问题。为避免各种通过网络进行的不法行为，近年来，人们试图通过网络实名制来解决网络安全问题：

韩国信息通信部宣布，从 2005 年 10 月份开始在韩国全境实施互联网"实名制"。①

2005 年 7 月 22 日起，深圳警方将开展为期 3 个月的网络公共信息服务场所清理整治工作，将对论坛和 BBS 的版主、QQ 群的创建者进行实名登记，

---

① 詹小洪．韩国将推行网上言论实名制　网上反恐出新招［EB/OL］.（2005－07－16）［2011－04－11］. http：//tech. sina. com. cn/i/2005－07－16/1202664971. shtml.

并校验身份证号码。①

为保证沟通的有效性，我们一定要遵循安全规则，避免自身受到不良行为的侵害。

（五）网络沟通的真诚性

2005 年 10 月 26 日，《新京报》上刊登了一篇题为《"卖身救母"——苦情戏还是舆论杀人》的文章，主要叙述了关于重庆女大学生陈易在天涯网络为自己身患癌症的母亲募捐后获得捐款 10 万余元，但有的网友怀疑其诚信，于是名为八分斋的网友对此进行调查一事。调查结果是：母亲得了重病需要换肝，家庭无力支付这笔费用确实是事实。但是她隐瞒了后来引起广泛争论的部分事实，比如医保已为她母亲的病支付了部分费用，她母亲所在的检察院的职工也捐了一部分钱。如此，许多网民的态度也就由同情转而变成了指责，认为网络信任不牢靠。

上述事例警示我们，在做好安全防范的同时，我们在 IT 环境下的沟通与在日常生活中的沟通同样都需要遵循真诚的原则。只有带着诚意与人沟通交流，才能完成信息的传递和互通，达到预期的沟通目标，否则就会影响沟通的有效性。

（六）沟通地位的平等性

互联网络的虚拟性和隐蔽性在给人们带来安全隐患的同时，也给人们带来了极大的自由度。人们脱离了真实环境中的地位、等级、规则规范等方面的束缚，自由地与别人倾诉、畅谈，平等地发表自己的见地。

例如，曾经十分引人关注的事例：2007 年 10 月 12 日，陕西省林业厅公布了猎人周正龙用数码相机和胶片相机拍摄的华南虎照片。随后，照片的真

---

① 杨涛. 深圳警方展开行动　网络治理施行实名制［EB/OL］.（2005－07－26）［2011－04－11］. http://news. xinhuanet. com/ec/2005－07/26/ content_3267182. htm.

实性受到来自部分网友、华南虎专家和中国科学院专家等方面的质疑，并引发全国性的关注。每一个关心这一事件的人不仅可以通过互联网这一信息技术平台了解事件的发展动态，还可以自由发表自己的看法。类似这种案例很多，它们都充分体现了网络沟通的自由平等规则。事实上，不管是谁，只要愿意，都可以在众多互联网的博客网站中，建立自己的博客，抒写自己的人生感悟、所思所想所为，为自己和别人留下宝贵的特色资料。

案　例　网络答疑，零距离

杭州绿城育华学校　包东良

陈某是一位学习成绩较差、平时从来不问问题的学生。在一次家访中，我从他父母那里了解到，陈某原来在初中的时候也会问老师问题，只不过有一次，他问老师一道题目时，老师一步步地给他讲解，当讲到有一步的时候，还没等他反应过来，老师就说："这个知识点很重要，我们上课已经强调过好几次了，你应该明白了吧！"他听了后无奈地点了一下头。其实他根本就没明白，只是怕被老师说自己上课没认真听讲，或者说自己笨，连这个讲了好几遍的知识都没弄懂。可以想象在接下来的这段时间他有多么的难受，因为他根本无心再听了，也听不懂下面的讲解是怎么回事，只是不希望被老师发现，所以只好痛苦地熬着，直到结束。自从这次问题之后，他的心灵蒙上了一层阴影，慢慢地开始怕问老师问题了。后来又有几次类似的遭遇，使他彻底丧失了问问题的勇气，因此到了高中就像现在这样了。

了解到这些后，我向他的父母介绍了信息技术这个沟通平台，并商量看能不能借助这个平台，让我尝试着跟他沟通，帮他解决一些学习上的问题。经过一番协商，他的父母和他都同意了。没多久我和陈某开始了在网络这个平台上的沟通，而且效果相当不错。

我先从QQ上发信息过去："你先接收我一个课件，好吗？""好的，非常感谢！"他回复道。紧接着我发了一个有关减数分裂的课件过去，他接收后，我先叫他跟着我把课件打开，然后先自己看一遍课件的演示。过了一会儿，QQ 上传来一个信息："看不懂啊！"我想了一下也发了一条信息过去："不要急，先把不懂的地方用 QQ 截图工具截下来，好让我知道你在哪个地方不懂。""好的。"没多久，QQ 上又传来了一条信息："不知道该看什么，该注意什么。"哦，原来是这么回事啊！"应该先看染色体的变化，那我先给你讲一下染色质、染色体、染色单体、DNA、四分体这些概念。"我答复道。于是我从课件中分别截了复制前的染色质和染色体、复制后的染色体，以及同源染色体配对的四分体这几幅图，同时加上了这几个概念的解释和区别，通过 QQ 一个一个地传了过去。终于，我的 QQ 里出现了这样的消息："哦，原来这几个的概念是这样的啊！我现在明白了。"我马上答复道："那好，你现在就先从染色体入手看整个过程中它是怎么变化的。""收到！"看到他充满喜悦、信心十足的答复，我心里默默地笑了。

反思：在新课改的今天，原来很多教学形式已经发生了很大的变化，但学生在问问题这一方面还保持着原来那种面对面的模式，而在这种模式下，有些学生因为害怕与老师面对面，一直把问题藏在心底，最后这些问题也成为他永久的问题。如果在这个时候，能给这些学生提供网络这个平台，就能让他们回避面对面的尴尬，而且通过电脑能够把一些复杂的动画和难以讲清的概念都给予解决。这样，也许他们心底的问题就会迎刃而解。同时还可以借助网络，搜索到他们所需要的图片和文字、影片，通过自学来把这些问题搞清楚。这在某种程度上也大大地提高了他们的学习能力和学习兴趣，符合新课改的要求。

第三节　网络环境下健康沟通行为的培养策略

苏格兰国家教育中心对从 32 所学校中抽出的 600 名 9～10 岁的学生进行长达 9 个星期的培训，让其中部分学生每天早上玩 20 分钟电脑后再上课。结果表明：所有玩电脑的学生的成绩都平均提高了 50%，答卷时间更短，男、女生的结果一样。研究认为，适度玩电脑有助于孩子很快安静下来，精神集中度和学习动力有明显提高，尤其是对自主学习的帮助最大。[①]

通过对 IT 环境下学生沟通行为的观察、分析后，教师必须制定出一系列相应的干预措施，以提高他们的沟通能力。而要对 IT 环境下学生沟通行为进行干预，首先必须深入了解学生及其家庭，与家长有一个彻底的沟通，努力使家长成为教师的合作者，并且对学生的初始状态有一个详细的描述，该初始状态包括 IT 环境下的沟通能力和综合能力。

一、对网络环境下学生沟通行为的引导和干预

通过互联网，孩子可以学习如何检索、核对、判断、选择和处理信息，以达到对信息的有效利用。这种能力在未来的社会中比信息量本身来得更为重要。但是，如果缺乏正确的引导，放任学生在网络世界中驰骋，很容易使学生在网络中"迷航"。因此，教师、家长乃至社会要联合起来引导学生善用网络资源，并教会他们如何分辨其中有害信息的内容，树立正确的价值观。例如，有的学生分不清网络中的真实与虚假，把一些未经证实的消息到处传播；有的学生沉迷于网络游戏以及网络的反动、暴力甚至色情的内容等。这时，教师要教育学生不仅要学会提取信息，还要学会用正确的观点去分析信息，辨别是非，去伪存真，分清精华与糟粕，才能更好地利用网络信息。经过教育，使他们认识到自己在使用网络中的偏差，思考"为何用？用什么？怎样用？"的问题。

以下是实验学校行知小学的杨静老师对研究对象王××的一段实验记录。

初始状态描述：

王××非常喜欢看动画片中的打斗片段，非常喜欢玩电脑游戏，还非常喜欢看侦探小说。课间他总是模仿奥特曼、武士、电脑游戏与同学玩"格斗"、"追捕"的游戏，有时同学不愿和他玩，他就会去追打同学，因此有时

---

① 李萍，沈浩，涂雄悦. 网络与孩子教育——献给中国所有的父母与孩子 ［M］. 上海：上海教育出版社，2006：2.

与同学的关系比较紧张。他因为在家无玩伴，便经常上网玩游戏，学习成绩逐步下降。于是，父母为了防止他上网，把家中的网线掐掉了。

其他方面的表现：

理解能力较强，观察能力较强，是班中最聪明机灵的孩子之一，在未迷上电脑游戏前，他学习成绩非常优秀。他会用电脑查资料。他的动作协调性非常好，是班中的体育健将，也是班中的小画家。他还非常关心集体。但他的口头表达能力不强，尤其是与父母、老师、同学的沟通不够主动，沟通能力也不强。

干预措施：

1. 找他谈话

我问王××为什么爸爸妈妈会把家里的电脑网线掐掉，他回答说："爸爸妈妈怕我上网玩游戏上瘾影响学习。"我又问："你觉得自己玩游戏上瘾了吗?""有一点!"孩子说，"有时玩着玩着就不想停下来。脑子里想的全是电脑游戏，想赶也赶不掉。"我明确地告诉他，这已经是玩电脑游戏上瘾了。说着，我就播放事先准备好的有关毒品上瘾者吸毒后的图片（有的人全身是被针扎的斑点，有的瘦得皮包骨头，等等）。他看了直吐舌头，要呕吐。然后我告诉他，玩游戏上瘾跟吸毒一样可怕，玩了有杀人暴力的游戏后，在现实生活中他也会使用凶器杀人，而且毫无恐惧可言。我又举了几个真实的故事，学生因玩游戏而残忍伤害同学的事边讲边用电脑放出图片，他听了、看了直吐舌头。我又告诉他，其实网络的功能很多，在第 23 课《我家走上"信息化高速公路"》中已学过，他也点头表示知道。然后我告诉他以后要多用电脑为自己的学习服务，那天回家后的作业是查找歇后语，就可以上网查。

2. 和家长交流

告诉家长，我们本次实验的目的是提高孩子在信息技术环境下的沟通能力，家长表示支持。然后我把与孩子谈话的经过告诉家长，家长也说以前不让孩子玩游戏只是强制进行，也没对孩子说那么多道理。我对家长说"教育孩子就像大禹治水，不能靠堵要疏导"，家长表示赞同。我建议家长多抽出时间陪孩子上网，并告诉他孩子有上网查资料的作业，家长赞成。

3. 家长记录

那天孩子一回家就说，老师布置了上网查找歇后语的作业，想上网查。家长表示可以，不过前提是必须先认真完成其他家庭作业。那天的作业孩子完成得很认真，动作也迅速了很多，然后在家长的帮助下找到了三十多条歇后语，孩子读得津津有味。并在家长的指导下，利用电子邮件和舅舅交流。

4. 教师鼓励

我发现他找了三十多条歇后语，就在全班同学面前表扬他，并故意问他是怎么找到那么多歇后语的。他非常神气地告诉大家是在网上查的，而且还有很多呢，并把网址告诉了大家。我夸他真是个会利用工具学习的好孩子，并奖励他一个"大金苹果"。其他学生十分羡慕。

5. 继续为孩子搭建平台

连续一个星期，我除了布置书面作业，还布置阅读书籍查找相关资料的任务。我还及时与王××的家长联系，请他抽出时间陪孩子上网，并尽量让孩子自己找资料，同时请家长观察和记录他上网的表现。家长在记录中这样写道："这个星期孩子对作业比以往更抓紧，有两天作业在学校里就完成了。与以往的作业进行比较，发现书写质量未下降，可以看出孩子越来越认真了。"

进行实验的第二个星期，因为是复习阶段，我就要求他找找复习的方法及第六册语文的相关复习资料。同时，我又打电话与家长联系，建议家长多给孩子一点自由上网的空间，以检验孩子的自觉性。通过观察，家长发现孩子在网上找资料比较自觉，没有出现玩游戏的现象，还在人民教育出版社网站上找到了第六册全册的看拼音写词语练习。事后，我表扬他说："你真厉害，你知道这省了老师半天的工作时间。"我又说："发现网络的功能了吧！网上还有很多好文章，你可以尽情地阅读，还可以把好文章发到网上随时与人交流。以后你在网上找到资料，可以在第一时间发邮件给老师，告诉老师。"然后，我又安排时间让他把自己找到的复习方法介绍给大家。课后，他兴致勃勃地跑到我身边问："杨老师，今天回家还要找什么材料？我来帮你。"他这样主动地来找我还是第一次。

初步结果：

在家长的协助下，通过一系列的干预措施，王××由对电脑游戏痴迷转移为利用电脑进行有效的学习，在交流的过程中也由被动变为较主动。

案　例　引导学生充分利用讨论功能，
激发每一位学生的积极性

杭州市翠苑中学　李绍富

很多人对我说：学生最喜欢信息技术课，因此信息技术老师上课最轻松。其实不然，初中信息技术课不是简单的电脑课，而是一门理论与实践相结合的课程。特别是初一上学期的信息技术课，大部分是信息技术理论知识，如计算机硬件系统的组成、计算机软件系统的组成、计算机是怎么工作的，大部分学生对此并不感兴趣。再加上教学这类课程内容时，学生操作机会相对比较少，教师讲得比较多，学生更不愿意听，学习效果也很差。怎么解决这个问题？我一直在思考。

我采用过"问题讨论"的教学方法，就是教师提出问题，学生带着问题去探索、讨论，最后总结学习的内容。如在上计算机硬件系统的组成这节课时，我提出以下问题：计算机硬件系统由哪几部分组成？各部分的功能怎样？存储设备的容量怎么计算？你知道哪些输入设备？哪些输出设备？等等。学生带着这些问题网上探究，分组讨论，教学效果有所提高，但还是不尽如我意。课上不是每位学生都参与讨论，已经懂的学生不屑于讨论，不感兴趣的学生不愿参与讨论，想玩的学生就趁机上网玩游戏，有问题的学生没机会提问，想表现的学生没机会表现，每位学生的学习过程无法评价，等等。

怎么解决以上这些问题，激发每一位学生的学习积极性？结合我们教研组的研究课题，我想到充分利用 MOODLE 平台里的讨论区活动模块。MOODLE 平台里的讨论区活动模块可以跟踪记录每一位学生的讨论情况，还可以对学生的讨论进行评价打分，这样就可以对学生学习过程进行跟踪评价，注重学生的学习过程。如我在《计算机软件系统的组成》这节课里，利用

MOODLE 平台进行课程设计，其中我充分利用讨论区，设计讨论话题，同时请学生自己提出不懂的问题，再由其他同学来帮助解答，提出问题的和解答问题的双方都可以得到奖励分。实际教学下来，效果比较好。每位学生都被吸引到了讨论区，平时有问题不敢问的学生也能积极主动地提出问题。班上的"电脑高手"也积极主动地在讨论区解答同学们提出的各种问题，体验成功的快感。想玩游戏的学生也受到了良好氛围的感染，积极加入到了讨论之中。可见，这个讨论区充分激发了每一位学生的积极性。通过学生互动讨论，也使我对学生有了新的认识；有些学生的电脑水平已经很高，提出的问题已经很专业，有些学生对硬件很感兴趣，有些学生对软件很感兴趣，有些学生喜欢帮助别人，有些学生就是喜欢同学的帮助才能学好；等等。回过头来，我想，我们平时备课中很重要的一点就是要熟悉学生的情况，而像以上很多情况，实际上只靠观察是很难了解的。不了解学生的这些情况，即使我们准备再好的课，学生也不喜欢听。实际上，真正要了解每一位学生也是做不到的。相反，由于学生与学生之间天天相处，相互彼此了解，我们只要给他们提供一个相互学习、相互交流、相互展示的平台（讨论区），他们就会像前面提到的那样，主动发挥自己的长处，相互帮助，相互学习，共同体验，人人都有所收获。对我们而言，也就达到了教学目的。

怎么充分发挥 MOODLE 平台中讨论区的功能呢？结合教学实际，我认为这个讨论区具有多线交流、复式交流、异步交流、分层结构、过程调控、过程评价、提取数据容易等特点，但是在实际教学时，要注意以下一些问题。

1. 讨论问题的提出

问题提出要分为两个方面：一方面是教师结合本专业的发展和授课内容事先设计的问题，问题不宜太多，要根据自己的课时来确定适当数量的问题；问题不宜太大，太大不能集中讨论，不好深入；问题设计还要灵活多样，可以根据教学进度随时调整（充分利用 MOODLE 里的"小眼睛"功能来控制调整）。另一方面是充分发挥学生的智慧，由学生根据自己的学习实际提出问题。这样的问题是学生最想了解的问题，更能激发学生们的学习激情，促进相互帮助、相互学习，甚至促进彼此激励与竞争，充分调动每一位学生的学习积极性。

2. 讨论区中的调控

在进行生生互动的讨论过程中，教师的作用丝毫不比平常少。教师需要及时调控对问题的讨论。由于一个学生可以提出多个问题，如果学生选的话题太多，也会影响讨论质量，所以教师可以在讨论过程中及时调控，让学生对那些感兴趣的问题进行回答，对于其他问题则可以不去参与。教师还需要对学生的问题和回答进行引导，如果学生回复的帖子与主题偏离太远，教师需要将其引导回来。另外，不同的学生参与讨论的积极性也不一样，我们可以充分利用 MOODLE 里的过程评价功能来促进学生的参与性，例如规定至少要发几条帖子才可以获得奖励分、分小组协作竞争获得协作分，等等。

3. 课后分析与延续

由于我们的讨论是基于 MOODLE 网络学习平台的讨论，因此师生讨论、生生讨论的主要内容都会保留在网络平台里。课后，我们可以对学生的帖子进行深入分析，了解学生的掌握情况，回答学生不能解决的问题。学生也可以浏览其他同学的帖子来深化对某个话题的理解；有时，学生提出的问题教师也不知道怎么回答，那就可以到课后用充分的时间来查阅资料、考虑相关话题，并给学生满意的回答，从而做到课后学习交流的延续。

当然，真正要利用好 MOODLE 平台里的讨论区功能，不是一件容易的事，我们还需要进一步的教学尝试与实践，从而提升学生的学习品质。

二、利用校园网开展德育

一般来说，现实生活中容易犯错误的人，或者有倾向的人，很容易在网上把握不了自己。因此，要有效引导孩子健康利用网络并形成习惯，道德问题是首先要解决的问题。当然，这是需要一个教育团队一起努力的，除了老师、家长的努力外，还需要学校以及社会的支持，形成一支具有强大引导力量的教育团队。在学校德育教育工作中，要有一个系统的方案，充分利用各种手段进行道德教育。

（一）利用校园网开展传统节日教育（杭州长江实验小学 董群）

中华民族历史悠久，源远流长。中国的传统节日，凝结着中华民族的民族精神和民族情感，承载着中华民族的文化血脉和思想精华，是维系国家统一、民族团结和社会和谐的重要精神纽带，是建设社会主义先进文化的宝贵资源，是对青少年进行思想道德教育的重要载体，是文化认同、民族认同、国家认同的重要标志。学校要结合学生成长发展的特点，充分发掘传统节日所蕴涵的文化内涵，突出教育重点。

1. 在校园网上建立各种传统节日的信息资源库

网络一大特点就是资源丰富，我们可以充分运用网络资源为教育教学服务。如果网上没有，我们可以自己制作资源放到网上，供老师和学生使用。

（1）利用校园网开发"春节"文化教育，建立春节信息资料库

春节，作为中华民族最隆重的传统节日，是凝聚亲情、传递友情、联络感情的重要节日。春节文化，集中体现了中华民族传统文化的丰厚底蕴。在校园网上建立"春节网络资料库"便于学生学习。资料库的内容主要有：能反映春节文化的"春节网络歌曲"；各类与春节相关的图片、动画、视频等文件；关于春节的各类主题贴吧。在校园网上开发的资料库的内容要突出春节的辞旧迎新和祝福团圆平安、兴旺发达的主题，营造家庭和睦、安定团结、欢乐祥和的喜庆氛围，进而引导学生感受亲情和友情，践行文明、谦让的礼仪规范，培养"明礼诚信、团结友善、勤俭自强"的精神品格。

（2）利用校园网开发"清明节"文化教育，建立清明信息资料库

清明，是一个追忆先贤的日子。围绕清明节的"祭先烈、敬先贤、忆先人"的感恩思源、面向未来的主题，通过家庭追思、缅怀先烈、敬仰先贤等纪念活动，引导学生珍惜幸福生活，激发学生传承中华民族"坚强勇敢、不怕困难、坚韧不拔"的意志和品格。

在校园网上建立"清明网络资料库"，便于学生学习。资料库内容主要有：建立"清明网络歌曲库"，播放纪念革命烈士的歌曲；建立"清明网络论坛库"和"清明节"贴吧，便于学生抒发情怀；"清明节链接库"，链接相关清明网上扫墓献花献词的优秀网站，做到资源共享，让学生在清明节网上扫墓活动中祭先烈、敬先贤、忆先人。

（3）利用校园网开发"国庆节"文化教育，建立国庆信息资料库

"国庆"一词，本指国家喜庆之事，最早见于西晋。西晋的文学家陆机在《五等诸侯论》一文中就曾有"国庆独飨其利，主忧莫与其害"的记载。我国封建时代国家喜庆的大事，莫过于帝王的登基、诞辰（清朝称皇帝的生日为万岁节）等，因而我国古代把皇帝即位、诞辰称为"国庆"。我们中华民族是伟大的民族，中华民族的历史是伟大的历史。我们的先人曾经创造了和世界上其他民族并立而无愧的灿烂的文明。只是到了近代，在帝国主义、封建主义、官僚资本主义的侵略、压迫下，我们落后了。但是在百余年来反对"三座大山"、争取解放的斗争中，中国人民表现出的坚韧不拔、英勇献身、前仆后继的革命精神，在人类史上也是少有的。特别是中国共产党人在马列主义、毛泽东思想的指引下，集中地继承了中华民族的优秀品质，经过长期斗争，终于领导中国人民获得解放，建立了中华人民共和国，写下了中国历史上最光辉的篇章。1949 年 9 月的政协一届一次会议上决定把 10 月 1 日定为国庆节。在 1949 年 10 月 1 日宣告中华人民共和国成立，这是中国历史上一个最伟大的转变。通过国庆节的文化教育，激发学生学习革命先烈坚韧不拔、英勇献身、前仆后继的精神和强烈的爱国主义情怀。通过建立"国庆网络资料库"，汇集各种关于国庆节文化的资料，便于学生学习。资料库的内容主要有："国庆网络歌曲"，播放跟"国庆节"有关的歌曲；"国庆网络论坛库"，开设"国庆节"相关的主题贴吧，便于学生抒发情感。

（4）利用校园网开发"中秋节"文化教育，建立中秋信息资料库

在"中秋节资料库"的建立中，要突出中秋节的团结、团圆、喜庆丰收的主题，了解"和"文化的内涵，努力营造民族团结、国家统一、社会和谐、家庭幸福的节日氛围，引导学生学会正确处理"人与自我、人与他人、

人与社会、人与自然"的关系，培养健康人格。建立"中秋网络资料库"，意在汇集关于"中秋节"文化的资料；建立"中秋网络歌曲库"，播放关于中秋节的一些歌曲；建立"网络论坛库"，开设中秋相关的主题贴吧。

（5）利用校园网开发"重阳节"文化教育，建立重阳信息资料库

重阳节是"老人节"，本质上是关怀父母，彰显老一辈的生命给予，尊崇传统的久远绵长。重阳节尊崇"老人"，不仅仅是彰显中华文明"尊老爱幼"的传统，而且隐含着张扬文化必须张扬生命，关注生命就是关注文化——这也是重阳节所含的双重意义。从人类学的高度，一年一度的佳节，尤其在中国，都与时令和节气相关联。无数诗词与时令唱和，体现着个人的生命与大自然万物的交相呼应，凸显了自我在自然中的生存，且总有着一种生命的提示：崇生、养生、爱惜生命、敬畏自然。在学校的校园网上建立"重阳网络资料库"，供学生学习，包括："重阳网络歌曲库"，主要播放跟"重阳节"有关的歌曲；"网络论坛库"，开设"重阳节"相关主题贴吧，让学生抒发情怀。

2. 利用校园网上已建信息资料库，进行互动活动

要利用校园网上已建立的传统节日信息资料库，寓教育于活动之中。即以活动为载体，结合学校各项工作，精心设计内涵丰富、形神兼备、形式多样的主题活动，吸引学生广泛参与，让学生在活动的直接参与中潜移默化地受到感染，乐在其中，育在其中。如开展撰写"春节慰问信"的比赛，并将学生的作品上传至网络资料库中。

在活动中要注重学生的参与性与体验性。即活动要立足于学生乐于参与和便于参与，能发挥学生的主体作用，为学生创设"自我设计、自我体验、自我教育、升华感悟"的机会，使学生在亲身参与和情感体验中，了解传统节日的来历及风俗，感受传统节日所蕴涵的深厚文化内涵，使传统节日成为荣辱观、人生观和价值观教育的有效载体。

要利用校园网上已建的信息资料库，把传统节日教育贯穿于教育教学之中，充分挖掘品德、语文、科学等学科中蕴涵的传统节日的丰富内涵，推动

民族文化的优秀传统进课堂、进教材。要加强民族传统节日文化知识的普及工作，增强学生对传统节日的认知和理解。要把传统节日蕴涵的中华民族传统美德，纳入学生日常行为习惯养成的教育体系，同学生的日常思想教育和管理紧密结合起来。

利用校园网上已建信息资料库，形成学校、家庭、社会联动机制。注重学校、家庭、社会在传统节日教育中的整体氛围的营造，使传统节日与现代生活方式相适应，形成团结互助、平等友爱、温馨和谐的社会环境。有效整合教育资源，依托宣传、理论、新闻、影视、文艺、出版等部门，积极利用青少年活动中心等校外教育机构、社区教育中心、社区文化中心等丰富的社区资源，依托各类博物馆、纪念馆、展览馆、烈士陵园等爱国主义教育基地，开展传统节日教育，营造良好的社会育人氛围。

兴趣是学习的最好的老师，由于中小学德育工作本身的局限性而导致学生自主学习资源不足，难以最大限度地激发学生的学习兴趣，真正实现师生、生生之间的协作学习和交互学习。而高科技所带来的校园网，却给中小学德育传统文化教育工作注入了新的活力，使教学活动内容和形式变得丰富多样。我们可以充分利用网络，创生和优化网络传统文化资源，彻底改变传统节日文化教育中的"重灌输、轻学法"的弊端，让德育工作重新焕发生命的活力，从而有效地培养学生的民族精神。

（二）利用学校网络交流平台润物细无声（杭州市萧山区瓜沥镇第一初级中学　俞彦良）

近年来，随着信息技术教育在中小学的普及，学生对于网络的接触越来越频繁，中小学网民已经超过总网民数的四分之一。面对复杂互联网环境里的这一庞大弱势群体，他们在网上生存的情况如何？表现如何？这非常值得我们教育工作者去关注和思考。当然，面对这一新问题，很多专家、学者正在积极地研究对策。我校为此专门设立了网络版"校长信箱"。这个公开互动的"校长信箱"在本地教育界小有名气，在设立至今的三年多的时间里，共收到了有228个页面、总计超千条的留言。该信箱秉着"以人为本"的原则，广泛听取师生和社会的意见。为了准确、及时、动态地了解校内发生的一些情况，信箱内的每一则信息基本作到了及时、有效地回复、反馈。在双方的交流互动中，网络德育得以潜移默化地渗透其中，育人犹如春风化雨般润物细无声。由于写信的对象大部分是在校学生，所以在这里，我们根据该信箱中学生的留言情况，选择有代表性的对话进行情景再现。

情景1：某学生通过网络，向校长表述自己无缘无故心情不好（如"情景1拷贝图"），期望得到帮助。（针对类似的问题，学校还专门设立了心理咨询网络板块，帮助学生走出心灵的灰色地带。）

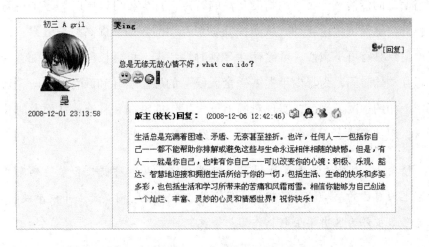

图 5.3.1 情景 1 拷贝图

分析：青少年阶段是孩子生理和心理发育的关键阶段，由于年龄和心理上的局限，他们认识自己、正确评价自己和自我调节的能力还不是很强。再者，在与同学交往过程中，难免会碰到一些问题，产生一些摩擦。因此，他们需要有一个心理交流和心理倾诉的对象和场所。虽然学校里已设置了心理健康室，但是常常是门可罗雀，"经营惨淡"。而网上的这么一个交流平台正好解决了这一问题，好多学生都利用上网时间诉说心情和寻求问题的解答，他们渴望获得与成年人同等的交流自由，渴望得到网络上良师益友的帮助和指点。这种以网络为中介，以文字为载体，以虚拟化的交流角色为主体的交友方式，具有间接、虚拟、平等、自由的特点。而且网上交流是虚拟的平等交流，可以自由选择交流对象。这正是青少年学生内心渴望的一种交往方式，极具吸引力。在现实生活中，这样富有亲和力的德育模式是中小学生乐于接受的，也更能取得实效。本情景中，校长通过了解该生的具体情况，分析问题所在，及时帮她解除内心的苦闷和外在的干扰，使她很快从阴影中走了出来。

利用网络进行德育工作，教育者有时可以以网友的身份和青少年在网上"毫无顾忌"地进行真实心态的平等交流，这为德育工作者摸清、摸准青少年的思想并开展正面引导和全方位沟通提供了新的快捷的方法。此外，由于网络信息的传播具有实时性和交互性的特点，青少年可以同时和多个教育者或教育信息保持快速互动，从而提高思想互动的频率，提高教育效果；由于网络信息具有可下载性、可储存性等延时性特点，可延长教育者和受教育者思想互动的时间，为青少年提供"全天候"的思想引导和教育；同时，还可以网上相约、网下聚会，实现对网上德育工作的滋润和补充，从而及时化解矛盾，起到温暖人心，调动积极性，激发创造力的作用。

情景2：书社的学生成员利用网络平台，在表达对校长和学校感谢的同时，也为自己的画册进行了宣传。后来这本画册被印刷成册，并被学校收藏，其电子版被评为区中学生电脑作品一等奖。

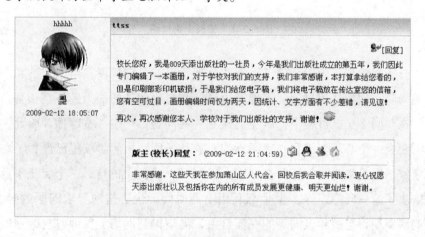

图 5.3.2　情景 2 拷贝图

分析：当一个学生经过努力达到预期目标后，总是希望得到教师和父母的认可或给予适当的奖励。奖励和承认及时、合理，就会鼓舞他们再接再厉，取得更大的成绩。该生后来得到校长的回复和鼓励。"编辑的过程是艰辛而枯燥的，但是，过程是美好而令人向往的……社会、学校的认可是我们最大的荣幸，看到了上楼的老师的评论，原来生活是这么简单如文学啊！"正是那位学生在得到肯定后所流露的肺腑之言。

在后续的留言中，该同学通过校长信箱这个平台，成功地把书社的博客地址和学校网址进行了友情链接，提升了书社在学生中的知名度，吸引了更多的文学爱好者的关注，同时该画册的电子稿被推选参加区中学生电脑作品比赛并获一等奖。

一个优秀行为通过校长信箱这个全天候的网络平台被"广播"后，它所产生的效果是一般传统方式难以企及的。而随着对一些优秀行为、优秀品质的欣赏和认可逐渐增加，就自然而然在网络形成一种健康向上的积极氛围，从而可以激发学生的潜能，增加学生的自信心，坚定学生的追求目标。它犹如在网络上的一面旗帜，对学生的价值观、人生观进行着正确的教育、引导并让学生理解和认可，这也很可能改变很多孩子一生的命运。

情景3：某学生通过校长信箱，对学校的午餐情况给出了一些意见。（信箱内经常可以收到学生对于学校后勤服务、环境卫生、教育教学等方面的改进意见。）

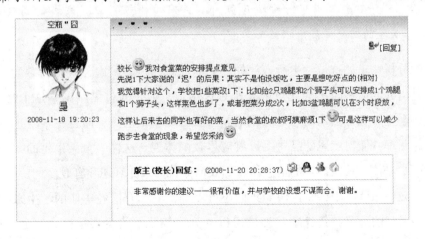

图5.3.3　情景3拷贝图

分析：以前学校的校长信箱是挂在校园的宣传窗旁边的一个小木箱，每周一去开箱，往往是空空如也，有时可能是几张糖纸，一个学期下来，收到的信件寥寥无几。自从把在墙上挂了多年的校长信箱搬到校园网上后，基本上每天都可以收到一些意见和建议，其中不乏时效性和针对性极强的。新的意见箱与以前不同，任何一个学生"塞进"的意见，大家都可以一目了然地看到。而校长及时、耐心的回复更是让这个平台成为了学生们和校长直接对话的纽带和桥梁。

同样是校长信箱，为什么两者所产生的效果会有那么大的不同？首先，是网络拉近了学校与学生之间的距离，让信息的传达通道得以畅通和便捷。其次是学生的主人翁意识得到激发，校领导能通过网络及时发现问题，并及时给予反馈，从而及时化解矛盾、改进工作，真正把学生的利益放在心里。再次是采用匿名上网的方式，由此流露的思想和看法大多是真实的，对话双方可以毫无保留地表达意见。而在传统的问卷调查和谈心中，有许多人常常伪装自己，不愿意流露真情。因此，这样的网络交流方式已受到越来越多的学生的信任，而学生在网上流露的想法为学校提供了第一手材料，使学校各项工作的针对性更强了。

情景 4：一名学生在留言中说：老师，真的对不起，我们总是很调皮，很不懂事。你真是一个好老师，我们大家极力挽留，这些在你面前说不出来的话，只好在这里说了，希望你能看到，谢谢你，还有原谅我们的任性。（随后版主的回复充满着温情和赞赏。）

分析：正如这位学生所言，如此充满悔意的道歉又饱含诚恳的感谢，如果是当面的话一时半会儿可能是很难说出口。但是通过借用网络这个平台，这位学生"谢谢还有对不起"的心情不仅得以畅快表达，而且中学生这种越来越明理并懂得感恩的品质得以淋漓尽致的体现。这样一个活生生的案例在师生中流传，其所产生的情感体验比任何说教都来的真切和有效。

在信箱留言中，每逢假期我们还可以经常看到有已经毕业的学生来问候母校老师的近况，每逢节日经常可以看到家长朋友的留言祝福。一个校长、几百老师、几千学生和上万家长在网络这个"无障碍"通道上进行坦诚交流

谢谢还有对不起

单老师，真的对不起。三年来，我知道你为我们付出了很多，但我们总是很调皮、很不听话、很不懂事。进入初三后，我感觉你总是很针对我，因此我总是很讨厌你，不愿怎么理你，这些真的很对不起。你真是一个好老师，否则在你上次说初三可能不会教我们以后，我们大家不会极力挽留。这些话在你面前说不出来，只好在这里说了，希望你能够看到，谢谢你，还有原谅我们的任性。

版主(校长)回复：(2009-01-03 14:40:42)

看到你的留言，我感到很欣慰，相信单老师也一定会感到很开心、很满足。随着思想的丰富和心智的发达，包括你在内的同学们越来越明理和智慧、越来越懂得辨析和判断，越来越珍惜和感激这个世界以及周围的人——包括老师、父母和同学、亲朋好友以及其他所有秉持着真诚、善良、正直的品德的认识或者陌生的人们——所给予我们的支持、帮助和温暖——虽然有些是我们不能明确感受到的，这正是教育的真谛和意义所在，也是作为老师最深切的希冀和渴盼。相信并祝愿你(们)在老师们的教育、指导下，能不断进步、成长、成功！谢谢。

图5.3.4 情景4拷贝图

和良性互动，师生关系、家校关系在网络大环境下实现了无缝对接。有的老师可能会说一些学生不懂礼貌，"见到老师不问好，见到长辈不说话"，殊不知这个现象背后所隐藏的原因可能是老师、家长高昂的头或者是威严的神情。而这个问题在宽松自由的网络环境中就不存在了，一词一句的真情流露，着实让我们为孩子成长和懂事而欣喜万分。有人说对孩子的教育中其实"俯下身去就是爱"，但是我们大人往往无法做得很到位，而恰恰是我们的孩子，通过网络这个窗口伸出了友好的"双手"，此时我们要做的就是捂暖那双曾受伤的"小手"。

情景5：在一则回复中，有学生分别以学生家长、爸爸、妈妈等身份短时间内重复登录，并写下"不是实名制我怕谁"的留言。对此，回复给予耐心劝说和批评指正。

图 5.3.5　情景 5 拷贝图

分析：任何事情都具有两面性，网络也是一柄"双刃剑"。网络环境下，中学生在无监管的环境下上网，极易产生一系列的心理、道德问题。有人说"在网上，没有人知道你是一条狗"，这一句网民间的流行语反映了网上交流的主要特点，上网者不仅可以隐瞒姓名，甚至可以隐瞒性别、年龄、种族和社会地位等。匿名上网，不受名累，不为知者熟人所束，有一种重新做猴子的自在，也有一份隐身不受管制的安全。遨游在网络中的人不需要真实的姓名、身份，因此，人潜在的一些不良心理就会爆发出来，尤其对于青少年学生来说，自我克制能力本身不是太强，在这种情况下，就有人开始撒谎，开始恶作剧，甚至以此为乐。其实不管匿名不匿名，爬过的地方总有蛛丝马迹，路过的地方总有气味留存，记录下的其实都是信息。

我们在享受网络技术给我们带来的各种快捷便利的同时，也要看到网络生活给人们尤其是青少年学生带来的负面影响。"水能载舟、亦能覆舟"，很多自控力不强、涉世未深的中学生一到网络世界，就感觉到了一个无拘无束的世外桃源，肆意妄为。网络上的匿名的特性也使得一部分孩子的人格表现异常，在现实生活中的好孩子在网络世界中可能扮演着"暗黑破坏神"的角色。

在学校教育层面，需要本着客观、宽和、正直的原则，理智、善良地看待孩子因需要找人来证明自己的观点而采取的一种略显幼稚和不当的做法，并通过耐心的疏导和规劝以帮助留言者有效地摆脱本不存在的烦恼，进而重新找回失去的快乐！

对于网络交流平台下中小学德育工作的这块新阵地，我们要尽快地占领并坚守它。这是以德育为核心的素质教育的内在要求，是德育工作在新的历史条件下的一个重要方面。对于青少年来说，他们的自制能力弱，猎奇心强，尚未形成较为成熟的是非观，但是对学生网上道德问题不能"堵"，而要"导"，这已成为社会各界共识。学校作为专门的教育机构，应当顺应时代发展，积极有效地利用各种方法开展各方面工作，同时也为社会其他部门提供营造和谐、文明、健康的网络的前沿信息和经验。可以相信，如果得到正确的认识和良好应用，网络这匹难以驾驭的马车必将为我们的教育教学工作服务出力。

（三）利用网络交流进行诚实教育

诚实是一个人的优良品德，也是一个人要获得最终成功的必要条件，上网的孩子尤其需要这种品质。所以如何利用网络对孩子进行诚实教育是一个新的课题。关于这个课题，杭州师范大学继续教育学院德育班学员、杭州康桥中学的蔡飞是这样认为的——

现实生活中，诚实往往是家长、教师首选的德行。网络交流中的诚实教育也是网络道德教育的首选。网络交流中的诚实和现实社会生活中的诚实在概念上没有什么不同，都是指"交往中内心与言行一致，不虚假"，"欺骗"是"用虚伪的言行隐瞒真相，使人上当"。[①] 网络交流的实现需要以计算机网络为中介，这使得网络交流显得与众不同，中学生喜爱用计算机上网而却往往在家长和学校的限制或干涉下使用。网络交流以文字、声音、图像及其他多媒体为媒介，中学生网络交流的形式多样，有邮件、游戏聊天、博客和即

---

① 刘次林. 以学定教——道德教育的另一种思路［M］. 北京：教育科学出版社，2008：156 – 156.

时聊天工具，其中最受中学生欢迎的网络交流方式是 QQ 聊天。笔者所在学校是杭州城郊的一所农村学校，近半的学生是外来打工人员的子女，即使是这样的一所学校，在初一新生的问卷调查中发现：85% 的学生有过 QQ 号，72% 的学生现在仍用 QQ 进行网络聊天。

不少信息技术教师都有过这样的体验：学生在上信息技术课时对 QQ 聊天非常期待，常会请求教师让他们上 QQ 看看好友。中学生的网络交流经历五花八门，笔者曾经在课堂上听 A 班学生爆料：张同学（同班一男生）在 QQ 上扮女生，让网友给他 10Q 币。该班学生的反应大致有两类：一类是对这位男生能通过 QQ 聊天取得 Q 币表示钦佩；还有一类是对他能在 QQ 上扮女生表示好奇和惊讶。对于这位学生的行为是否诚实则无人关心。暂且不看张同学在 QQ 中改变性别是否是种欺骗行为，学生在生活中缺乏应有的道德判断，更让笔者担忧。当道德判断长期缺场，学生的道德品质会在何等水平？道德品质的提升又从何而来？中学生网络交流中的诚实教育不曾欠缺过，但这样的结果显然不是我们想要和需要的。怎样看待和实施中学生在网络交流中的诚实教育？对此，笔者有以下想法。

1. 中学生网络交流中的"性别欺骗"，有时可以排除在道德问题外

"网络交流中的性别欺骗"在家长和教师看来绝对是一种不诚实的行为。各类媒体常有报道网络中有人用异性性别骗取网友虚拟或真实财产的恶性事件。在和中学生的随机访谈中发现，有不少学生因为觉得好玩而在网络交流中曾用过异性性别，而其中不少学生在现实生活中并没有给师生留下不诚实的印象。这给笔者一个启示，对于网络交流中的这种"不诚实"，我们或许可以把它从道德问题中排除，而从网络交流的特殊性角度来解读。

中学生喜爱网络交流，有中学生对新事物具有强烈好奇心和快速接受力的原因，其实还由中学生现在的生活状态决定：以笔者所在学校的学生为例，他们的在校时间基本超过 10 小时。学校追求精细化管理，从日常穿着、仪态仪表到一言一行都对学生有严格的要求。各种规范约束着他们，一旦越雷池半步，即有教师和同学的监督与惩罚，除此之外更大的压力来自教师和家长

要求他们的学业成绩不断进步。在现实生活的高压之下，网络交流让他们有情感宣泄的平台、满足精神生活需要的平台。这都是由网络交流所有的任何其他交流形式不可替代的优势决定的：首先网络聊天对象的匿名性；因为匿名，他们能够做主给自己换个想要的名字；因为匿名，他们的言行不再受到教师、学生的监督，他们的世界打破了学校、家庭的局限，融入到了全球性的大社会中，此时什么校规、班规都不能制约他们，同时网络的监督机制弱化甚至悬置；因为匿名，中学生可以宣泄自己的情感，打破现实生活中的心理防御，显露一个最真实、没有作假的自我；因为匿名，中学生能尝试在网络中重新塑造自我。

其次，网络交流中中学生能改变现实生活中原有已固定的分层。中学生在现实生活中最主要接触家庭和学校，在这个小范围的社会中，学生也不是人人平等，而是由他们的成绩、能力、家庭条件、容貌等决定，但在网络交流中他们能凭借网络中的经验和能力改变自己的分层。分层标准的改变使得学生们能尝试以其他在现实生活中很难实现的角色在网络中存在。网络交流中的"性别欺骗"，或许就是学生的一种角色扮演。

角色扮演就是站在角色的立场，设身处地地尝试和体验另一种生活方式和行为模式，改善和提升对对象角色的理解，扩展生活自觉。网络交流中的角色扮演不属于自己却是真实的角色行为，它有利于学生拓展自我的内涵容量，当学生面对不同的环境、不同的对象时能更具有弹性。笔者和案例中的男生有过一次朋友间的深聊。对于"为什么QQ聊天时用女生性别"，他说开始只是觉得好玩，想挑战下会不会被网友识破，曾尝试加同班中不知情的同学为好友，和对方聊天发现对方竟然没有发现，觉得挺有趣。在一段时间的观察和对学生的访谈中，笔者发现，在现实生活中他和同学的关系都比较好，对于需要帮助的朋友他都能尽自己的能力给予帮助，特别是女生。笔者猜测这位男生在网络交流中的性别改变是一种"角色扮演"，他想在网络中尝试"女生被男生帮助"的感觉。

网络交流让中学生有了一个平台能够尝试和实现不同的自我。内向，不敢在同学们面前说话的学生能通过键盘流利地表达自己的思想，感受交流的乐趣，找到自信，并促使自己在现实生活中和同学的交流越来越多，并最终改变"独行侠"的生活方式。其貌不扬的学生因为自身的知识和才华在网络交流中博得了对方的赞赏，找到自信等。因此，作为教师的我们在看中学生网络中的"性别欺骗"时，可以把它作为网络交流特殊性产生的自我重塑和角色扮演。

2. 改变中学生网络交流中关于诚实的认识

无论是现实生活还是网络生活，我们总宣扬诚实是美德，我们要做诚实的人。其实从"诚实"的定义中并不能看出"诚实"是美德，"欺骗"是恶德，因为道德具有相对性。有时候，"内心与言行一致，不虚假"是不道德的，甚至是违法的，而有些恶意是通过残酷的真话来表达，有些美德要通过谎言来体现。以教师对学生的诚实为例，如果教师对学习成绩差的学生实事求是地告诉他：你的成绩在全年级中最差，你这学期的学习一点进步都没有，按照你这样子学习，要通过初中毕业考试是绝不可能的。有这种问题的学生确实存在，碰到这样的老师，我们还会以"这位老师很诚实"赞誉他实施了美德吗？显然不会。教师若以这种诚实对待学生，对教师而言，此时的诚实就是一种恶德了。

诚实作为一个德目，仅仅是经过抽象后的中性词，它本身并不具备固有的价值成分。价值产生于关系，不把诚实置身于人际关系中，它既不是美德，也不是恶德。中学生的网络聊天对象可以分为现实生活中认识的人和网络中的陌生人。在社会生活中绝对的诚实尚且不可能，在网络社会中更是如此。对于现实生活中的朋友诚实是应该的，同时对于现实生活中认识的人，网络交流能显现出比现实生活中更大程度的诚实。面对面无法说出的话、想给他提的建议，在网络交流中能更容易顺理成章地表达出来，对于主要使用文字的网络交流能更深思熟虑地考虑要说的话，也有各种符号向朋友表明自己的真心。对于陌生的网友没有必要用友爱关系的诚实规范来同化，陌生关系中的诚实有时会导致伤害。笔者的一位学生陈某，曾和一网友相聊甚欢，两人常在网络中互相诉衷肠，还交换所在学校地址、家庭地址和联系电话。有一次，该网友心情不好约陈某在西湖见面，见面时那位网友因一时想不开想跳西湖，竟怂恿陈某一起跳，陈某不答应，该网友就威胁把他们之间的聊天内容告诉陈某的家长和同学。虽然悲剧没有发生，但这段网聊经历给他带来了很长时间的困扰和痛苦。像这样因网络交流中的诚实而导致的恶性事件并不少见。

诚实作为一种美德是相对的，在引导学生认识诚实时我们可以应用"三维"诚实教育。"三维"诚实教育源自刘次林教授提出的"三维"德目教育。① 所谓"三维"德目教育，就是把"德目"理解为由概念（度）、情境（质）和动机（量）构成。"三维"德目教育认识到道德知识不是事实型知识，而是价值型知识，价值知识是关系的产物，其学习应该在"局内"的道德关系中学会运用"关系"思维。道德学习需要概念的学习，也需要情境化的价值建构过程。"三维"诚实教育也是如此。

3. 中学生对道德事件的道德判断

道德教育的主要目的是培养儿童的道德判断力和推理能力，以此促进儿童的道德发展。中学生网络交流中的诚实教育的主要目的也是要培养中学生的诚实判断力和推理能力。对于 A 班张同学的事件，笔者在 B 班以此为案例让学生对张同学的行为进行判断，学生们大都认为张同学不诚实，表现在"QQ 聊天时男扮女装"和"骗网友的 Q 币"上。A、B 班是本校同年级的普通班，从班主任和其他任课教师的交流中得到的认定是，这两个班学生的诚实品质是同层次的，而在张同学的这件事上他们的道德反应却截然不同：A 班的大部分学生缺乏自己的道德判断，B 班的绝大部分学生能对道德事件作出符合社会主流的道德判断，前提是有人需要他们作出判断并且提醒他们作出判断。当缺乏这个前提时，他们更容易喜欢并善于模仿他人，而在事件面前缺乏了道德判断力。道德判断的长期缺乏，势必有更多学生会误以为这是被允许的，会模仿他的行为；道德判断的长期缺乏，会使中学生的网络道德行为出现严重的偏差，甚至影响道德认识和心理，而网络心理也会潜移默化地影响现实生活中的道德心理和行为。

---

① 刘次林. 以学定教——道德教育的另一种思路［M］. 北京：教育科学出版社，2008：153 - 155.

美国现代德育心理学家科尔伯格（Kohlberg, L.）认为，人的道德成熟的标志是他能够作出自主的道德判断和提出自己的道德原则，而不是重复权威主义的行为习惯或遵从周围成年人的道德判断。他认为道德判断是道德认知发展的核心因素，是道德情感、道德意志和道德行为的前提。杜威（Dewey, J.）在《教育中的道德原理》中也认为，"道德观念"与"关于道德的观念"之间是有区别。所谓"道德观念"是能够影响行为，使行为有所改进和改善的观念。它已经成为人的品格的一部分，从而成为行为的动机部分，见效于行为之中，使行为有所改善。而"关于道德的观念"则是指对道德有某种认识，但是这种认识并不影响有关的行为。

现有的中小学教育使中学生已经有对诚实的认知。德育体系中的诚实教育从小开始，各门学科的教学中也渗透有诚实教育。以信息技术为例，浙江科学技术出版社的《小学信息技术》第四册第一课《走进因特网世界》中有倡导少年儿童网络文明行为的《全国青少年网络文明公约》，其中有一条就是"要诚实友好交流不侮辱欺诈他人"，在配套教材《初中信息技术》的第二册第八课《做合格的网络公民》中也有同样的内容。中学生的已有认知支持学生能进行道德判断，但没有在需要道德判断的时候表现出来，没有带来相应的道德行为，原因在哪里？在于学生的道德判断只是停留在道义判断。科尔伯格把道德判断分解为道义判断和责任判断两个步骤：道义判断是主体根据道德规范和原则对一个行为之正确与否、应该与否作出的判断；责任判断是主体根据道义判断来思考自己是否应该在行为上履行它。道德判断的缺乏和欠缺，正是学生们有发达的"关于诚实的观念"而没有带来"诚实观念"的原因，这也促使我们反思现今中学生网络诚实教育的科学性。

4. 践行体验式 "三维" 网络诚实教育

现在的中学生网络诚实教育强调诚实的绝对性，重结果轻动机，以一种具有绝对色彩的"诚实"教育学生，没有把诚实分解成适合学生年龄特征的阶梯。我们对诚实的教育一般分三步走：概念分析法了解诚实、道德故事法理解诚实和榜样示范法倡导诚实。这种教育法被专家视为抽象化的"美德袋"教育，被教师广泛应用。

　　笔者对杭州市拱墅区的中小学信息技术教师做过关于"网络诚实教育"的访谈。访谈有两种形式：面对面的交流和在拱墅区信息技术教师 QQ 群（该群由拱墅区信息技术教研员建立，群号 46726276）。我在访谈中发现，中小学信息教师对于"网络诚实"的教学首先建立在"学生已经了解诚实，现实生活中和网络中的诚实要求是一致的"预设之上。"诚实教育"分成两步：第一步要求学生"要诚实友好交流 不侮辱欺诈他人"，第二步从网络世界中提炼出关于由于诚实在网络生活中受到欺骗和伤害，呼吁学生在网络交流中保护自己。似乎教师在网络交流中的诚实教育体现了诚实的相对性，这种相对化的诚实是在要求诚实和行为时可以不诚实之间。但以学生现阶段的认知水平，他们看到的是自相矛盾，会认为老师很虚伪，会产生"诚实就是说一套、做一套"的错误认识。

　　因此，诚实教育的模式需要更新。首先，要让学生从"概念、情境和动机"三个维度认识诚实，在网络交流的情境中判断诚实，根据动机来评价"诚实"的价值。其次，要把思维训练和道德实践相结合。学生的思维训练可以运用科尔伯格的"道德讨论法"，具体做法是教师通过引导学生对道德两难问题进行讨论，引起学生的道德认知冲突，激发学生进行积极的道德思维，从而促进其道德判断和道德思维能力的发展。

　　笔者曾运用"道德讨论法"进行网络交流中的诚实教育，具体设计如下：①学生分组——教师根据学生使用网络交流的频率和道德品质水平把全班学生分成六组，平均每组 6 人，确定组长和记录员；②以"网络交流中是否需要诚实"为主题进行讨论，并记录主要观点；③每组分享本组的观点和依据，组间进行讨论。教师在小组讨论之前强调讨论时要相互尊重，并用PPT（幻灯片）显示"绝对诚实"、"相对诚实"和"三维诚实教育"等讨论的主要要点。通过对"网络交流中是否需要诚实"这个两难问题的讨论，引起学生的意见分歧和认知失衡，向学生揭示比他们高一阶段的推理方式，引导学生在比较中自动接受比自己原有的道德推理方式更为合理的推理方式。小组讨论之后，请每位学生客观评估自己在网络交流中的诚实问题。

　　网络的本质在于沟通，网络交流对象的不确定性和网络社会的复杂性，给中学生网络交流中的诚实教育带来了更大的难度。网络交流中的诚实与否会影响网络心理和网络行为，网络心理和行为也会潜移默化地影响其在现实生活中的诚实品质。中学生网络交流中的诚实教育不可能立竿见影，在"三维"诚实教育下也更难以一个既定的标准来评价，这需要信息技术教师以更多内心的智慧寻求更佳的教育方法。

三、网络环境下学生健康沟通行为的培养

关于如何培养学生网络环境下沟通行为这一课题，杭州师范大学"浙江省领雁工程信息技术班"学员、景宁县城北中学的林献忠带领他的队员们作了为期一年的研究，具体成果如下。

（一）提高教师的网络素养，发挥教师的主导作用

在网络时代，教师必须增强网络道德教育的意识。教师只有知道学生想什么、上网做什么，并且自己也上网去体验，才能做好学生的工作。只有掌握了网络知识和网络工具，才能与学生共用同一个网络平台进行沟通和交流，并有针对性地开展对学生的指导。因此要先让所有的教师、学生骨干、团员参与到论坛、聊天室、QQ 群等交互性较强的网上栏目中，与其他上网学生以平等身份交流，增强网上德育力度，加强网络舆论氛围的引导。

有针对性地对学校教师进行信息技术培训，培训可包括：

① 课件制作技术。

② 上网技术和网络运用技术，能在网上搜索、下载各种教学资源。要求教师人人有自己的 E-mail 和 QQ 并能熟练地使用，把自己的 E-mail 和 QQ 号向学生公布，学生可以通过网络跟教师交流想法；能在论坛上发帖参加论坛的讨论；能建立自己的博客；同时也向教师介绍一些网上银行、网上购物、电子图书馆的相关知识。

③ 学生常玩的游戏的介绍。培训中分析学生沉迷网上聊天及游戏的原

因和上网玩游戏的危害，让教师在引导学生时有话可说，教育学生时有的放矢。

④ 学习《全国青少年网络文明公约》和《关于加强中小学教育网络建设的意见》。让教师也明白，上网有哪些事可以做，上网该做些什么。

（二）在信息技术课堂中培养学生运用信息技术解决问题的能力

① 适当地对教学内容和教学环节进行优化，把培养学生的信息意识作为一个重要的教学目标，并将以提高学生的信息意识为目的设计教学的相关环节渗透到课堂教学和作业中去。逐步提高学生的信息意识，培养学生良好的使用计算机的习惯。

② 信息技术作业。布置一些综合性的作业最易引起学生的兴趣，主题要接近学生生活，并通过更高效的网络方式完成。比如学了网络搜索，让学生查找一些景宁的风景点的相关情况，并用电脑记事本完成一篇介绍景宁景点及人文情况的文章。

③ 与各学科的知识整合，确定几个难易适中、学生感兴趣、运用信息技术能完成得更好的综合性任务。如语文老师布置的作业是将自己一学期的作文做成一本作文集，那么我们可以要求有条件的学生将自己的作文集做成电子刊物的形式，并将它发到自己的博客上。通过完成综合性的任务，可以锻炼学生的综合能力及发展学生的个性特长，让学生认识到网络的作用，在网络上有事可干。

④ 在任务驱动法的教学模式基础上努力建立无声的信息技术课堂，让师生交流、生生交流、作业的传递都能通过网络来进行。师生之间（特别是信息技术教师与学生之间）采用 MSN、E-mail、论坛等多种交流方式，并让学生在网上收、发作业和发帖讨论，以此来培养学生的信息意识。

（三）加强对学生的网络道德和网络法制教育，对学生的上网行为加以正确的引导

1. 信息技术教师在信息技术课上做好指导工作

在学生上网前，教师应首先接受"网络道德"的教育培训。信息技术教师可适当地安排教材，把信息技术和网络"防害"以及网络道德教育等内容整合在一起，并在讲授上网部分内容前完成这部分内容的教学任务，变单纯的知识传授为综合性的教育和教学。如在课堂中组织学生学习"网络文明公约"、开展上网调查、开展网上道德讲座、引导学生正确对待"网上垃圾"。

2. 引导学生自主管理

每班选举一个信息技术副班长，让他们来协助教师管理机房，如做好点名工作、学生上网情况的监督和记录等，发挥学生的主体作用，培养学生自主管理的能力。

3. 疏导结合，占领网络阵地

（1）开放学校资源，为学生上网创造条件

每周的课外活动时间对学生开放机房，为学生创造在学校上网的机会，把学生从社会上不适宜的网络环境中争取过来。

（2）推荐优秀的青少年网站，让学生健康上网

选择一些适合学生的网站（如丽水市网络图书馆、雏鹰网、童网、迪斯尼网、K12 等）收集在收藏夹中，也可在自己的校园网上建立相关学生网站的链接，让孩子在这些健康网站上"冲浪"。这样就减少了学生接触那些不良网站的机会。

（3）建立个人博客网，促进学生的成长

在网络环境下，我们要提倡让每个学生都拥有自己的个人网页。通过访

问他人的个人网页，让学生学会学习和交往，增进彼此间的情感。

（4）开展丰富多彩的网络活动

成功是人们行为的强劲动力，在互联网这个虚拟世界里，青少年可以实现最大程度的参与，可以尽情地施展自己的才华。因此，学校要开展丰富多彩、内容健康的网上活动，以此来激发学生的求知欲望，让学生获得强烈的成就感，感受成功的喜悦。为此，学校每年开展学电脑作品大赛，并相继安排了信息技术组与语文组、社会组、音体美组联合举办活动周，让学生把学到的信息技术知识应用到实践中——制作出一份份精美的电子报刊、一个个内容丰富的网站，这些都极大地激发了学生学习信息技术知识的兴趣。

（5）办好计算机协会，构建活动阵地

计算机协会吸收的会员分为三类：第一类是计算机操作能力强，有自控能力，家庭环境良好的"电脑高手"；第二类是喜欢计算机，但计算机操作能力相对第一类来讲比较弱的学生；第三类是喜欢甚至沉溺于网络及电脑游戏，自控能力较差的学生。协会针对会员的水平差异，实行"传"、"帮"、"带"为主的电脑培训。关于第三类会员的人员名单则由政教处在实验班中进行收集。

活动时，我们把三类会员分成三个班；活动时间有时一起有时分开，并由第一类会员与第三类会员一一结对开展活动。对第三种情况的会员，我们制订了特定的方案以限制其每周上网的时间及上网的内容。他们则根据我们制订的纲要，自己确定每月目标、每学期目标，并由结对的同学进行监督。

（四）对学生进行教育和引导后的结果分析

1. 取得的成效

对学生进行教育和引导后，明确了上网要遵守网络行为规范。大部分学生都意识到了上网应遵守学校所提倡的网络规范条例，不再将自己的空闲时间消磨在做无意义的事情上，而是更多地利用网络开阔自己的视野和扩充知识。他们自觉控制自己在校内的上网活动。经过调查发现，他们的上网方式如下。

每周上网时间超过 3 小时以上的人数以由原来的 63 人下降到 52 人，但每周上网 1~3 小时的人数由原来的 123 人上升到 172 人上。其中，实验班的上网方式发生了明显的变化：

上网方式	网　吧	家　里	学　校	其　他
百分比	12%	24%	58%	6%

具体上网内容如下：

上网内容	玩游戏	聊　天	看新闻	学　习
百分比	19%	32%	24%	25%

基本上，学生能正确利用网络，上网时不再只是单纯地玩和聊，还会从网络中获取一些对自己的学习、成长有利的丰富的知识，从而开拓了自己的视野，使自己在原有的基础上有所提高，从自己的小天地走向在网络上展示自己。

2. 学生会更进一步地将自己的才华尽情展示出来

学生学习网络、研究网络的兴趣大大提升。他们上网主要是为了学习和有益的交流。各班建立了自己班级的网站，许多学生还申请了博客，经常在博客上写小文章。到网吧上网的人数大大减少。很多学生都变成在学校里、在同伴与老师的监督下上网，从而慢慢地改变了自己的上网习惯。

不过，在学生初学上网时期，还须注意与家长沟通，进行合作教育。建议家长在买电脑前就应该和孩子协商好，确定时间、地点、内容、监督及奖励办法等。最好把电脑放在客厅或孩子和父母共用的书房；摆放的位置不要靠近、背对或正对窗户，远离强光照射；电脑椅高度要适合孩子的身高。在孩子上网之初就要立下规矩：什么时候可以上网，在哪里上网，什么情况下允许上网……总的原则可以参照《全国青少年网络文明公约》，但要结合家庭实际定得更具体一些。另外，教师还可以与家长沟通好，由教师布置上网任务（每次不超过 20 分钟的时间）给学生，同时学生在家上网时有家长陪同。

案例 1　QQ 环境下学生沟通行为的个案研究

杭州师范大学教育硕士　许幼芳

一、研究缘起

（一）学生的沟通能力亟待培养

"沟通"一词，汉语的原意是指两水通过挖沟开渠使其相互流通畅达的意思。沟通有名词和动词之分，作为名词的沟通是指一种状态，作为动词的沟通是指一种行为。沟通一词后来用于比喻两种思想的交流和分享等。

信息沟通随处存在，就学生的发展过程而言，学生与他人之间要形成两种不同性质的关系，这两种人际关系对学生的社会化分别具有不同的意义。哈鲁普（Harupt）把这两种人际关系分别称为垂直关系和水平关系。垂直关系是比学生拥有更多知识和更大权利的成人（主要包括父母和教师）与学生之间形成的一种关系，其主要功能为学生提供安全和保护，也可以让学生学习知识和技能。水平关系是学生和与他具有相同社会权利的同伴之间形成的一种关系，其主要功能是给学生提供学习技能和交流经验的机会。无论是哪一种关系，都需要良好的沟通。[①]

下面的案例说明了学生缺少任何一种形式的沟通，都会给自己的发展带来困惑。

[①]　杨瑾若，刘晶波 . 学前儿童同伴支配行为成因探讨［J］. 乐山师范学院学报，2009（3）：137－140.

小 A 是小学低段的一个孩子。入学三个学期以来，每个学期都获得学校的"示范生"称号（类似于父母小时候的"三好学生"称号），而且是一班之长，还是区里的"三好学生"。

临近第四个学期末了，小朋友们又为自己能在期末被评上"示范生"在积极努力。因为要"示范"，就要求所有科目都优秀。小 A 同学恰巧这时在家里玩滑板的时候把屁股摔着了，心里又不甘落后，仍然坚持每天锻炼，希望在期末体育测试中达到优秀。有天早上，他玩着玩着不小心摔在刚到教室门口的小 B 同学的书包上，摔到了一直很痛的屁股。一怒之下，小 A 把小 B 按在墙上，生气地扇了一个大嘴巴，还自己委屈地不参加早读活动，伤心地哭了起来……

当然，关于小 A 摔伤的事情，老师是事后了解时才知道的，而他的父母也并没有为小 A 因为摔伤自认为评不上示范生而郁闷在心的事和老师做过交流。

事后，老师找过小 A 和小 B 的家长，把这件可大可小的"打人"事件平息下来。虽然双方父母都认为孩子在这个过程中获得了许多，但留下的一些问题不得不引起我们的关注，尤其是对类似于小 A 类型的家长的关注。

小 A 同学一向要强，这次的"滑滑板摔伤屁股"事件对他来说是个巨大的打击，他偷偷做着一切努力，但效果甚微。爸爸也曾劝过小 A，不要把荣誉看得过重，但这个话对于幼小的小 A 来说，并没有打开他的心结，反而他要求爸爸和老师去交流。小 A 把这个焦虑的过程深深地埋在了心底，并导致了他挥手打了无辜的小 B。

从这个案例中我们可以发现，家长是知道孩子的心态的，而且也试图说服孩子不要把荣誉看得过重，可是，孩子不但没有接受还要家长去向老师请求。也就是说，当家长无法与孩子有效沟通时，家长该怎么办？很明显，应该与老师等相关人员沟通，一起商量对策。但是，因为家长工作繁忙，找不出时间与老师面谈，一直拖到事件发生才后悔。因此，在这种时候，如何找到一种不受时间和空间的限制，及时与老师沟通的途径是关键所在。而教师也要及时与家长沟通，了解家长的工作现状和知识水平，教会他们及时与老师沟通的理念和方法。

事实上，当你和孩子在沟通的过程中发现他处理不了的问题时，要帮助他一起分析，帮助他迈出第一步，或者及早和老师沟通，让老师帮助一起解决。有了一次成功排解不良情绪的经验，孩子今后的学习、生活都会受益匪浅的。

（二）信息时代的沟通媒体跃然而出

最丰富的信息沟通方式是面对面的沟通，它提供了及时反馈，并检验了信息是否能被很好地理解，但这种形式往往会受时间和空间的限制。而网络交流克服了时空的限制，成为现代社会越来越多人选择的沟通方式或者成为面对面沟通的辅助形式。

早在 1984 年，当电脑在我国还是一种稀罕之物、尚未进入寻常百姓家时，邓小平就高瞻远瞩地指出："计算机普及要从娃娃抓起！"

有许多教育家或学者也提出，学校应当把网络教育作为日常教育的重要组成部分，普及网络知识，加强网络安全教育，培养学生正确的网上交友观。同时，必须提高教师的网络素养，增强对学生网上交友的指导。培养一批网上辅导员，他们既懂网络知识，又有辅导经验，在网上为学生保驾护航。学校还应开设信息课，或者用课外辅导的方式引导学生用好网络。学校的心理教育工作也应主动走进网络，开展网络心理咨询。

网络社会已经悄然而至，方兴未艾的网络不仅连接了世界，而且帮助形成了一种全新的社会生活方式。它越来越深刻地进入了当代社会的各个领域，成为社会发展进程中一种不得不面对的新的环境变量。

（三）每个学生、家长都希望和老师拉近距离

在我所在的学校，老师的服务意识都很强，和学生、家长的沟通更是多渠道、多途径：《家校联系册》、电话、家访、亲子活动、手机短信、飞信……

每个学生、家长都希望和老师拉近距离，希望老师能够最关注自己（自己的孩子）。尽管我们已经有如此之多的沟通联系方式，但还是有家长表示沟通不够，甚至提出"老师，能否把孩子今天的表现写在本子上带回来给我看"。在家长看来，就写点字下来，应该不是最大的困难。但凡是做过小学教师的都知道，一天的教育管理、教学头绪繁多，要满足这样关爱自己孩子的家长要求，一两天也许可以，但要天天坚持，有一定的困难。那怎么办呢？可以选取在线的聊天工具，我们通常比较熟悉的是 QQ 工具，可以即时聊天，也可以抽时间去留句言或问一个问题。当有消息要向全班透露时，可以在班级 QQ 群里发布消息；如果需要私下交流，就可以在"我的好友"里单独聊天⋯⋯

二、研究设计

（一）对家长的调查

研究首先要过家长关。许多父母也知道电脑是个好东西，自己的工作、生活就离不开电脑，但是担心没有自制力的孩子会迷上电脑游戏，担心孩子会"学坏"。这情有可原，但"回避"绝不是最好的办法。生活在信息时代，不让孩子接触电脑和网络是不可能的，尤其是像在杭州这样信息高速发展的现代都市，也许孩子看见电脑的几率和看见电视机的几率差不多。既然如此，就不必回避这一点，而是要尽早地让孩子了解电脑、应用电脑，同时让孩子知道怎样在开放和自由的网络世界中辨别是非善恶，更好地把握自己。应该说，这才是一种积极态度，符合"堵不如疏"的教育原则。

以下的小调查以我所带班的 30 名学生为样本。

二（6）班网络使用情况小调查

前言：随着时代的进步，孩子们对于网络世界已不陌生。为了更好地了解本班孩子对于网络的接近程度，更有针对性地进行引导教育，请配合填写。

请作答在问题下方的空白处，尽量详细。本次调查是为了了解全班的整体情况，不针对个人。不用署名。您的配合对我们的教育研究非常有帮助，诚挚感谢！

您的年龄_____职业_____受教育程度_____

[调查显示：学生对网络的使用情况和家长的年龄有关，和职业及受教育程度（基本都在大专左右）无关。]

1. 您平常使用 QQ 吗？

A. 经常　　　　B. 有时　　　　C. 很少　　　　D. 从未使用过

[调查显示：A.11 人，36.7%；B. 12 人，40%；C.6人，20%；D.1 人，3.3%。]

2. 您的孩子使用 QQ 主要是干什么？一般什么时候或者什么情况下使用 QQ？

[调查显示：一般和同学、老师交流；有不懂的问题后交流；周末和亲朋好友沟通；玩 QQ 宠物；写博客。]

3. 您的孩子如果用 QQ 聊天，主要聊些什么？

[调查显示：还不能用 QQ 自然交流；交流学习情况；交流生活情况；交流日常情况及问候；聊些好玩的；聊天、写博客和弄相册。]

4. 对于 QQ 这一工具，您的孩子已经会使用哪些功能？

[调查显示：用 QQ 表情；会基本打字；发送文件；接收好看的图片；会电脑的基本操作程序。]

5. 如果孩子上网，您最担心的是什么？

[调查显示：不良网站对孩子的影响；浏览到不合适看的图片内容；影响学习；长时间对着电脑，有损视力；有一些无聊网站；玩游戏；孩子自控能力差。]

6. 您觉得该如何引导孩子合理使用 QQ，健康上网？

[调查显示：循序渐进；学习交流；规定孩子上网时间，给电脑设密码，让孩子在家长知情的情况下上网；告诉孩子 QQ 是方便与朋友联系和交流的，不可长时间上网聊一些无意义的事；目前还需在旁边辅导，教育他们看一些

文学作品、学生网站；还太小，没有考虑；在休息日，完成所有作业的情况下让孩子上网找些有趣的故事或图片，还可以让他画画等；在 QQ 上加好友时，先以孩子的同学设群，方便大家的交流，其他陌生人最好不加。]

7. 您希望利用 QQ 工具和孩子在网络世界交流、做朋友吗？

[调查显示：顺其自然；可以；比较难吧；还太小，没有考虑；暂时没有此计划；QQ 是个很好的工具，但是担心孩子没有分辨真伪的能力，所以不鼓励；愿意，这样可以更好地和孩子沟通；可以接受，并试着尝试。]

8. 您觉得给孩子设立一个单独的班级 QQ 群有必要吗？或是和家长的 QQ 群共享？

[调查显示：目前共享就可；有必要，可以共享；有空时可以看到其他的留言；孩子有自己的想法，给他们设立一个单独 QQ 群；有必要，但要有合理的引导；很有必要给孩子设立一个单独的班级 QQ 群，孩子慢慢长大了，需要与同龄人的交流；我想孩子们肯定会很乐意他们能有一个完全属于他们的 QQ 群；我认为，应给孩子单独建立 QQ 群，与家长的 QQ 群分开，因为这样家长之间的交流不会影响到孩子的观点，应该让孩子学会用自己的观点看问题；也可以的，现在引导好，让他们知道如何去把握自己；没有必要，因为会消耗掉很多不必要的时间，应多鼓励用笔书写交流；和家长的 QQ 群共享吧，这样可以让家长知道孩子还需要沟通的问题；现阶段没有必要。

其他：就目前认字量有限，字母大小写不熟悉的情况下，就个人来讲不太主张用 QQ，宁可多花些时间在打基础上，可视各个学生情况而定；没有强求一定要有一个 QQ 号码的；我觉得通过网络可以查找自己不懂的问题，能够得到解决；可以阅读每天的新闻，可以练习打字；可以锻炼动脑能力以及运用计算机的能力；可以获得更多的课外知识。]

通过这个小调查，我明显感觉到部分家长对孩子的电脑使用、上网有担心、忧虑；有部分家长觉得要合理引导他们。

事实上，一个学期过后，也就是在撰写这些资料时，已经有大部分家长抱怨学生"太喜欢电脑了，暑假怎么办？"。而且仅仅一个学期的时间，家长已经充分意识到了对学生使用电脑"堵不如疏"的现实意义。

（二）研究中被试要解决的问题

1. 小学低段的认知特点

小学生的感知觉尚处于初步发展水平，他们对事物的空间、时间和运动特性的感知有很大的局限性。小学生的观察力是其感知觉发展的高级形态，也是以其感知觉发展水平为基础的。在目的性方面，小学低段学生的随意性和抗干扰能力较差，无法保证长时间的持续观察。

小学低段学生的认知还有一个非常明显的特点：没有自己的主见，人云亦云，非常容易受别人的影响；没有非常清楚辨别是非的能力，容易黑白不分，容易接受任何信息；可塑性很强，学习能力很强，只要正确积极的引导，都能把各类危机变为学习机会。

2. 沟通工具的选择

利用学生喜欢的网络常见沟通工具 QQ，我们可以试着做一些交流沟通工作。

（1）QQ 作为一种网络沟通工具

QQ 是信息技术环境下的一个小分支，要了解 QQ 环境下的沟通，首先要了解信息技术环境下的沟通。

所谓信息技术环境下的沟通是指行为者为达到一定目的，与信息源之间通过有效语言（电话语言、网络语言、文本语言、多媒体语言等），运用合理的策略达到真理解或共识的行为。这里的"真理解"是指参与沟通的成员在思想、情感互享的气氛中，彼此之间形成的互识和批判性理解。信息技术环境下的沟通行为不仅是信息的双向流通和传递，同时也是交往双方的双向理解和意义建构的过程，关键是通过互动、互识而达成共识或多元共处。

QQ，大部分人认为它是作为一种网络沟通工具存在的。

（2）QQ 作为工具的使用及注意事项

首先要规定上机操作时间。孩子的是非判断能力差，父母有必要帮助他们提高辨别是非、把握自己的能力；而且，从孩子一开始用电脑时就要抓好这一点，这才是担心孩子玩电脑学坏的父母一劳永逸的办法。

但是，上 QQ ≠ 上网，上网 ≠ 不良影响。在前面涉及的班级小调查中，有学生指出，"我学会了上 QQ，就是学会了上网"——虽然表述不是很严谨，但可以看出学生对于学会 QQ 和熟悉上网的联系有多么紧密。但我们成人不能把两者等同。同时，我们也应该意识到，上网和网络带来的不良影响没有必然的因果关系。

互联网对青少年违法犯罪的影响只是工具性的，它只是一个提供文化和信息交流的平台，是一种传播和获取信息的工具，而直接影响青少年违法犯罪的是不良的网络文化。

三、研究实践：引导 QQ 环境下学生沟通行为的实践探索

（一）沟通目标的选定

沟通对象的选取，基本上智力状态差异不大，而智力状态则以学生入学时的教师观察记录和一年来学生在班级中的学习水平而定。

为了确定个案研究的研究对象，我着实考虑了许久，最后确定了王××和来××两个学生。考虑的出发点不是学生优先，而是家长优先。因为对于刚进入二年级的学生而言，他们对于本研究内容——关键词为 QQ、网络、健康上网——来说，起点基本相同；但这个研究需要家长的密切配合，因此，我认为选择配合的家长比选择学生更重要。

但是，如果配合的家长仅限于跟你关系不错，为"配合"而配合你，那一方面，你会觉得欠家长的情，另一方面，对于实验本身而言，"展开充分"就会被打折扣。所以，对如何和家长沟通这个实验就得讲点技巧。从心理角度讲，让孩子、家长觉得自己非常幸运参与这次实验研究，老师就容易处于主动地位，开展实验研究就显得比较容易。

以下是我和其中一个学生家长的沟通记录。

念（我的 QQ 名字）：我现在和杭师大的研究生导师合作做一个准实验：利用 QQ 平台促进小学生健康上网习惯的养成。

欣然（家长的 QQ 名字）：是不是从我们班开始实验？

念：要在我们年级招两个小朋友参与试验。

欣然：只有两个名额？

念：是啊，我想这种"准实验"一般都是有利无弊的，肥水不流外人田嘛。

欣然：那是，有你在，我放心。

念：家长要密切关注孩子，并有坚定毅力和老师合作到底的。要不然流于形式，效果就会减小的。

欣然：会不会很难啊？

念：操作性很强的，别担心。

欣然：哦，我有时候会很笨的，你可千万别对我失望啊。

念：我们俩肯定能配合好的。

欣然：好的。那怎么做，你尽管吩咐，小女子遵命。

念：好。不过先别和孩子说。

欣然：哦，好的。

念：为了给他创造一个"优越"的感觉，得我亲自和他说。

欣然：呵呵，是。

念：你看，外面配合很好 。有时就会像演戏一样。

欣然：好的，有乐趣。

念：希望通过这个准实验，他们既能学会健康上网，又能在班里崭露头角。

欣然：好的，预祝成功。

念：好，先下了，88。

接下来就是与孩子的沟通。早上 10：00，王××打电话过来。大致对话如下。

王（指王××）：我是王××

许（指我本人）：哦，王××，我正找你商量件事呢！

王：什么事啊？

187

许：老师想在我们年级找两个小朋友学习电脑、上网。你愿意学吗？

王：愿意！愿意！

许：这个要求很高的，现在的小朋友都还没有学习电脑和上网，所以先找两个小朋友试试。你能严格要求自己吗？

王：能！

许：起步阶段，我们上网的时间不能太多，一次 20 分钟左右，一周两次，而且要妈妈或爸爸在旁边。

王：好的。

许：你现在会自己上网吗？都会做些什么呢？

王：会，我会上 QQ。

许：上 QQ 聊天吗？

王：就是发图片，打字只会一点点。

许：好的，很不错。这周的任务先布置了，找一棵树的图片，可以的话，就用来布置教室后墙吧。网上哪里可以找到呢？

王：好的。百度上搜索可以的。

许：建议再到 Google 上搜索一下。

王：好的。

许：有的要求老师会通过你妈妈向你传达的，再见！

王：好的，再见！

第一步，胜利完成预定计划，并且布置了第一次的作业。第二天，王××的妈妈兴奋地打电话给我，说孩子向家里其他人宣布"自己成了老师指导的两个对象，只有两个人，我就是其中一个"。他感到非常的幸运，情绪高昂地去完成"任务"了。

（二）沟通方式的选定

考虑到学生的电脑、网络使用技巧有限，可以先教会他们运用音频、视频的策略；再通过这两种方法逐渐教授运用图片、文字的策略，学会传输文件等 QQ 功能。

1. 确定沟通方案

沟通方案，以沟通的频率和沟通的内容为主。在与两位被试和两位被试的家长沟通之后，确定沟通以两周一次为频率。在起先的一个月，由老师通过电话或者当面联系的方式，教授并引导两位被试学习打字和查找相关图片等基本上网技巧，并通过 U 盘把"作业"带到学校。

接着再过渡到通过 QQ 发送表情和文件，把 U 盘的功能通过 QQ 平台的文件传输功能实现。

最后能通过 QQ 直接和学生进行沟通和行为沟通的指导。

2. 通过 U 盘审阅学生"作业"

打字入门很重要。在目前的小学阶段，虽然课业任务相对减少了，但其他的实践、操作性作业，如亲子游戏、看书读书的任务仍比较多，因此，如何使练习打字既不和日常作业相冲突，又不会增加学生的作业负担很重要，而且打字的活动最好能取得家长的支持，这样的练习效果才更有保证。

基于上面的考虑，我特意从英语书本的要求入手（英语课中建议孩子用练习打字的方法熟悉 26 个英文字母）。

① 考虑到家庭中电脑的拥有和使用率，给学生布置选做的家庭作业。作业：练习打字，打出书本第 66 页 Unit 1 的 12 个单词，只需要英文。然后将每个单词复制 15 个，并将字号调整为二号。

② 让学生家长知道布置的作业。

③ 考虑到具体的练习方法可能需要指导，除了下载打字软件（我下载的是金山打字通，里面有打字游戏、中文打字、英文打字等），让孩子"眼见为实"并亲手"玩"打字游戏外，还需指导部分家长一步步获取打字软件，指导家长如何辅导孩子"入门"。

3. 通过 QQ 传输文件

与学科紧密结合的同时，我们可以利用这些"任务"促使被试更关注班级文化的建设，让他们自己用自己新学会的本领为班级作贡献，同时，可以引起其他同学对他的关注。如利用查找图片的任务，帮助布置教室。

因为寻找图片的过程较前面练习打字的作业难度要高一点，在寻找和传输图片的过程中需要的指导也比较多，因此本次教学选择 QQ 传输，有疑问的可以在线交流。具体步骤如下。

●8 月 15 日作业布置：寻找大树的图片，用做教室后墙的布置。

●询问学生，是否有办法找到网上的大树图片。学生有点知道，从"百度"搜索可获得。

●引导学生：可以从"百度"或者"Google"中搜索。

●学生打电话询问，原来在"Google"搜索中搜到的是文字，没有图片，只要把搜索类型定在"图片"上，就能搜索到想要的文件。

●交作业和感受。

图 5.4.1　生 1 的作业

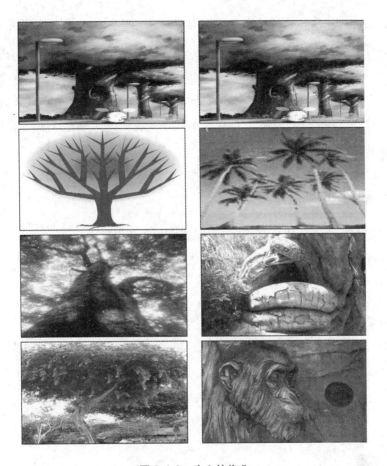

图 5.4.2　生 2 的作业

简要说明：

两人对自己找到的图片很是得意，特别是两人同时找到了一张流氓兔的大树图片，感到很惊讶。另一个孩子的杰作是找到了两幅"动物在身上"的大树图片。他们虽然知道点找图片的方法，但具体不是很清楚，经过这次查找大树的过程，搜索图片基本没有问题了。附一篇学生日记。

2008 年 8 月 23 日　星期六　天气：雨

今天，我在电脑上找大树的图片。一开始我在百度的网站里写"大树"，可是查不出来，原来是要打"大树的图片"，不是"大树"。我改好后，里面出现了很多大树的图片，打开其中的一张——一棵树很大很大，叶子也很绿很绿，还有一棵很高的树，也很绿。有些树很奇怪，树干上有很多图案，有蛇的、有猴子的、还有蜘蛛的……还有很多树围起来把天都挡住了。我还找到了卡通树，树干上有个洞，洞里住着一只老鼠，树边上有一只流氓兔，它扛着一个大锤子，都不知道它在说些什么。妈妈教我把找好的图片存在 U 盘里。以前我上网都是玩游戏，现在我不玩了，我觉得这样可以学到很多的知识，还可以看到很多好看的图片。

4. 通过 QQ 留言进行沟通

我们有一个家长的 QQ 群，里面可以实现我想做的事。

详细记录如下。

念：要练打字啦！

顾老爹（学生家长的昵称）：噢，这个简单，呵呵。

念：每周最多两次，一次不要超过 20 分钟。这是个硬杠，最好能保证，这样对孩子的视力和其他方面的学习、习惯没多大影响。

顾老爹：你把资料给我们，我们可以先叫孩子们预习起来。

念：资料就是我们英语书后的单词。

念：练习打单词。

顾老爹：噢，英文打字啊，好的。

念：一方面练习盲打指法；更重要的是提高学习英文字母的兴趣，顺便能记单词就记几个。

顾老爹：好的。

顾老爹：指法有讲究的，要按照规则来做，需要标准方法。

念：是的。

念：而且盲打作用多多。

顾老爹：这个我要找一下，以前有小程序练字，有点趣味性，不知道能不能找到。

念：太好了。

顾老爹：那个"学乐中国"我女儿比我强多了，我还没看清楚，她已经打好了。没办法，我们老了，哈哈。

顾老爹：只是不敢给她多玩，怕兴趣太浓了，以后只玩电脑，不爱学习了，呵呵。

念：就是怕这个，所以对低年段的孩子我们一直没有开设电脑课。

念：他们的视力还没有定型，用电脑的时间不能太多。

顾老爹：要多方位、多途径地让他们学习，不敢过早让他们拘泥于电脑世界。

念：是啊，电脑只是其中一个手段。恰当运用有助于学习和知识拓展。

念：再说现代社会是个信息化的社会，特别是电脑，在我们周围很常见。越是不让他们接触，他们越感兴趣。

念：不做大禹老爸，学做大禹吧。

和部分家长沟通后，我知道了很多家长的想法，特意又发了一条短信补充。

您好！今天我们布置了一项选做题，其他家庭作业完成好的人可以选做：电脑练习打字，打字内容参考英语书本第 6 页 B 项（可以提高他们认字母、单词的兴趣）。当然，也可以练习盲打。我下载了一个金山打字通软件，感觉不错，供您参考。打字时间一般控制在 10 分钟左右（从开"打"计算哦）。谢谢配合！

通过上述操作步骤，学生、家长开始配合练习打字。这样一方面让学生熟悉了英文字母，另一方面学习了比较标准的盲打技术，还为后续的网络沟通作了铺垫。

5. 通过 QQ 宠物进行沟通

其实，在 QQ 上有一个很吸引小朋友的栏目，叫 QQ 宠物。有家长说：现在孩子的喜好是养 QQ 宠物，如果给奖励，他宁愿看一眼自己的 QQ 宠物。

QQ 宠物现在是企鹅版的。根据 QQ 号码，可以自己申请领养，并且性别、名字、主人名字等都可以自己确定。

我在网上养了约 3 个小时 QQ 宠物，发现有以下几种情况特别明显。

① 评价 QQ 宠物有几个点：心情、健康、卫生……这几个评价点对于学生来说很熟悉，可以引导这样来评价。

② QQ 宠物经常夸奖主人："因为你陪伴我，我现在的心情值高了 200 个点。"这给家长的启示可能更明显——孩子需要陪伴，但孩子也许也能从里面学到人文的东西——学会感恩。

③ 经常会饿、生病，要洗澡、要出去玩……与学生的现实生活很贴近。

④ 饿了买食物，生病看医生，洗澡发肥皂等都需要"钱"，学生怎么解决这些金钱的来源呢？

⑤ 时刻需要有人陪，学生如何控制上网的时间呢？

⑥ 休息后有"惊奇的发现"，鼓励适当休息，需要成人监督。

⑦ 游戏区域比较丰富。

从 QQ 宠物身上，我们看到了小朋友内心感兴趣的、需要的情感倾向，虽然可能带来良莠不齐的结果，但大部分学生在虚拟世界中把现实生活中可能不太容易得到的情感得到了宣泄。

四、研究成效

第一，沟通态度、沟通目的、沟通技能、沟通策略的合力，有助于达成良好的沟通效果。本次的个案研究可以得出：就本班被试而言，良好的沟通态度和正确的沟通目的能指导沟通技能稳步提升；沟通策略踏踏实实落实后，能达成良好的沟通效果。

第二，要有良好的沟通效果，必须遵守三个原则。原则一：谈论行为不谈论个性，也就是"对事不对人"的原则。在大多数需要亲子沟通的时候，往往是存在争议或者矛盾的情况，但这是必须要坚持的原则。居高临下的谈话态度是沟通的大忌。QQ 沟通的一项重要特征就是没有等级观念，大家平等沟通。原则二：要明确沟通。"明确"就是指在沟通的过程中，所说的话一定要非常明确，让对方有一个准确的理解。这里的 QQ 沟通能在第一时间明确对方的回答是否正确，反馈及时。原则三：积极倾听。善于倾听的人总能及时发现对方的长处，并可鼓励对方继续说下去。而倾听本身也是对谈话者的一种暗示和鼓励，让对方的自信心得到提升。QQ 沟通中，因为没有严格的时间限制，因此沟通时间可以随沟通内容而定。

第三，QQ 沟通能有效地宣泄心理压力。在网络上，学生不用担心老师知道他是谁，也不用担心提的问题会落下话柄，更不用担心会引起不良后果，这在现实生活中是无法做到的。因此，有针对性地开展网络教育活动，有望收到前所未有的教育效果。现在的孩子越来越早熟，但家长的教养方式跟不上孩子成长的脚步，他们发现孩子越来越难以沟通，而越是难以沟通就越着急，所采取的措施也往往越极端——不让出去、不让顶嘴、不让发脾气、不让……孩子的心里话不愿对家长讲的比比皆是，但孩子有自己的伙伴，他在家可以和伙伴"无声"地交流。当然，"伙伴"不是随意加入的，在前期练习上网的过程中就要对好友的选择增加辨别能力。为了防止开始时孩子的判断力不足，可以邀请一位信得过的"大朋友"加入，孩子可能把他当一般的小朋友对待。当然也不能就此剥夺学生选择的权利，必须尊重学生的自我意识，帮助学生形成辨析、判断的能力，指导他们选择正确的交友方式。因而，建立一种"教会选择"的教育观念是教育适应网络社会的首要措施。

第四，多方面观察有助于发现学生的优点，建立学生的自信。对于学生的多元评价曾经风靡一时。的确，学生需要多方面被观察，被认可。在学校，尽管从德、智、体、美、劳等多方面进行观察、考查，还是觉得观察太过平面，不够立体，于是我们经常家访，做好家校联系，这样使得我们家校间的沟通更畅快了，加深、加宽了对学生的了解，使对一个人的了解逐渐变得立体起来；但我们缺少对孩子本人更直接的了解和观察，QQ 工具能帮助我们实现一部分这样的了解和观察。

五、研究的不足

因为研究的周期只有一年，因此本次研究最大的不足是研究的前期投入刚完成，反映出来的效果还不是最明显。

其二，研究过程中参考的资料相对较少，本人又是班主任，对于信息技术这一块的知识多来自于切身体会和书本，因此，往往会有理论过浅或者参照书本过多的现象。

其三，整个个案研究的过程是一个不断摸索、不断咨询的过程，存在着许多不足和不成熟的地方。希望来年能得到更多专家的帮助和指导，笔者将在今后的教育教学工作中继续落实、研究。

案例 2　IT 环境下小学生沟通
行为改进的行动研究

杭州市行知小学　杨　静

【对实验研究对象刘雨的暑期表现记录及反思】

在暑假期间，我与刘雨采用互通电话、互发短信和邮件等多种方式进行了多次联系。在交流的过程中，征得家长同意，对她的一些沟通行为进行了干预。通过干预，刘雨与人沟通交流的能力有所增强。

一、主要记录及干预措施

2006 年 6 月 25 日，我与刘雨妈妈取得联系，向她说明为了提高孩子的沟通能力，希望在假期多给孩子与人交流的途径、时间和机会。家长表示完全配合，参与实验研究。

7月2日，刘雨的妈妈打电话告诉我，刘雨4号要到韩国去演出，不能参加学校休业式，让我将假期所有作业让同桌同学带回。我建议刘雨的妈妈，为了提高孩子的沟通能力，让刘雨自己通过打电话、发手机短信或邮件等方式告诉我和她的同桌。在我的提议下，以往有什么事一般都是妈妈代劳的刘雨给我和她的同桌打了电话。我表扬她能及时独立处理好自己的事，很好！事后，刘雨的妈妈打电话告诉我，刘雨听了我的表扬格外兴奋，并再三叮嘱她妈妈，以后她自己的事让她自己处理。

7月10日，刘雨从韩国回来，给我发了邮件，内容非常简单，告诉我她回来了，还给我带了小礼物。我当即回复，在表示谢谢的同时希望她尽快将在韩国的见闻告诉我和同学。在家长的帮助下，她整理好了自己的日记和图片资料。在7月22日同学假日小队活动中，我让她向我和同学介绍了此次韩国之行。这次介绍比她上次介绍电影老练多了，也可能是同学比较少的缘故。

8月3日，刘雨打电话给我，说了将近一个小时我才明白，原来她问我假期作业"'我爱夏天'的征文可不可以写我讨厌夏天"及她得了荨麻症不能到外面玩，感到十分苦恼。当天，我就给她发了邮件，同意她写"讨厌夏天"的文章，安慰她的同时提醒她打电话是要计费的，要在较短的时间内清楚地表达自己的观点和想法，所以，在打电话说前先理理说话思路很重要。我又打电话给刘雨的妈妈，请她关注刘雨打电话和人交流时有没有先理清思路，如没有，要及时纠正。另外，我又发短信给班里和刘雨走得比较近的同学，告诉她们刘雨病了，希望她们能打电话问候刘雨，和刘雨简单交流暑期的生活，使她忘记烦恼。

8月5日，刘雨给我发短信，告诉我不少同学打电话给她，她很高兴。她特别想念老师和同学，希望能早点开学见到大家。

8月13日，刘雨妈妈给我打电话，告诉我刘雨在打电话给别人时，在语言的条理方面好多了。就是有时在接别人的电话时，对于别人的提问不能及时用准确的语言来回答，有时说话含糊没有条理。

8月20日，刘雨通过邮件告诉我，她现在打电话的水平好多了，连叔叔都夸她说话有条理。同时给我发了她写的文章，如下。

讨厌的夏天

我真讨厌夏天，夏天热得跟蒸笼一样，人们汗如雨下，腋下汗多得很，粘在一起真难受。夏天睡凉席，汗粘在凉席上，躺着特别粘。

虽然我们这边没有出现干旱，可是很多地方在闹旱灾：庄稼枯萎了，池塘干涸了，有些地方还会因为温度太高从而发生火灾。

夏天的蚊子特别多，它们在人们晚上睡觉的时候还要来咬人，早晨起来的时候身上就多了几个红点点，闹得人们不得安宁。夏天的苍蝇也多，虽然它们不咬人，但是它们老是待在脏地方，满身细菌，一拍打下去，五脏六腑都冒出来了，真是恶心人！在下雨的时候，各种虫子都成群结队地出来了，吓人一跳。

为了躲避酷暑，人们都喜欢去游泳。可是，游泳池里人挤人，根本无法游泳。而且戏水的人拿个球扔来扔去，一不小心就扔到了别人头上了。那球打到人的身上真是很痛。

夏天实在太热了，家家户户都要开空调。虽然人们享受到了空调带来的凉爽，但是空调排出的热气能使全球变暖，人若是碰到空调滴出来的水就会得皮肤病。

更难过的是，人在路上总是能碰上一辆辆汽车。汽车喷出的热气就像个火炉。冬天的时候还好，碰到汽车喷出的热气还可以暖和暖和。夏天可就惨了，真是火上浇油啊！

夏天的阳光太猛烈，它无处不在，把人都晒黑了。

虽然夏天有长长的暑假，我们可以尽情地玩儿，还可以睡懒觉，但是我还是讨厌热辣辣的夏天。

我马上回复邮件表扬她，说和写都有很大进步，希望她继续努力。同时希望她把文章题目改为"爱你夏天不容易"，这样与"我爱夏天"的主题更贴近。

二、反思

与刘雨假期的交流沟通主要是从"去韩国"和"得荨麻症"两件事展开的。

"去韩国"这件事中，我主要是通过引导家长放手让孩子自己处理自己的事入手，为孩子创造与人沟通的空间。每个孩子有一种依赖心理，在家长帮忙代说的情况下，孩子就失去了一次可贵的与人交流的机会。时间长了，孩子的依赖心理会越来越大，事事等着家长帮忙。在我以往教过的很多家长包办过的孩子中，孩子与他人交流的机会很少，时间久了，有的孩子上小学六年级了都不敢向老师请假，不知如何和同学相处。所以，要提高孩子的沟通能力，家长和老师首先都应多给孩子创造与人交流的途径、时间和机会。像我让刘雨自己向老师请假，请同学帮忙，在假日小队的同学面前介绍自己在韩国的所见所闻，都是为孩子创造交流的机会。其次，家长、老师要及时地表扬。表扬、鼓励能起到强化的作用。从刘雨身上表现出来的情况看，表扬的效果真的很大！刘雨再三叮嘱妈妈自己的事让她自己处理，就是因为她得到老师及时表扬的结果。还有，她下次再到哪儿去游玩，肯定十分乐意将自己的所见所闻向老师和同学介绍。通过介绍，她会很有成就感。

在口语交际的教学目标中，小学四年级才要求说事情要抓住要点把它说清楚、说明白。"得荨麻症"这件事，我主要引导刘雨树立一个意识，与人沟通时说话要有条理。在家长的帮助下，在短短的十多天时间里，她就有很大的改进。其实，现在的孩子，在幼儿园时就会接电话，老师和家长如果及时引导且方法得当的话，孩子很快就会明白该如何与人电话沟通比较好。

三、家长感言

在表面的活泼顽皮的掩盖下，刘雨的羞涩与胆怯常常被遮掩了，只有在与人交往的过程中才会表现出来。为了改善她无法在人前正常表达自己的需要，在杨老师的建议下，刘雨参与了提高沟通交流能力的实验。

在这个假期中，我们也遵照杨老师的安排，给她增加了与人交流的途径和机会，比如打电话、发短信和发电子邮件。一般情况下，假期在与老师、父母和同学的交流中，刘雨最常选择的方式是打电话。在整个假期，她给语文、数学老师和近二十位同学打过电话，通过打电话解决她所遇到的问题，比如问作业、探讨问题和沟通信息、商量事情。以前，她说话不具有逻辑性，想到哪里说到哪里，往往是说者明白，听者糊涂。但是打电话的方式要求人们在最短的时间内清楚地表达自己的观点和想法，它不给人更多的思考时间，强迫人们整理自己的思绪以最简短的语言表达出自己的沟通目的，这种强迫整合思维的方式对于提高小孩子的表达能力尤其具有明显的效果。经过一段时间电话联系，刘雨已经能在电话中比较清晰完整地表达自己的要求与想法，这种进步也表现在日常生活中。在生活中，刘雨的口头表达能力得到了明显的改善，表达想法、沟通信息都具有了清晰完整的特点。在与老师的交流中，若不是特别紧急的事情，刘雨会更多地选择发电子邮件的方式，其中她会讲一些不想为他人所知的一些困惑与烦恼，还会发一些祝福的贺卡。电子邮件这种具有私密性的交流方式使刘雨的内心情感得到了发展，日常的情绪也得到了及时的调整，对其个性成长具有非常大的帮助。在与父母的交流中，刘雨更多地选择发短信这个方式。发短信所要求的言简意赅使刘雨的语言表达必须精练，信息表达准确而简短，这就使得她不得不思考表达的问题，而且发短信的时效性也使得她与我们保持了同步的沟通，让我们能够及时沟通。

总之，从我们孩子的身上确实看到了此项实验巨大的实效性。

【对实验研究对象刘雨 2006 年 10 月—2007 年 2 月的表现记录及反思】

在这段时间里，因为是上学期间，我们进行的最多的交流方式还是面对面。我通过观察刘雨的言行及实验前后作业的对比，发现原本很少在课堂中发言的她，也比较积极地举起了手，而且回答问题时在说话的条理性方面进步很大。和老师不在一起的时间，刘雨还经常打电话、发短信和邮件与我进行联系。但刘雨与人沟通交流方面也出现了新问题，我又对她进行了疏导帮助。

一、具体记录及干预措施

（一）接力赛跑事件

10 月 16 日，我在组织学生分组进行接力赛跑时，有学生来反映刘雨无缘无故地哭了。我马上了解情况，得知在第一轮接力赛跑时，刘雨所在的小组输了。马上要进行第二轮比赛，因为刘雨在跑步时喜欢往左右看，边跑边看其他组跑步的人，他们组里的同学都指出她的毛病，希望她改正。我想，刘雨一定认为自己已经尽力了，觉得大家都怪她自己很委屈，所以哭了。我先让她发泄一下，然后在进行第二轮比赛前，我先对前一次比赛进行总结，表扬大家的集体荣誉感强，都尽自己最大的努力在跑。然后，走到刘雨旁边，摸摸她的头，夸她跑得真卖劲，还真快，如果在跑时不看别人光顾自己跑，那就会更快。刘雨红着眼圈冲我一笑。我又调了几个实力比较强的队员到刘雨所在的组。这一次，我特别关注刘雨，她只往边上瞄了几眼，看来要完全纠正她的坏毛病还需要时间。最后她所在的组赢了，刘雨也高兴得直蹦，大家也没再说她的毛病，都好像忘了刚才的事一样。

事后，我和家长通了电话，把这一情况告诉了家长，请家长在合适的时候，不露痕迹地帮忙纠正孩子不良的跑步习惯。并提醒家长多关心孩子在接受他人批评和建议时的表现，及时记录。家长很配合，两天后，发短信告诉我，刘雨在家把房间翻得乱七八糟不及时整理，被姥姥批评，她翘着嘴躲进书房，经过妈妈教育后，才和姥姥一起整理房间。

我马上找刘雨谈话，分析利弊。刘雨向我保证今后不会再发生此类事了。

一周以后，我上品德与社会《与人发生冲突怎么办》一课时，在辨析明理时，我特别设计了一道情形与上述雷同的事例让学生讨论。我就"面对别人的批评和建议，你该怎么做？是与别人发生冲突，还是像小红这样满腹委屈，只顾自己哭鼻子？应该怎么做？"特别请刘雨发言，她表示要虚心接受同学的批评和建议，而且她很自然地提起上次的事，谈她做得不对，不应只顾自己哭鼻子，而应告诉大家自己已经尽力了。

事后，她发邮件告诉我，她发现自己在与人交往中知道了该怎样对待别人的批评，发现自己长大了。同学也反映，面对别人的批评，她经常会说"哦，知道了，谢谢！"，而不再哭鼻子了，像换了个人似的。

（二）秋游事件

随着对网络的熟悉，刘雨已经非常习惯以电子邮件的方式和自己的老师经常联系了。

在这次的秋游中，老师要求大家少带钱，最好不带钱，而在游览的过程中，有的带钱的孩子去乘坐摩天塔，结果刘雨因为没带钱而没坐。因此她对老师有些意见，回到家后在和父母说起此事时，她的情绪十分激动。在父母的建议下，她打电话给我，还是很激动。我建议她把事情的经过以电子邮件的方式和老师沟通。当我收到她发来的邮件，看了以后，发现语气就不像刚刚那样激烈了。我又告诉她，以后碰到此类身边没钱而又的确需要花钱的事件，完全可以自己想办法解决，或找老师、同学寻求解决问题的办法，而不是自己生闷气。后来，她又给了我回复，也说出了自己的问题。事后，她妈妈反映，在写电子邮件的过程中，刘雨的情绪已渐渐地平静下来，并且已经意识到自己的问题。我及时给刘雨回复了邮件，告诉她老师这样做的原因，并且用哄自己小孩儿的语气来劝慰她别生气了。刘雨读完邮件之后，心情就恢复正常了。第二天上学，她主动和我说起此事，说她现在完全理解老师的做法了，今后再碰到这种事，知道该怎么做了。

二、反思

现在，班级中的孩子百分之九十九是独生子女，在长辈的呵护赞美声中长大，所以，在与同学交往时，有时听不得同学的批评和建议。上述事例中，刘雨就是这样，无法接受同学的正确批评，自己和自己生闷气，这样不但对身体不好，也不利于更好地和同学交往，长此以往，与人沟通的能力会受到阻碍。处理这样的问题，我觉得按如下步骤处理比较好。首先，进行安慰或者给予发泄的机会。其次，通过讲道理，我让刘雨明白同学的建议是正确的，对于正确的建议，就要认真听取。第三，创设情境，让她体会虚心接受别人正确批评的重要性。第四，请家长协助督促孩子在家面对长辈的批评，也应虚心接受。通过一段时间的矫正，刘雨面对别人的批评，较好地调整了心态，和同学的关系更融洽了。

因为书面语言与口语之间存在着语气上的差别，因此电子邮件这种方式不仅帮助她及时宣泄了自己的情绪，而且又没有过激的语言，看来这是一种比较适合师生沟通的良好方式，所以取得了较好的效果。在今后应多鼓励学生以短信、邮件留言的方式和他人进行沟通。

三、实验成效

综合观察比较，我发现此项实验已显示出它巨大的成效。从完成作业的情况来看，正确率、书写质量进步都很大，尤其是在写作和阅读短文完成练习方面，她的进步更大，具体表现在写的文章条理更清楚，文章写得越来越好，阅读短文完成练习中问题回答得更完整，考虑更全面。我呢，不仅当面表扬她，而且把她写得好的文章读给全班同学听，让全班同学都向她学习。这样她写作的劲头就更足了，也更自信了。在随后的几次班级大型活动中，她都积极参加，态度和以前比，大方多了。我和她之间的师生关系更融洽了。同学反映，通过参与这个实验，她与同学交往表现更积极主动，因为更体谅他人，同学都很愿意和她交往。家长也反映，孩子和家人沟通方面表现都很好。在本次期末考试中，她也取得了好成绩。

案例 3　小学生网络交流礼仪
教育的内容与途径

浙江省兰溪市永昌中心小学　凌　军

我国是一个文明古国，礼仪文化源远流长，素有"礼仪之邦"的美称。随着社会的飞速发展和信息化进程的逐步加快，网络礼仪应运而生。在网络时代里，上网已成为我们的最爱。便捷轻松的网络交流，成了我们生活和学习中的重要交流形式。

网络交流给我们带来了自由感和成就感，可以说自己想说的话而不必太多地掩饰，发布自己的作品也不必太担心是否成熟。网络虽然是虚拟的，但也是真实的，它只是在一定程度上对真实的虚拟。因为网络作品的作者是人，内容是人的思想表达或真实物件的影像，所以网络交流在实质上又是真实的。

随着家庭电脑的广泛普及，当今的小孩子已成为数字时代的原住民。他们时刻会出现在网络中，上网的弊端也越来越令人不安。如在传统的社会条件下，人与人的交流是面对面的，人对某些问题的自律或良好的道德现象是由于受到社会舆论的压力。但在信息时代，人与人的交往是隐现的。在青少年中存在网上说谎、使用粗言秽语、阅读不良信息、发放病毒，甚至各种各样的信息犯罪不断出现并呈上升趋势和低龄化趋势等令人担忧的现象。从中也暴露了学生缺乏正确的网络道德认知能力，没有把网络道德规范内化为学生个体的品德内容。其中，网络交流礼仪教育就属于网络道德教育的范畴。因此，对小学生加强网络交流礼仪教育，尽量避免染上不良习惯，才可以让他们通过网络学到更多的新知识。但目前针对中小学生的网络礼仪教育在学校教育体系中几乎是一片空白。鉴于此，本文就针对小学生网络交流礼仪教育的内容和途径进行一些探讨。

一、网络交流礼仪的内涵

网络交流礼仪，到目前为止它还没有一个比较权威的定义。我们认为，网络交流礼仪是在进行网络交流活动中应当遵循的、体现相互尊重的行为规范与准则的总和。网络交流礼仪是网络道德规范的一部分，也是一种特殊的礼仪，这种礼仪的特殊性在于它是专门讲在虚拟世界中进行人与人的交往时应保持的礼仪。如在互联网中进行交流时应保持的礼仪，在通讯网络中进行交流时应保持的礼仪等。本文我们主要探讨在互联网中的网络交流礼仪的教育。

二、网络交流礼仪教育的内容

小学生主要参与的网络交流有：电子邮件（E-mail）、网上论坛（学科交流平台）、即时交流软件（QQ）。结合传统的交流礼仪与小学生的特点，我们确定了如下网络交流礼仪的内容。

（一）网上非实时交流（电子邮件）时应当注意的交流礼仪

E-mail 是一种新的人际交流方式，运用它进行交流时的礼仪就与传统的交流礼仪有所不同。而礼仪教育应从小培养，因此在教小学生发 E-mail 的同时，我们就要有意识地渗透这方面的教育，让他们从小做到以下几点。

① 发送电子邮件必须遵守纸质书信的一般规范，要有称呼、问候、致谢、署名等。同时，发送电子邮件时要写好主题。

② 在发出信件之前，必须采用杀毒软件扫描文件，以免将病毒传给他人。如果没有把握，不妨将要发出的内容粘贴到邮件正文中，尽量不使用附

件发送的方式。

③ 不要通过电子邮件向别人发送连锁邮件，因为这种邮件常常要求收信人将这封信转发给自己的几位朋友，如果不发的话，厄运将会降临到收信人和其友人身上。这在 E-mail 交流中，是非常令人反感的。

④ 在回信时要注意来信的抄送地址，有时候想回信给一个人，却将信同时抄送给一群人。

⑤ 要经常检查信箱，尽量做到及时解答问题和反馈信息。要知道，在电子通讯中最令人失望的是对方在网上突然消失。

（二）网络实时交流（网上论坛、QQ）时应当注意的礼仪

① 在用文字和别人聊天或用白板交谈时，一定要注意考虑到别人显示器的分辨率可能和你的不一样，所以语句不要太长，尽量用简单句，一句话结尾时别忘了使用回车键。这是很常见的问题，有时候，文字交谈的对方不得不来回拖动横向滚动条，这给交流的进行造成了很大的不便，应该避免。

② 当你同时和几个人聊天时，请一定要头脑清醒，别张冠李戴。

③ 和别人，特别是离你很远地方的人交谈时，如果你想结束聊天，最好和对方说句再见的话，等到对方也说再见时才结束。这是对别人的一种尊重。

④ 使用 QQ 聊天时，一定要尊重别人的时间。如果上网后发现你的朋友也在网上，不要毫无休止地打扰别人，应当先问清楚别人是否很忙。如果别人正在做事，问候一下就可以了。等到大家都有时间，再痛痛快快地聊一聊。

⑤ 内容发送要注意。QQ 聊天软件具有及时性，如果一旦打错字对方就会立刻收到。所以在发送内容之前，还是要"三思而后行"，不要有错字、别字、容易引起歧义的话。

三、网络交流礼仪教育的途径

教学过程的基本任务是使学生学会实现个人的经验世界与社会共有的"精神文化世界"的沟通和富有创造性的转换，逐渐完成个人精神世界对社会共有精神财富具有个性化和创新性的占有，充分发挥人类创造的文化、科学对学生"主动、健康发展"的教育价值。从中可看出教学过程中师生的内在关系是教学过程创造主体之间的交往（对话、合作、沟通）关系。因此，网络交流礼仪教育的主阵地应放在课堂教学中。在小学阶段，学生在课堂上对网络的接触主要是在小学信息技术学科中。在信息技术课堂教学过程中，教师可结合教材内容和教师自身修养及课堂师生交流开展网络交流礼仪的教育。

1. 以市为辅，渗透网络交流礼仪

在小学信息技术教材中很多课隐含着网络交流礼仪因素，如《我的 E-mail》《邮件传祝福》《读书论坛》《网上谈旅游》《身边的礼仪》《礼仪宣传演示文稿》，等等。教师要善于从信息技术教材中发掘出这些因素，对学生适时进行教育。这样一方面学生掌握了知识，另一方面他们也能从中体会到我国是一个礼仪之邦，同时提高自身的文明修养。例如，教师可以结合教学收发电子邮件这一内容渗透网络交流礼仪教育。可在课始创设一个让师生之间或同学之间相互用电子邮件交流的情境。这时首先要提示学生写电子邮件时必须遵守纸质书信书写的一般规范，即要有称呼、问候、致谢、署名等，同时要写上主题。可以让学生讨论如果缺少这些元素会出现什么情况。并提醒大家在收到他人的重要电子邮件时，应立即告知对方。其次在发送邮件时尽量少用附件发送的方式，如用附件发送要先对文件进行查毒以免把病毒传播给对方。最后在回信时要注意来信的抄送地址，避免回错对象。课堂总结时，教师再提出"连锁邮件"，并告诉学生不要通过电子邮件向别人发送这种要求收信人将这封信转发，如果不发的话，厄运将会降临到收信人和其友

人的连锁邮件。整堂课以电子邮件为载体，渗透礼仪教育，让学生实实在在地了解网络交流礼仪，而不是对其进行空洞的说教。

2. 以身作则，熏陶网络交流礼仪

我国古代伟大的思想家、教育家孔子就强调教师以身作则的必要性。他说："其身正，不令而行；其身不正，虽令不从。""不能正其身，如正人何？"陶行知先生一生恪守自己提出的"以教人者教己"箴言，始终严于律己。纵观古今中外，但凡著名的教育家，无一不以他们崇高的人格力量而在世上树立起丰碑，成为"万世师表"。学生具有很强的可塑性，也很容易受外界的影响。教师是学生直接仿效的对象，也是礼仪教育的主要实施者。教师的言行举止很大程度地影响着学生，因此，教师的以身作则、为人师表至关重要。在平时的工作和生活中，教师要树立良好的榜样。榜样的力量是无穷的！当学生给老师发电子邮件时，老师应该马上给学生回信；当老师做了有失礼仪之事，也要敢于向学生道歉并及时改正。这样的小节体现出对学生的尊重，并能营造良好的教育氛围令学生在潜移默化中受到教育。

3. 持之以恒，落实网络交流礼仪

网络交流礼仪教育是一种养成教育。通过教育训练，持之以恒，使学生逐步形成文明识礼的好习惯。即使出现反复，也是一种正常的现象，仍应对学生充满信心，抓反复、反复抓，扎扎实实、坚持不懈。在信息技术学科教学中，学生经常在学科教育平台上对同学的作品进行评价。学生在刚刚接触时感到非常新鲜——交流时可以不用面对面，甚至不知道对方是谁。因此，学生认为不必为自己的网络言语负责，在网络上没有了自律，评论时随意使用暴力语言，脏话连篇，尤其喜欢用粗俗的脏话极力去打击同学和其作品，一股"语不惊人死不休"的态势。针对这一现象，教师要给每个学生进行实名注册。并在论坛公告里声明，请注意自己的礼仪，请使用文明的语言，不讲粗话、脏话。之后，教师主要做的工作是持之以恒地监管纠正。在这个平台上的所有聊天、评论的内容，教师都能浏览到，对出现不文明语言的学生，教师可以及时指出，并组织大家讨论"你曾经在网上用不当语言'攻击'过他人吗？或者你被他人'攻击'过吗？你怎么看待在论坛上出现的一些贬损自己学校、谩骂或嘲笑他人的言论?"等，让学生知道要对自己的网络语言负责。

案例4　网络文化对初中生的影响及对策研究

杭州市萧山区虎山路初级中学　刘维松

一、研究背景

计算机科学的历史迄今不过半个多世纪，计算机网络的历史（从20世纪80年代Internet这个名词产生开始）不到30年，但它们对人类生活产生了极为深远的影响，已渗透到人们的日常生活、工作、学习和娱乐当中。随着计算机网络的发展，一系列带"网"的新名词已闯入我们的生活，例如网上购物、网上冲浪、网吧、网站……互联网的发展和普及使得人们在信息化、知识化的潮流中不得不学会适应以求得生存与发展。在互联网成为初中生生活、学习帮手的同时，上网成瘾又使初中生的世界观、人生观、价值观、道德观以及认知方式、行为方式等方面发生了剧烈变化。网络游戏、虚拟交友、网络迷信正悄悄地影响着初中生的身心健康。因此，如何正确看待互联网与初中生发展的关系，如何正确引导初中生使用互联网，已成为全社会共同关注的焦点。

二、概念界定

所谓"文化"，广义是指人类社会实践过程中所创造的物质财富和精神财富的总和；狭义是指社会的意识形态，以及与之相适应的制度和组织机构。

文化是一种历史现象，每一社会都有与其相适应的文化，并随着社会物质生产的发展而发展。"网络文化"是依附于现代科学技术特别是多媒体技术的一种现代层面的文化。尽管现在人们还很难全面而准确地描述这种现代层面的网络文化、还其庐山真面目，但有一点是肯定的，即无论是就其内容还是就其形式来说，它都是迥异于以往的所有文化即"传统文化"的；网络文化就其所依附的载体来说，是一种彻底理性化的数字文化。对于电脑来说，任何信息只有以数字的形式出现，它才能予以识别、理解和处理。这就决定了任何文化若想加盟网络文化，就必须改变自己的既有形态，即变革传统的非数字化文化形态。

三、网络文化对初中生的影响及情况分析

要正确看待互联网对初中生的影响，了解互联网与初中生的内在联系，就一定要明确互联网与初中生这两个主体的特征。

（一）从初中生成长角度认识互联网

互联网的出现与发展，将人类带入了数字化时代，拓展了人类的第二生存空间——网络社会。在这里，强调以"自我"为中心、个性的张扬、平等的交流，避免了直面交流的摩擦与伤害，满足了人们追求便捷与舒适的享受的需求。这些特质对于初中生的吸引力显然高于对其他社会群体。网络时代的人际交往和信息传播的如下特点对初中生的发展影响很大。

一是自主性。互联网世界是个信息极其丰富的百科全书式的世界，来自各种不同信息源的信息数量按几何级数不断增长。在互联网上，你可以自主选择需要的信息，自由地发表自己的观点。互联网的自主性为初中生的个性化发展提供了广阔的空间。

二是开放性。在互联网上，全球各种信息汇集，古今中外各种文化共存。它是一个随时变换的开放的信息系统。进入网络，就犹如进入了信息的海洋，

整个世界此时不过变成了一个地球村。任何人只要遵守一定的协议，随时随地都可以从网上获取自己所需的任何信息。网络成为信息的万花筒，使超地域的文化沟通变得轻而易举，它带来了网络文化的多元化。这既拓宽了初中生闲暇生活的视野，但又过早地使他们了解到成人社会的内容，从而使初中生趋于早熟，影响其人格的发展。

三是平等性。平等是互联网的一大特点，"在网上没有人知道你是一条狗"。在网上，等级、性别、职业等差别都被尽可能小地隐去，不管是谁，大家都以符号的形式出现，大家都在同一起跑线上。地位的平等带来了交流的自由，任何人在互联网上都可以表达自己的观点。这对初中生来说具有很大魅力。

四是虚拟性。网络的虚拟性表现在网民身份"隐形"、网络空间"虚拟"、网络实际运行"无序"。网络通过其互联关系构成了一个社会，创设了一个虚拟空间。人的世界在互联网上发生了异化。这个空间丰富而刺激，每个人可以创造出一种与现实环境极为逼真的"虚拟实在"，也可以尽情地尝试扮演各种社会角色，还能为他圆现实生活中无法企及的梦想……这种虚拟互动的文化，在为初中生生活提供了更大范围的社会实践基地，使他们有了自由选择、主动参与、自我实现的广阔舞台的同时，也促使一部分初中生人际情感疏远，甚至上网成瘾。

五是交互性。互联网带来的变革最突出的表现是思维方式的变化。互联网营造的虚拟现实是一种特殊存在，其中多个思维主体通过计算机网络实现情感交流和信息交换。在网络世界，时空概念发生了转换，其"四维"以上的思维方式否定传统思维的一般规律，表现为形象思维和抽象思维的整合。这种关系性思维使得思维的内在逻辑性被打破，个体之间的理性距离发生了变化，其超越性、前瞻性进一步激发思维主体的创造灵感，拓展其想象力和创造力。初中生正处于学习和发展阶段，互联网对于他们新的思维模式的形成具有突出的作用。

（二）从社会发展的视角认识初中生

一是对初中生社会本质的认识。初中生身上具有天然的发展性和进步性，需要在社会进程中去认识初中生，观察初中生问题需有发展性的视角。从个体角度看，每一个初中生个体都是能动的、具有发展潜能的、独特的人。这区别于将初中生视为被动体的传统观念，更突出初中生的个性发展需求。但在社会总体人群划分上，初中生是社会弱势群体。在发展进程中，初中生面临着困惑、限制、压力和选择，初中生群体集中面临的问题是初中生对社会的参与将受到群体特征的限制，缺乏参与社会的有效途径，这会形成群体性的社会矛盾和社会心理，产生会引起社会关注的问题。

二是对初中生文化的关注与研究。初中生作为一个特殊社会群体，有其独特的文化特征。初中生文化是社会生活中有较大影响力的亚文化，它与社会主体文化具有趋同、矛盾甚至对抗等多种关系，它在总体上具有进步性和创新性，但也会表现出新奇、怪异等特征，有时甚至具有破坏性。在社会快速变迁的情况下，初中生文化作为流行文化的主体，对初中生具有很大的裹挟力量。

三是对初中生发展的认识。发展是初中生的本质和根本需求，从人的发展阶段性角度看，初中生是尚未完全成熟的人、正在发展中的人。当代初中生所蕴涵着的进步性、创新性和无限的生命力，是初中生发展本质特征的深刻体现。发展是当代初中生的时代性特征，也是当代初中生的根本需求。初中生作为优良传统文化的承继者、新文化的宣传实践者、不良社会文化的受害者，在当前社会的激烈竞争当中，在和谐社会和民族新文化建设中，面临着剧烈的角色矛盾和冲突，势必引起人们的关注。

（三）内在特征决定两者间的必然联系

一是网络活动的自主性、平等性适应了初中生的内在发展需求。网络的自由性符合初中生追求个性的心理，初中生最怕和别人不一样，但更怕和别人一样，他们追求一切有个性的东西。互联网的自由原则最大限度上满足了这一心理，提高了初中生社会化的自主性。网络使人们的社会化空间得到扩展。"网络社会成员"身份是匿名的，社会化的接受者可以相对自由地、不受约束地从这一"社会环境"中获得自己想要得到的知识和信息，这提高了初中生社会化的自主性，也给了初中生拥有自己平等的权利和实现自我价值的更多机会。

二是网络行为的交互性、多维性为初中生搭建了开放自我的平台。网络的信息传输几乎综合了影视文化、书刊文化、广播音乐文化等三大媒体文化的特点，具有整合优势，并采取相对独立的形式。网上浩如烟海的信息内容，涵盖全球的政治、经济、文化、体育等各个领域，这些新的人类文化成果极大地开阔了初中生的视野和思路，为初中生的日常生活开辟出一片新天地。同时网络为初中生提供了人际交往的广阔空间，初中生可以在网络中自由发表意见，张贴图片，甚至即时表演，并且及时得到回应和互动。网络为初中生提供了在现实社会生活中难以建立的开放自我、表达自我的空间，提供了现实生活中无法进入的互动团体。

三是网络的交互性、多维性为初中生提供了一个广阔的学习空间，大大拓宽了初中生的求知途径，满足了初中生强烈的探求欲望，有助于初中生开阔视野、促进学业。网络可以为初中生提供一种自由、轻松、没有压力的学习环境，有助于初中生培养和发挥创新能力；而网络的无边无际也会极大地激发初中生的好奇心和求知欲，使其潜质和潜能被有效地开发出来。

四是网络世界的虚拟性实现了对初中生现实生活的替代和迁移。网络缩短了人与人之间的空间距离，为初中生进行社会交往提供了一个缓冲空间。初中生在成长过程中不可避免地会遇到多种矛盾和冲突，有很多压力和焦虑情绪，甚至会发生心理状况的异常，网络世界为处于发展冲突之中的孩子们提供了一个可以完全没有烦恼的新天地，现实生活中的烦恼、不愉快甚至憎恨，都可以在进入虚拟世界时得到迁移和解脱。

对于那些缺乏家庭温暖、教师关爱的初中生，他们更偏爱于网络聊天。在那上面有可能有很多他在现实中的朋友，也有可能有异地同龄的或大龄的朋友，在那里他觉得可以寻找关爱。要是把握不好，可能就会网恋。

有些初中生玩网络游戏一般都是追求时尚，因为别人会，自己也该会。要是在同学面前被问起后却不了解就会觉得很丢人。

还有的初中生玩网络大型游戏，比的是等级，而等级的多少当然是要靠时间来耗的。很多学生是觉得在现实生活中寻找不到真正的自我，成绩可能不突出，老师不重视，家长不关心，自己的价值得不到体现，觉得世界不公平。然而在网络的世界里，他们可以寻找到自我和公平，因为自己花多点时间就可以升级，升级了之后自己就更厉害了，比如说和别人 PK（对决），等级高的当然占有很大的优势。他们觉得这样很爽。然而时间在这上面耗了这么多，学习、休息的时间都被占据了，当然学习时没有精力，成绩只能一步步下滑。

不健康的网站对初中生影响也很大，不过目前国家的政策使这类网站越来越少了。

总之，互联网是一个新的事物，而初中生天生就对新事物充满好奇心，拥有其他群体不具备的快速接收能力。互联网在初中生眼中是"万花筒"，充满无限吸引力。当代初中生的网络行为之所以成为社会性问题，除了网络自身的局限与初中生成长的曲折外，初中生成长发展的客观环境失衡，也是很多初中生陷入网络不能自拔的重要原因。社会竞争的日益激烈，让初中生承受了过多的压力。当长辈的教诲与现实社会相冲突时，他们就会因为得不到成人社会的承认而转向自主性更强的网络世界。再加上现在的初中生多为独生子女，不可避免地会面临人际交往方面的难题，现实社会中人际关系的不理想会让他们很容易迷恋于"虚拟的生活"。

四、对策

（一）多层次网络应用化解网络文化对初中生的不利影响

针对这一普遍的社会问题，我们采取了一系列行动进行有益的探索，除了面对面地对学生做好思想工作外，还采取了"以网治网"等一系列实践活动。我们的做法和有关说明如下。

1. 实施"以网治网"多层次网络应用的基础

教师方面：我校教师都通过了教师计算机应用考试，可以熟练地操作电脑，开展有关的网络应用。

学生方面：我校学生已经掌握了足够应用的计算机知识和网络知识（特别是初二、初三学生），可以独立进行计算机网络方面的应用。

硬件方面：我校每个班级都配置了电脑，并配置了电子阅览室，学生上网方便；学生家里也配置了电脑，方便师生交流和生生交流。

软件方面：我校拥有完善的内外网系统、资源中心平台，信息技术组还利用自身的优势开发了具有自主知识产权的即时通网络办公平台（我校有38个班级，教学楼较分散），师生可以即时地向自己的交流对象提出问题，并可对问题进行有针对性的讨论等。即时通网络办公平台会对整个交流讨论的过程自动地进行记录和统计，对出现的问题进行归类和总结，从而找出有规律性的东西，方便了教师对个案进行分析和整理，并大大促进了师生交流。

2. 充分利用校内外网进行交流

主要的方法是利用校内外网的新闻发布系统向学生进行正面宣传；根据初中生的特点在网上建立起他们感兴趣的自己的群体，如课外兴趣小组群，吸收学生加入其中，然后在群体中进行正面的引导和宣传，促进学生的健康发展。

除上述措施外，学校还要求：

① 利用网络学习。教给学生上网查询的方法，了解上网查询的优点，知道百度、Google、搜狗等搜索引擎的使用方法。引导学生在学习中遇到困难时，可以到网上查找自己需要的资料。指导学生开展网上阅读，开阔视野。

② 电脑制作比赛。在学生学会基本的电脑操作技术后，让学生进行画图、网页制作、文章装帧等活动，从而提高他们的信息技术本领，激发学习兴趣。

③ 建立班级博客。在校园网上建立班级博客，为学生展示自己提供平

台，并增进老师和同学的交流。学校每天都会安排教师进行网上值班，及时解答网络中学生提出的问题，使学生对学习和生活的困惑可以在老师的帮助下及时得到解决。

3. 学生利用校园即时通网络办公平台与教师进行实时通讯，实现网络的面对面交流

（1）平台登录

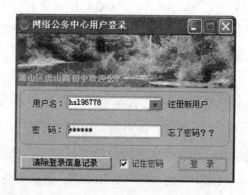

（2）平台内容

（3）即时信息发布的情景

（4）即时信息的接收及回复

接收信息后系统的提示：

信息查询与回复：

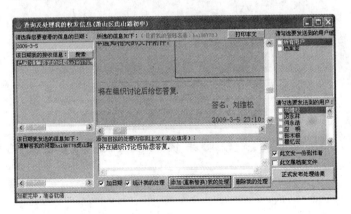

（5）信息统计

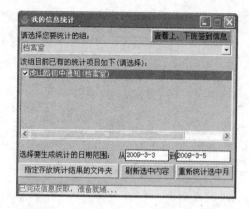

（6）Web 化工作日志

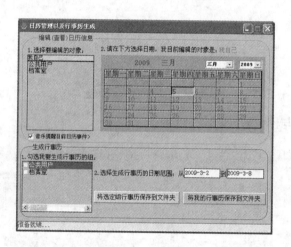

（二）引入丰富多彩的集体活动，化解网络文化的不良影响

1. 引入本土民谣音乐

① 收集、分析与整理地方歌谣。萧山是历史文化名城，有着丰富而优秀的文化遗产，歌谣常见于街头巷尾。收集这些歌谣，并将其中吟唱的歌谣分为政治类、生活类、常识类进行整理。

② 在音乐教学中应用地方歌谣。利用歌谣让学生进行乐曲欣赏；模拟日常生活习惯与事物，让学生带着节奏念词；结合歌谣开展讲故事和游戏活动。通过这些活动让学生感受到民族文化的优秀，培养学生热爱家乡的情感。

③ 应用地方歌谣进行歌谣创作。具体方法有改词法和改曲法。改词法：将现有歌谣的歌词，作少部分更改，就可轻松完成一首歌的新词。改曲法：更改音高，拍数不变；更改拍数，音高不变；音高、拍数都改变。

④ 在班级大赛的基础上选拔全校的歌曲大赛的优秀歌手。通过人人参与的班级歌曲大赛，激发全体学生学唱优秀的初中生歌曲，培养学生唱初中生歌曲的兴趣，从而抑制以情爱为主题的网络歌曲的传唱。

⑤ 配合萧山区举行"班班有歌声"比赛，激发学生的集体热情。

2. 把民间体育游戏引入体育教学

（1）分析与整理民间体育活动资源

根据可行性原则，对游戏活动按是否可应用于初中教学进行筛选。如按初中生的特点，按直接可运用的游戏、改编后可运用的游戏、无法运用的游戏等进行初筛。在筛选的基础上进行再分类——按活动场所、适用范围、使用工具、活动方式分……例如，在搜集到的本地诸多民间体育活动中，经过筛选，确定跳绳、跳皮筋、踢毽子、拍三角、打弹珠、滚铁环、打陀螺、爬竿、过云梯、跳房子、抓子、徒手游戏、扔沙包这13个项目为引进的活动内容。

（2）民间体育活动资源与教学内容整合

初中体育教学内容受竞技运动体系的影响，其技术要求高，动作难度大，场地器材要求高，在有限的课时内学生难以掌握，课外、校外不易开展锻炼等因素，使得学生对体育课的学习内容兴趣不高。将我国优秀而宝贵的、流传在民间的体育内容经过收集、整理、筛选和实验，改编成适合初中生进行的体育活动教学内容，充实到现行教材中去尝试，构建具有特色的初中体育教材。整合的策略有：①补充。根据教学内容和教学目标，将民间体育游戏活动直接运用于教学，成为教学的有益补充。这是直接补充教学内容。②结合。把民间体育游戏与教材内容相结合。③替代。以民间体育游戏活动材料替代教材中的教学内容，直接应用游戏进行教学。④拓展。学生学会游戏后，引导他们在日常生活中开展。这样不仅继承和发扬了民族文化，又拓展了体育活动的空间和时间。

3. 营造浓郁的书香氛围

（1）美化校园，使校园充满文化气息

"书香校园"首先是校园那和谐的文化环境。我们的学校是一个新校园，办公区、教学区和生活区是三个相连的区域。校园采用了小径、草地、花树互相配合的方式，使其红绿相间，高矮错落有致，时时花开不断，营造了一种四季如春的环境气氛。文化环境的建设不但要给人以美的感受，更要给人以启迪和教育。在庭园中、校道旁、草坪上、运动场边，花草树木互相配合，充满着人文气息和心理健康教育功能，是校园里重要的教育资源。宣传橱窗、黑板报、标语、学生作品等也营造出浓厚的文化氛围。这些都使学校的一砖一瓦、一草一木被注入优良的校风和全校师生蓬勃向上、大胆创新的精神，使环境成为育人的重要资源。

（2）装点教室，让课堂散发书的芳香

班级是学校的基本单位。班级的文化建设是校园文化建设不可缺少的分子。教室是学生学习的乐土。孔子曰：与善人居，如入芝兰之室，久而不闻其香。一个整洁、美观的班级环境能给学生创造良好的学习氛围。因此，我们要把教室美化成芳香四溢的芝兰之室，做到让每个角落、每堵墙壁都展现出班级的文明和同学的成功。

（3）举行有奖读书征文活动，鼓励学生读有益的书籍，在意识形态方面对其进行引导

五、校园文化建设初见成效

经过对校园文化进行建设后，学校对学生开展了问卷调查。调查显示，学生看书之风盛行。闲暇时，学生看课外书的比例从原来的 64% 上升到 80%，居各选项之首，超过了看电视所占的比例。从所看的图书内容看，卡通图书减少，而童话、名著、益智故事、名人故事、历史故事增多。

调查还显示，喜欢初中生歌曲的人数由 45% 上升到 69%，平均每首歌喜欢的比例从 14.6% 上升到 28.5%，但实际人数几乎没有多大的变化。在学生写的自己喜欢唱的歌曲中，初中生歌曲的比例从 18.6% 上升到 49%。这说明在社会大环境下，孩子对歌曲的喜欢程度没有多大的减弱，但也看到，通过学校开展比赛等活动后，学生对初中生歌曲的学习和吟唱增多了。

学校四项红旗检查中发现，学生中不文明的语言明显减少，骂人的脏话很少听得到了，只有一些有趣的戏谑语言仍不断出现在孩子的戏耍之中。无故迟到、早退的现象基本消失了，逃学的情况完全没有了，校园中到处是和谐向上的氛围。

六、结论

初中生对于网络文化的内容往往无法判别、鉴赏。初中生还具有一定的可塑性，通过教师的引领和同学的榜样作用，他们会健康地成长。同时，学校的教育还需要家庭和社会的共同作用，才能取得更好的效果。

综上所述，采用"以网治网＋校园文化综合治理"的方式可以有效化解网络文化的不利因素对初中生的影响，促使其健康成长。

参考文献

中文部分：

1. ABBEY. 网络教育［M］. 丁兴富，等，译. 北京：中国轻工业出版社，2003.

2. 常青. 完美沟通［M］. 北京：机械工业出版社，2006.

3. 陈翰武. 语言沟通艺术［M］. 武汉：武汉大学出版社，2006.

4. 丁俊杰. 网络传播与现代教育［M］. 北京：北京广播学院出版社，2001.

5. 丁晔. 提高学生的网络道德素养，我们责无旁贷［J］. 信息教研周刊，2009（6）：25.

6. 董玉琦. 信息技术课程导论［M］. 长春：东北师范大学出版社，2001.

7. 盖勇. 管理沟通［M］. 济南：山东人民出版社，2003.

8. 哈贝马斯. 交往行动理论［M］. 洪佩郁，蔺菁，译. 重庆：重庆出版社，1994.

9. 何克抗. 建构主义：革新传统教学的理论基础［J］. 电化教育研究，1997（3）：3－9，（4）：25－27，1998（1）：30－32.

10. 何茹. 心理卫生与心理辅导［M］. 沈阳：辽宁大学出版社，1999.

11. 黑贝尔斯，威沃尔. 有效沟通［M］. 李业民，译. 北京：华夏出版社，2002.

12. 侯东，倪兴梅. 电话行销技巧［M］. 北京：中国盲文出版社，2002.

13. 黄漫宇. 商务沟通［M］. 北京：机械工业出版社，2006.

14. 杰伊. 沟通七绝招［M］. 路文勇，译. 北京：社会科学文献出版社，2003.

15. 金生弘. 理解与教育［M］. 北京：教育科学出版社，1997.

16. 经理人培训项目编写组. 培训游戏全案：沟通［M］. 北京：机械工业出版社，2004.

17. 康青. 管理沟通教程［M］. 上海：立信会计出版社，2005.

18. 勒德洛，潘顿. 有效沟通［M］. 李博，译. 北京：中信出版社，1998.

19. 李国宇. 倾听的力量［M］. 北京：中国纺织出版社，2007.

20. 李力红. 青少年心理学［M］. 吉林：东北师范大学出版社，2000.

21. 李谦. 现代沟通学［M］. 北京：经济科学出版社，2006.

22. 李文光，卢苇. 以教学活动为核心的研究性学习环境设计［J］. 中国远程教育，2004（10）：62－67.

23. 李锡元. 管理沟通［M］. 武汉：武汉大学出版社，2006.

24. 李元授，邹昆山. 演讲学［M］. 武汉：华中科技大学出版社，2003.

25. 刘伯奎. 口才与演讲：技能训练［M］. 北京：中国人民大学出版社，2006.

26. 柳青，蓝天. 有效沟通技巧［M］. 北京：中国社会科学出版社，2003.

27. 马和民，高旭平. 教育社会学研究［M］上海：上海教育出版社，1998.

28. 麦凯，等. 人际沟通技巧［M］. 郑乐平，刘汶蓉，译. 上海：上海社会科学院出版社，2005.

29. 米哈尔科. 创新精神：创造性天才的秘密［M］. 刘悦欣，译. 北京：新华出版社，2003.

30. 奈斯比特. 大趋势：改变我们生活的十个新方向［M］. 梅艳，译. 北京：中国社会科学出版社. 1984.

31. 彭于寿. 商务沟通［M］. 北京：北京大学出版社，2006.

32. 钱铭怡. 心理咨询与心理治疗［M］. 北京：北京大学出版社，1994.

33. 秦丽娜，刘烨，刘柏青. 沟通与人际冲突［J］. 商业研究，2003（6）：37－38.

34. 桑新民，张倩苇. 步入信息时代的学习理论与实践［M］. 北京：中央广播电视大学出版社，2000.

35. 沈德立. 发展与教育心理学［M］. 沈阳：辽宁大学出版社，1999.

36. 宋莉萍. 礼仪与沟通教程［M］. 上海：上海财经大学出版社，2006.

37. 孙健敏，吴铮. 管理中的沟通［M］. 北京：企业管理出版社，2004.

38. 孙健敏，徐世勇. 管理沟通［M］. 北京：清华大学出版社，2006.

39. 屠荣生，唐思群. 师生沟通的艺术［M］. 北京：教育科学出版社，2007.

40. 王建民. 管理沟通理论与实务［M］. 北京：中国人民大学出版社，2005.

41. 王丽娟. 谈判技能［M］. 北京：企业管理出版社，2004.

42. 魏江. 管理沟通：理念与技能［M］. 北京：科学出版社，2001.

43. 乌美娜. 教学设计［M］. 北京：高等教育出版社，1994.

44. 吴康宁. 课堂教学社会学［M］. 南京：南京师范大学出版社，2000.

45. 武法提. 目标导向网络课程设计的原理［J］. 中国电化教育，2006（1）：17－20.

46. 武法提，黄玲．行为目标导向下以学科为中心的网络课程设计［J］．中国电化教育，2008（8）：51 – 54.

47. 谢琪．信息技术教学法［M］．杭州：浙江科学技术出版社，2007.

48. 熊川武．学校管理心理学［M］．上海：华东师范大学出版社，1996.

49. 熊川武．反思性教学［M］．上海：华东师范大学出版社，1999.

50. 杨开城．以学习活动为中心的教学设计理论：教学设计理论新探索［M］．北京：电子工业出版社，2005.

51. 叶澜．重建课堂教学过程观［J］．教育研究，2002（4）：24 – 30.

52. 余世维．有效沟通［M］．北京：机械工业出版社，2007.

53. 张达芝．应用写作教程［M］．杭州：浙江大学出版社，2005.

54. 张德实．应用写作［M］．北京：高等教育出版社，2005.

55. 张东娇．教育沟通论［M］．太原：山西教育出版社，2003.

56. 张剑平，杨传斌．Internet 与网络教育应用［M］．北京：科学出版社，2002.

57. 张淑华．沟通能力研究进展［J］．心理科学，2002（4）：503 – 505.

58. 郑金洲．教育通论［M］．上海：华东师范大学出版社，2000.

59. 祖荣祺．倾听的艺术与技巧［M］北京：中国社会出版社，1997.

外文部分：

1. AYLLON T, AZRIN N. The Token Economy：A Motivational System for Therapy and Rehabilitation［M］．New York：Appleton-Century-Crofts，1968.

2. BOLTON R. People Skills：How to Assert Yourself, Listen to Others and Resolve Conflicts［M］．New York：Simon and Schuster，1986.

3. BURNS D D. Feeling Good：The New Mood Therapy［M］．New York：Morrow，1980.

4. DANIEL J C. Communication and Relation Maintance［M］．Waltham：Academic Press，1994.

5. DURAND V M. Severe Behavior Problems：A Functional Communication Training Approach［M］．New York：Guilford，1990.

6. HAMMERSLEY M, WOODS P. Life in Schools：The Sociology of Pupil Culture［M］．Milton Keynes：Open University Press，1984.

7. HARGREAVES D. Social Relations in A Secondary School［M］．London：Loutledge and Kegan Paul，1967.

8. JAKERSON R W. Life in Classroom [M]. New York: Teachers College Press, 1990.

9. MEICHENBAUM D. Cognitive Behavior Modification: An Integrative Approach [M]. New York: Plenum, 1977.

10. SKINNER B F. Science and Humane Behavior [M]. New York: Free Press, 1953.

11. WHITE R S. Reception and Response Hearer: Creativity and the Analysis of Spoken and Written Texts [M]. London: Routledge, 1990.

12. YATES B T. Applications in Self-Management [M]. Belmont: Wadsworth, 1986.

出 版 人　所广一
项目统筹　池春燕
责任编辑　刘　灿　郑　莉
版式设计　孙欢欢
责任校对　贾静芳
责任印制　曲凤玲

图书在版编目（CIP）数据

IT环境下教师与学生沟通行为的发展/茅育青，焦
建英著．—北京：教育科学出版社，2012.10
（教师与学生行为发展丛书/林正范主编）
ISBN 978 - 7 - 5041 - 5595 - 5

Ⅰ．①I… Ⅱ．①茅… ②焦… Ⅲ．①信息技术—应用
—教学活动—研究 ②师生关系—研究　Ⅳ．①G434
②G456

中国版本图书馆CIP数据核字（2011）第097731号

教师与学生行为发展丛书
IT环境下教师与学生沟通行为的发展
IT HUANJING XIA JIAOSHI YU XUESHENG GOUTONG XINGWEI DE FAZHAN

出版发行　教育科学出版社
社　　址　北京·朝阳区安慧北里安园甲9号　　市场部电话　010 - 64989009
邮　　编　100101　　　　　　　　　　　　　编辑部电话　010 - 64981245
传　　真　010 - 64891796　　　　　　　　　网　　址　http://www.esph.com.cn

经　　销　各地新华书店
制　　作　北京金奥都图文制作中心
印　　刷　保定市中画美凯印刷有限公司　　　版　　次　2012年10月第1版
开　　本　169毫米×239毫米　16开　　　　印　　次　2012年10月第1次印刷
印　　张　15.5　　　　　　　　　　　　　　印　　数　1 - 3 000册
字　　数　231千　　　　　　　　　　　　　定　　价　32.00元